MARGIT KRUSE

Wer mordet schon im Hochsauerland?

BEDROHLICHE BERGWELT Bilderbuchurlaub, ein bisschen Bullerbü, eine Prise Rosamunde Pilcher, heißt es im brandneuen Reiseprospekt. Das Hochsauerland ist an Romantik und Beschaulichkeit kaum zu überbieten. Im Land der tausend Berge den Alltag hinter sich lassen. Doch diese Parallelwelt der Wanderer hat auch Abgründe. Wer schlug dem Förster des Alten Forsthauses in Rehsiepen den Schädel ein? War es tatsächlich einer seiner Studienkollegen, die ihn besucht haben? Wieso gab es einen Toten am Hundegrab der Isolde von der Hunau? Musste der Gewerkschaftsausflug ins romantische Bödefeld so eskalieren? Wieso erdrosselt man einen Mitarbeiter der Strumpffabrik in Schmallenberg mit einem hauseigenen Socken?

Elf spannende Storys nehmen den Leser mit in eine ganz besondere Urlaubsregion, verwunschen und mystisch, für Krimifans, Reisefreudige und Entdecker.

Margit Kruse, geboren 1957, ist ein echtes Kind des Ruhrgebiets. Seit 2004 ist die Gelsenkirchenerin als freiberufliche Autorin tätig. Neben zahlreichen Beiträgen in Anthologien hat sie bislang sieben Bücher veröffentlicht, darunter den Roman »Im Schatten des Turmes – Eine Jugend im Ruhrgebiet«, der für den Literaturpreis Ruhr 2009 nominiert war.

Bisherige Veröffentlichungen im Gmeiner-Verlag:
Hochzeitsglocken (2014)
Zechenbrand (2013)
Eisaugen (2011)

MARGIT KRUSE

Wer mordet schon im Hochsauerland?

11 Krimis und 125 Freizeittipps

GMEINER SPANNUNG

Personen und Handlung sind frei erfunden.
Ähnlichkeiten mit lebenden oder toten Personen
sind rein zufällig und nicht beabsichtigt.

Besuchen Sie uns im Internet:
www.gmeiner-verlag.de

Im Ehnried 5, 88605 Meßkirch
Telefon 07575/2095-0
info@gmeiner-verlag.de

1. Auflage 2015

Herstellung: Julia Franze
Umschlaggestaltung: U.O.R.G. Lutz Eberle, Stuttgart
unter Verwendung eines Fotos von: © Martina Berg – Fotolia.com
und © Eric Isselée – Fotolia.com
Druck: GGP Media GmbH, Pößneck
Printed in Germany
ISBN 978-3-8392-1780-1

INHALT

1. Beamtenmord – Meschede und Eversberg 7

2. Alles nur Theater – Arnsberg, Neheim und Hüsten 16

3. Geheime Wünsche – Obersorpe 34

4. Geräucherte Forellen – Niedersorpe 59

5. Mord im Nordenauer Heilstollen – Nordenau 87

6. Der Stellvertreter – Bödefeld 114

7. Hüttenschmaus – Auf dem Herhagen, Waldgebiet zwischen Nordenau, Rehsiepen und Nesselbach 140

8. Mord in der Schiefergrube Magog – Huxel, Holthausen, Fredeburg 166

9. Liebe in Winterberg – Winterberg 192

10. Alte Kameraden – Rehsiepen, In der Rellmecke 220

11. Mord in der Strumpffabrik – Schmallenberg, Mittelsorpe und Wilzenberg 248

1. BEAMTENMORD

Meschede und Eversberg

Nun war es schon nach neun Uhr. Brunhilde goss die Klivien, die auf der Fensterbank ihres Büros des Finanzamtes in der Fritz-Honsel-Straße standen, und wunderte sich, dass Wolfgang noch nicht an seinem Arbeitsplatz saß. Dabei war er sonst immer pünktlich. Ob er wieder zu Fuß nach Eversberg [1] gewandert war und auf der Aussichtsplattform der Burg Eversberg [2] stand? Wie fast jeden Morgen, hielt seine Nase in den Wind, um die schöne Umgebung des Hochsauerlandes zu bestaunen?, fragte sie sich. Er hatte einen Narren an dieser Burg gefressen, die in den Jahren 1093 bis 1124 von Graf Eberhard von Arnsberg errichtet worden war. Immer wieder erzählte er seiner Kollegin davon. Auch, dass er sein ganzes Taschengeld dem Förderverein Burg Eversberg e.V. spendete, berichtete er ihr stolz. Sie konnte nicht begreifen, dass ihr Kollege sogar noch vor Arbeitsbeginn fast täglich die sechs Kilometer einfache Strecke hinauf zur Burg lief. Bei Wind und Wetter. Wahrlich ein schöner Weg nach Eversberg. Hinaus aus der Kreisstadt Meschede [3], hinein in den schmucken Urlaubsort Eversberg mit seinen blitzsauberen Fachwerkhäusern und dem historischen Ortskern [4]. Auch Brunhilde fuhr sonntags des Öfteren in das kleine Bergdorf Eversberg, um über Kopfsteinpflaster zu idyllischen Plätzchen zu wandern, hier und da einzukehren und sich etwas Leckeres zu gönnen, zum Beispiel ein schönes Stück Kuchen, natürlich selbst gebacken, im Gasthof Dollenhof 5.

Sie schaute noch einmal aus dem Fenster, hinaus auf die Ruhr 6, und erblickte zwei Kanuten, die sich in ihren Kanus schon am frühen Morgen ihrem Hobby hingaben. Auch Brunhilde gehörte seit Jahren dem in Meschede gegründeten Familien-Kanu-Verein »Kanu Freunde Meschede« 7 an und frönte diesem Sport.

Sie seufzte. Die Ruhe, wenn Wolfgang nicht da war, war göttlich. Oft zankte er sich mit den Steuerzahlern herum, wollte ständig recht haben. Vielleicht war er krank und kam heute überhaupt nicht, keimte Hoffnung in ihr auf.

Wolfgang war nicht krank – er war tot. Wie ein nasser Sack lehnte er neben dem Treppenaufgang, der zur Aussichtsplattform der Burgruine Eversberg führte, den Kopf auf der Brust, die Hände im Schoß gefaltet.

Friedlich lag sie da, die Burgruine, mitten auf dem Schlossberg, rundherum nur die bergige Landschaft des wunderschönen Hochsauerlandes. Von hier oben sah der hübsche Fachwerkort Eversberg mit dem kleinen Kirchlein 8 aus wie eine Eisenbahnlandschaft. Im Jahre 2011 war der Altstadtpfad 9, auf dem regelmäßig Ritterspiele stattfinden, eröffnet worden. Der Ritter »Kräuselbart« wies den Weg entlang des Altstadtpfades, dessen Start und Ziel das Heimatmuseum 10 in der Mittelstraße war.

Der Jogger, der Wolfgang fand, dachte zuerst, er wäre betrunken. Als er ihn jedoch ansprach und keine Antwort erhielt, bückte er sich zu ihm hinunter, fasste ihn an die Schulter und rief ihm zu: »Hallo, junger Mann, es ist viel zu kalt. Sie holen sich ja den Tod, da unten auf dem Boden!«

Noch während er ihn berührte, kippte Wolfgang nach rechts und der Jogger erschrak zutiefst, als er in die weit aufgerissenen leblosen Augen sah. Der Mund stand offen und die Zunge hing heraus. Ein gespenstischer Anblick, dieser tote Mann am Boden vor der der Treppe zur Aussichtsplattform der Burgruine Eversberg, mitten in luftiger Höhe, zwischen den gespreizten Beinen eine flackernde Grabkerze, die wohl von seinem Mörder aufgestellt worden war.

Per Handy rief der Jogger die Polizei, die auch schnell eintraf und den Fundort mit Flatterband sicherte, das die Aufschrift *Polizeiabsperrung* trug. Wenig später trafen Kommissar Nowicki und sein Kollege sowie der Gerichtsmediziner ein. Dieser tippte sofort auf Vergiftung. In seiner verkrampften Hand hielt der Tote noch einen angebissenen Doppelkeks.

Für Nowicki war unerklärlich, wieso er dort vor der Burgruine am Boden saß. Hatte man ihn vorher vergiftet und anschließend dort platziert?

Obwohl Brunhilde wegen Wolfgangs Nichterscheinen wesentlich mehr zu tun hatte, konnte sie nicht sagen, dass er ihr fehlte. Die Atmosphäre war angenehmer. Keiner schrie durch den Raum, keiner krümelte mit seinen Doppelkeksen das Büro voll, keiner blökte mit vollem Mund durch das Telefon Leute an.

Gegen Mittag erhielt sie schließlich von ihrem Vorgesetzen die Nachricht, dass man Wolfgang tot vor der Burgruine Eversberg gefunden hätte.

»Das hat er nun davon, was kraucht er auch ewig dort herum«, hätte sie ihrem Chef am liebsten gesagt. Doch sie war geschlagen, sagte nichts. Sie rief den nächsten Kunden herein und stürzte sich auf dessen Mappe mit den Steuerunterlagen, um sich abzulenken.

Wer das wohl getan hatte?, fragte sie sich. Vielleicht die Dame, der er letztens so zugesetzt hatte? Wie hieß sie noch gleich? Siepe, ja genau, Monika Siepe hieß sie, fiel ihr wieder ein. Im Hinausgehen, letzte Woche, hatte die Frau ihm noch gedroht: »Ich bringe Sie um!«

Brunhilde fragte sich, ob sie das etwa zu Protokoll geben müsste. Davon wurde Wolfgang jedoch auch nicht mehr lebendig, sagte sie sich seufzend.

Außerdem war Monika Siepe nicht die Einzige, die Wolfgang auf dem Kieker gehabt hatte. Er war halt ein Stiesel. Einer der unbeliebtesten Finanzbeamten überhaupt. Und ausgerechnet er betreute die Freiberufler, also die, die sich ungern etwas sagen ließen.

Der Siepe hatte er es aber auch gegeben. Brunhilde hatte es zeitweise nicht mehr mit anhören können und den Raum verlassen müssen. Er hatte all die ordentlich gehefteten Belege der Frau durcheinander gebracht und auch noch an jedem ihrer Posten etwas zu beanstanden gehabt. Hatte behauptet, dieses oder jenes könne sie gar nicht absetzen.

Die Siepe hingegen bezichtigte ihn der Inkompetenz, nachdem er sie mehr als einmal richtiggehend angegriffen hatte. Er wollte beurteilen können, was sie als freiberufliche Autorin absetzen konnte, wusste aber noch nicht einmal, was eine Anthologie oder ein Normvertrag waren. Das Maß war voll, als er sie anschrie, er würde seine täglichen Wanderungen zur Burg Eversberg ja auch nicht absetzen. Ja, wie denn auch, als kleiner Finanzbeamter, setzte sie dagegen. Sie hingegen könne ihre Fahrten dorthin geltend machen, da sie gerade ein Buch darüber schreiben würde.

Es folgte ein regelrechter Schlagabtausch, ja, fast schon ein Streit. Und er veranlasste, dass man ihr nur unter Vorbehalt auszahlen würde, was ihr zustand. Er drohte ihr an, es zurückzufordern, wenn ihr nicht bald der absolute Überschuss ins Haus flattern würde. Dabei hatte sie schon so viele Erfolge zu verzeichnen. Rom wurde schließlich auch nicht an einem Tag erbaut.

Völlig geschafft, mit Herzstichen vom Allerfeinsten, hatte Monika Siepe sich zum Eiscafé Venezia zum Kaiser-Otto-Platz 11 geschleppt, um sich erst einmal von dem Schock zu erholen. Wie sollte sie unter so einem enormen Druck kreativ arbeiten können? Hatte ihr Arzt ihr nicht erst letztens geraten, sie möge an ihre Gesundheit denken und sich von jeglichem Stress fernhalten?

Ja, seine Kollegin, dachte sie, die war nett, hatte ihr sogar noch viel Erfolg gewünscht. Sie würde es auch nicht leicht haben, mit diesem Stinkstiefel in einem Raum, dachte sie noch.

Kommissar Nowicki war mit seinem Latein am Ende. Er kam in diesem Fall einfach nicht weiter. Laut Autopsiebericht stand fest, dass Wolfgang vergiftet worden war. Außerdem hatten sie Giftspuren in dem Doppelkeks, den er in seiner Hand trug, gefunden. Auch in dem Abfalleimer, neben einer der Bänke, unweit der Burgruine, fand man vergiftete Keksreste sowie die leere Verpackung. Nowicki hatte festgestellt, dass Wolfgang es nicht mehr allein bis zum Aufgang zur Aussichtplattform der Ruine Eversberg geschafft haben konnte. Jemand musste ihn dahin gesetzt haben, nachdem die tödliche Dosis ihre Wirkung getan hatte. Nirgendwo jedoch Schleifspuren. Nichts. Er ging davon aus, dass es ein Mann gewesen sein musste, der ihn an die Treppe gelehnt hatte. Da Wolfgang nicht der Zarteste war, könnten es auch zwei oder drei gewesen sein. Wer hatte diesen Finanzbeamten umgebracht?, fragte er sich immer wieder. Wem war er im Weg? Okay, Finanzbeamte waren eine Plage, aber brachte man sie deshalb gleich um?

Die Sonne schien, es war mittlerweile schon Mai und das Eiscafé Venezia am Kaiser-Otto-Platz in der Mescheder City hatte bereits Tische und Stühle hinausgestellt. Brunhilde lehnte sich vergnügt zurück, schloss die Augen und genoss diesen herrlichen Tag.

Monika Siepe schien ebenfalls zufrieden mit sich und der Welt und verrührte ihre fünf Kugeln Vanilleeis mit dem großen Sahneberg, der obenauf thronte.

»Und, hast du jetzt viel mehr zu tun, seit dein Kollege nicht mehr da ist?«, wollte sie von der Gegenübersitzenden wissen.

»Och, nö«, antwortete diese, ohne die Augen zu öffnen, weiter ihr Gesicht der Sonne zugewandt. »Sie haben mir ja Ersatz geschickt. Einen ruhigen, ganz netten Kollegen. Immer höflich, immer korrekt!«

»Da siehst du! Alles wird gut! Das hat meine Mutter schon früher immer gesagt! Woll?«

Die beiden Frauen lächelten sich verschwörerisch an und genossen völlig entspannt den schönen Nachmittag.

FREIZEITTIPPS:

1 Eversberg: Das Bergdorf verfügt über eine wunderschöne Altstadt mit historischem Ortskern, liegt in einer der schönsten und landschaftlich reizvollsten Gegenden im Hochsauerland. Umringt von Bergen und Wäldern, ist der Ort Ausgangs- und Zielort für Wanderungen aller Schwierigkeitsgrade.

2 Burg Eversberg: Touristen führt der Weg zuerst auf den Gipfel des Schlossberges zur alten Burgruine. Sie ist das Überbleibsel der von Graf Gottfried III. gebauten Burg. Heute dient sie als Aussichtsturm mit einem lohnenden Rundblick über das Land der tausend Berge.

3 Meschede: Kulturfreunde kommen in Meschede, der Kreisstadt des Hochsauerlandes, voll auf ihre Kosten. Ob Jazz, Komödien oder Live-Musik, die Kulturveranstalter sorgen für ein vielfältiges Angebot. Eine Schifffahrt auf dem Hennesee, eine Brauereibesichtigung oder ein Aufenthalt im Kloster »Königsmünster«, einem Haus der Stille für Menschen, die zu sich selbst finden wollen – Meschede hat für jeden Gast etwas zu bieten.

4 Historischer Ortskern Evesberg: Besucher von Eversberg finden im historischen Ortskern schnell den alten Zustand wieder. Im Burghagenweg gibt es noch heute Teile der alten Stadtmauer. Besucher kommen gern ein zweites Mal, um die historische Fachwerkidylle zu genießen.

5 Gasthof Dollenhof: Direkt an der Hauptstraße in Eversberg liegt das rustikale Haus mit Kegelbahn und Gartenterrasse.

6 Ruhr: Die Ruhr entspringt bei Winterberg und verlässt nach 126 Kilometern das Sauerland bei Hagen. Wer dem Ruhrtal-Radweg durchs Sauerland ins Ruhrgebiet folgt, passiert eindrucksvolle Landschaften. Es geht durch Wälder, Moore und Heide, vorbei an Burgen und purer Fachwerkidylle, bis hin zu alten Fördertürmen und Hochöfen. Auf Wanderer wartet der Ruhrhöhenweg, der von der Quelle in Winterberg bis zur Mündung bei Duisburg führt.

7 Kanu-Freunde-Meschede e.V.: Im April 2012 schlossen sich Paddelanfänger sowie langjährige Paddelverrückte zusammen, um dem Kanusport zu frönen. Wer es selbst einmal in Ruhe ausprobieren oder sich unter Gleichgesinnten hinsichtlich Touren, Booten und Ausrüstung austauschen möchte, ist herzlich willkommen. Die Kanufreunde haben ihren Sitz in Meschede. Mehr unter: www.kanu-freunde-meschede.de

8 Kirche: Die St.-Johannes-Evangelist-Kirche in Eversberg ist eine katholische Pfarrkirche, deren Entstehung mindestens bis ins 13. Jahrhundert zurückreicht. Sie ist eine Hallenkirche und besteht aus drei Jochen, einem Mittelschiff und zwei Seitenschiffen. Östlich schließt sich der Chor in Form eines halben Achteckes an. Während der Chor dem gotischen Stil zuzuordnen ist, stammen die Kirchenschiffe aus spätromanischer Zeit.

9 Altstadtpfad: Mit seinen mittelalterlichen Ritterspielen, die regelmäßig stattfinden, wird er immer wieder gern besucht. Der Name des Ritters: Ritter Kräuselbart vom Altstadtpfad. Termine sind beim Verkehrsverein zu erfragen.

10 Heimatmuseum: Mitten im historischen Eversberger Ortskern gelegen, in einem jahrhundertealten schieferverkleideten Ackerbürgerhaus untergebracht, ist es zu einem Kleinod in der Museumslandschaft des Sauerlandes geworden.

11 Kaiser-Otto-Platz, Meschede: Der Platz erhielt am 3.9.1904 eine zentrale Denkmalanlage zum Gedächtnis an die Gefallenen des Krieges 1870/71. Sein heutiges Aussehen bekam er erst nach Schaffung der Fußgängerzone 1986.

Tourenvorschlag: Eversberg - Rundwanderweg A3, (7,6 Kilometer, ca. 3 Std.)
Ausgangspunkt: Wanderparkplatz Kohlwedertal
Sehenswertes: Ehrenfriedhof, Stimm Stamm
Zunächst nach links, vorbei an Lichtungen in den Wald. Kurz vor der Bundesstraße rechts und bergan gehen, bis der Stimm Stamm erreicht wird. Hier besteht die Möglichkeit zur Einkehr. Von dort geht es weiter über den Greverhagen und unter den Ascherhütten entlang, danach gelangen wir zurück zum Parkplatz.

2. ALLES NUR THEATER

Arnsberg, Neheim und Hüsten

»Im weißen Rössl« von Ralph Benatzky stand auf dem Spielplan, am Sonntag, um 18 Uhr im Sauerlandtheater 12 in Arnsberg 13, im Feauxweg, hatte mir meine Kollegin Ulla Brettschneider erzählt. »Geh' hin, Notburga«, bat sie mich, »ich kann nicht, meine Eltern kommen angereist, aus Leipzig.«

Ein verlockendes Angebot, ein Operettenbesuch, zumal es sich um eine Karte in der fünften Reihe handelte. Keine Schlechte, die Ulla. Obwohl ich noch Wut auf sie hatte. Letztens hatte sie wieder einmal versucht, mir eine zwielichtige Gestalt aus ihrem Bekanntenkreis aufs Auge zu drücken. Immer hatte ich mich bemüht, ihr klarzumachen, dass ich als Single glücklich und zufrieden war.

Nun freute ich mich erst einmal auf den Abend. Statt Tatort im Ersten Operette im Theater. Frohen Mutes stieg ich gegen 17 Uhr am Neheimer Markt 14 in den Linienbus, der mich direkt zum Sauerlandtheater nach Arnsberg bringen würde. Obwohl Anfang März, lagen noch mindestens 30 Zentimeter Schnee – und das in einer Kreisstadt. Die Kälte hatte uns seit Wochen fest im Griff.

Ich suchte mir einen schönen Einzelplatz in Fahrtrichtung, direkt am Fenster, und schaute hinaus in die herrliche Winterlandschaft. Mir schräg gegenüber saß ein Herr mittleren Alters, Typ spießiger Vati, und starrte mich unentwegt an. Was bildete dieser Kerl sich ein? Sein Lodenmantel hatte schon bessere Tage gesehen, ebenso die abgewetzte graue Stoffhose sowie sein Filzhut. Sein teigiges Gesicht wurde durch eine schwarze Hornbrille dominiert. Ich versuchte, ihn so gut es ging zu ignorieren und dachte an die bevorstehende Theateraufführung.

Beim Aussteigen an der Haltestelle in unmittelbarer Nähe des Theaters presste dieser Lodenmantelstiesel sich ganz eng an mir vorbei und grinste mich frech an. Siegessicher stapfte er in seinen Seehundfellstiefeln auf den Eingang des Theaters zu. Dieser Typ sah sich tatsächlich ein Bühnenstück an? In so einem Outfit?

An der Garderobe erhaschte ich einen Blick auf das, was Mister Lodenmantel darunter trug. Zu seiner unmodernen grauen Stoffhose gesellte sich eine beigefarbene Strickjacke mit Schalkragen, die in den 80er Jahren modern war, darunter ein roter Rollkragenpullover. Unter seinem Hut glänzte eine Halbglatze, wie eine in Öl geröstete Erdnuss.

In freudiger Stimmung suchte ich meinen Platz mit der Nr. 11 auf. Keine zehn Sekunden später konnte ich mich schon wieder erheben, um ausgerechnet dieses Unikum durchzulassen. Und wo hatte er seinen Platz? Direkt neben meinem. War das noch Zufall? Freudestrahlend begrüßte er mich, sprach gar von Schicksal und stellte sich vor. Friedhelm Schnurbus hieß er. Ich beschloss, ihn zu ignorieren. Seinen Blick von der Seite spürend, konzentrierte ich mich auf den sich öffnenden Vorhang und die traumhafte Kulisse vor mir. Das Hotel war auf kleinstem Raum akkurat nachgebaut. Zahlkellner Leopold sprang auf die Bühne und umgarnte die Rössl-Wirtin Josepha Vogelhuber. »Es muss was Wunderbares sein, von dir geliebt zu werden«, sang Leopold mit seiner Baritonstimme, während der hässliche Vogel mir »Schön, woll?« ins Ohr schrie.

Mit geschlossenen Augen stellte ich mir vor, nach was er roch. Das war eine wahre Geruchsexplosion, eine Mischung aus altem Kleiderschrank, Mottenkugeln und Moder sowie nach fettigem Haar. Die beiden grauen Dauerwellköpfe vor mir verströmten den Duft von extra starkem Festiger.

Als das wunderbare Lied »Im weißen Rössl am Wolfgangsee« erklang, hatte ich meinen Sitznachbarn fast vergessen, trotz seiner unsinnigen Monologe, die er mir hin und wieder ins Ohr brüllte. Ich gab mich ganz der Handlung hin und sehnte mich immer mehr ins herrliche Salzkammergut.

Der Vorhang fiel, das Licht ging an, Pause.

»Nun haben Sie mir immer noch nicht verraten, wie Sie heißen«, kam es vorwurfsvoll vom Nachbarsitz.

Voller Wut, dass er mir die ersten zwei Akte dieser herrlichen Operette schon vermiesen wollte, schaute ich ihn an. »Sagen Sie mal, haben Sie irgendwelche Probleme? Ich will meine Ruhe haben. Kapieren Sie das endlich. Ich muss Ihnen nicht sagen, wie ich heiße«, verkündete ich und stand auf, um den Zuschauerraum zu verlassen. Wieso gerade ich?, fragte ich mich und schlenderte die wenigen Meter, um mir an der Sektbar ein Mineralwasser zu holen.

»Wieso sind Sie so garstig zu mir?«, fragte mich dieser lästige Kerl nun von hinten. Ich war kurz davor, ihm den Inhalt meines Wasserglases ins Gesicht zu kippen. Doch er lachte bloß.

»Ulla hat mir schon gesagt, dass Sie manchmal ganz schön direkt sein können. Ich soll mich dadurch bloß nicht abschrecken lassen, meinte sie.«

Ich schaute in sein grinsendes, fleischiges Gesicht mit

der großporigen Haut. In seinen verschmierten Brillengläsern konnte ich mich spiegeln.

»Wieso Ulla? Etwa Ulla Brettschneider?«, fragte ich ihn. Langsam begann es mir zu dämmern.

»Ulla hat Ihnen doch die Karte geschenkt, woll?«, fragte er mich und grinste.

»Ja, Ulla konnte heute nicht, weil ihre Eltern zu Besuch sind.«

»Hat sie Ihnen gesagt, woll? Aber dem ist nicht so. Ulla hat mir von Ihnen erzählt und gemeint, dass Sie einsam wären und wir beide ganz gut zusammenpassen würden. Ich singe im gleichen Chor wie Ulla. Meine Heidrun ist vor einem Jahr gestorben, sie hatte Krebs …«

Oh bitte nicht, schrie alles in mir, nicht wieder eine Never-Ending-Krankenstory.

»Hören Sie«, unterbrach ich seinen aufkommenden Redeschwall, »egal, was Ihnen Ulla erzählt hat. Ich sage es Ihnen jetzt ganz deutlich und zum Mitschreiben: Ich brauche keinen Mann, bin weder einsam noch scharf auf Bekanntschaften. Kapieren Sie das und lassen Sie mich in Ruhe, sonst rufe ich die Polizei«, schnauzte ich ihn an. Bei dem Wort Polizei wurden einige neben mir stehende Personen hellhörig und Friedhelm Schnurbus hörte auf zu grinsen.

»Wieso sind Sie nur so verbiestert?« Er sah mich mit gütigem Pfarrersblick lange an und schüttelte den Kopf, was mich noch mehr in Rage brachte. War Ulla eigentlich verrückt? Mir so einen hässlichen Vogel auf den Hals zu hetzen?

Ich wollte mir den letzten Akt nicht durch diesen dreisten Proleten verderben lassen, ließ ihn stehen und suchte meinen Platz auf.

Nachdem der Gong zum dritten Male ertönt war, erstrahlte die Bühne wieder in vollem Glanze. Kaiser Franz Joseph wurde feierlich vor dem Weißen Rössl empfangen. Josepha führte Franz Joseph auf sein Zimmer. Der Kaiser war es, der ihr riet, sich nicht länger unerfüllbaren Wünschen hinzugeben. Josepha erkannte, dass sie nur mit Leopold glücklich werden konnte. Nach dem Motto: *Der Spatz in der Hand ist besser als die Taube auf dem Dach.* Hey, sollte das ein Wink mit dem Zaunpfahl sein? Nimm den neben dir, bevor du keinen mehr bekommst?

Durch die tolle Operette inspiriert, wollte ich gleich nachher im Internet nachschauen, was so eine Reise ins Salzkammergut kosten würde. Sofort würde ich Urlaub nehmen und ab ging die Post. Sollte die Brettschneider sehen, wie sie mit der Arbeit fertig wurde.

Viel zu schnell fiel der Vorhang und es folgte ein wahnsinniger Applaus, der einfach nicht enden wollte. Bei den Standing Ovations zu Ehren der Künstler klatschte Schnurbus so feste, dass ihm etwas aus seiner Hosentasche, direkt vor meine Füße fiel. Er schien es jedoch nicht bemerkt zu haben. Ich riskierte einen Blick nach unten und stellte fest, dass es sich wohl um ein Asthma-Spray handeln musste. Wut auf die olle Nervensäge ließ mich so weit gehen, der kleinen Sprühflasche einen heftigen Tritt zu versetzen, sodass sie irgendwo drei Reihen weiter vorn landete.

Wenig später fand ich mich vor dem Sauerlandtheater wieder. Während der Vorstellung war eine große Menge Schnee gefallen, sodass der Weg zur Bushaltestelle recht anstrengend wurde.

»Wo wir beide in Neheim wohnen, können wir doch die Rückfahrt gemeinsam antreten, oder?«

»Ich kann Sie nicht daran hindern, den gleichen Bus zu betreten wie ich, habe allerdings nicht vor, mich mit Ihnen zu unterhalten.«

Friedhelm war jedoch zäh wie Leder, hatte kein Taktgefühl, kein Gespür dafür, wann es genug war. »Ich könnte Sie zum Beispiel nach Hause begleiten. Sie wohnen im Seibertzweg, woll?«

»Hat Ihnen das auch Ulla erzählt?«

»Ja, stellen Sie sich vor. Immerhin ist es fast Mitternacht. Nicht ungefährlich für eine Frau.«

»Was soll mir schon passieren? Von der Haltestelle bis zu meinem Zuhause sind es nur ein paar hundert Meter.«

»Gefahr lauert überall. Sicher ist sicher«, meinte der tolle Friedhelm und stampfte keuchend neben mir her.

»Die größte Gefahr, die ich zurzeit sehe, sind Sie.« Seine Ignoranz brachte mich dermaßen in Rage, dass ich zu allem fähig gewesen wäre.

Damit er mir nicht zu nah auf die Pelle rückte, wählte ich wieder einen Einzelplatz. Doch zu früh gefreut. Er hockte sich in dem fast leeren Bus direkt hinter mich. Was tun? Mich beim Fahrer beschweren? Und wie wurde ich ihn in Neheim bloß wieder los?

Als ich wütend nach hinten blickte, konnte ich den erleuchteten Glockenturm 15, das Wahrzeichen von Arnsberg, erkennen, wie er sich erhaben in der Dunkelheit weit über die Stadt hinausreckte. Wir fuhren die Hüstener Straße an der Ruhr entlang. Drei Reihen vor mir unterhielten sich zwei Frauen angeregt über ihren Besuch im Restaurant »Ratskeller« 16. Mein Magen knurrte, ich hatte Hunger.

Auf der Bruchhausener Straße konnte ich links das Ruhrufer erahnen. Alles wirkte wie ausgestorben. In Hüsten [17] erblickte ich den hell erleuchten Golf-Club Sauerland [18], etwas weiter dahinter den Herdringer Schlosspark. Als wir in Neheim rechts abbogen, ging mein Blick zum Dorint-Hotel Arnsberg [19], von dem nur die Hälfte aus dem Wald herausragte. Das wäre was, mich dort einmal ein paar Tage verwöhnen zu lassen. Doch das Gehalt einer kleinen Sachbearbeiterin bei der Stadtverwaltung war nicht unerschöpflich. Erst einmal stand nun das Salzkammergut auf dem Programm.

Die ganze Zeit sprach ich mir selbst gut zu, ruhig zu bleiben und ihm nicht meine Handtasche um die Ohren zu schlagen. Er laberte und laberte, stellte Fragen, gab Kommentare zu der Operette ab, konnte einfach seinen schmierigen Schnabel nicht halten. Nun raschelte er mir auch noch mit einem Bonbonpapier die Ohren voll. Plötzlich roch es stark nach Eukalyptus. Wahrscheinlich rieb er sich auch noch jeden Abend seine behaarte Brust mit Wick-Vaporub ein.

Nur noch wenige Haltestellen und wir würden den Neheimer Markt erreicht haben. Friedhelm hielt endlich den Mund, hüstelte hin und wieder. Nervös wühlte er in seinen Hosentaschen herum.

Nach Verlassen des Busses heftete er sich tatsächlich an meine Fersen.

Der gesamte Verkehr kam hier oben zum Erliegen, die wenigen Autos, die noch unterwegs waren, rutschten über die eisglatten Straßen. Es begann erneut zu schneien.

Meine Gedanken drehten sich im Kreis. Ich hoffte, dass meine neugierige Vermieterin ihn nicht zu Gesicht bekommen würde. Ich wollte kein blödes Gerede. Ich durfte ihn auf keinen Fall in meine Wohnung lassen. Ihm hatte es mittlerweile die Sprache verschlagen, er hustete vor sich hin, schien schlecht Luft zu bekommen. Ungefähr 30 Meter vor meinem Zuhause blieb er stehen.

»Nun warten Sie doch mal. Ich kann nicht mehr«, stammelte er.

»Keiner zwingt Sie, mich nach Hause zu bringen. Sie wollten es doch unbedingt. Kehren Sie endlich um und gehen Sie heim«, schnauzte ich ihn an.

»Mir ist gar nicht gut. Könnte ich bei Ihnen vielleicht ein Glas Wasser haben?« Die Augen hinter seinen Brillengläsern wurden riesengroß. Wieder packte ihn ein Hustenanfall. Wie ein Lungenkranker in den letzten Zügen warf er sich dabei ruckartig nach vorn. Ich hoffte, dass meine Nachbarn durch dieses Gebölke nicht geweckt würden.

»Ja, so weit kommt es noch. Tolle Masche. Glas Wasser. Erst einmal mit in meine Bude. Und dann? Nee, nee, mein Freundchen, so haben wir nicht gewettet. In meine Wohnung kommt kein fremder Mann.«

»Aber ich bin Ihnen doch nun nicht mehr fremd«, verteidigte er sich mühsam.

Wir waren inzwischen vor meinem Haus angelangt. Eine wunderschöne Villa, mit herrlichem Vorgarten und das hier oben in Neheim. Das Haus gehörte einer alten Dame, deren Mann vor Kurzem gestorben war. Sie bewohnte das Ober- und Dachgeschoss. Die untere Wohnung wurde, seit ihre Mutter das Zeitliche gesegnet hatte, vermietet. Nie würde ich vergessen, was für Bedingungen gestellt wurden, als ich mich vor einigen Jahren um die Wohnung beworben hatte. Eine ruhige allein stehende Dame wurde gesucht, möglichst ohne Anhang, ohne Haustiere und ohne Freunde. Ich bekam den Zuschlag, denn ich erfüllte alle Kriterien.

»Nur weil Sie Ulla Brettschneider kennen und wir im

Theater nebeneinander saßen, sind Sie mir noch lange nicht bekannt. Kann doch alles Masche sein. Gehen Sie nach Hause, verdammt noch mal.«

Er blieb am Gartentor stehen, hielt sich mit einer Hand daran fest und hustete erneut.

»Mir ist nicht gut. Ich hätte gern ein Glas Wasser«, stammelte er. Im Schein der Straßenbeleuchtung konnte ich sehen, dass sein Gesicht sich hochrot verfärbt hatte.

»Was meinen Sie, was ich gern hätte? Verziehen Sie sich endlich. Rufen Sie sich ein Taxi. Ach, machen Sie doch, was Sie wollen.« Sagte es und schloss die Haustür auf, um im Treppenhaus zu verschwinden.

Schnurbus blieb am Gartentor stehen und sah mir verzweifelt nach. So etwas von penetrant aber auch.

In der warmen Wohnung zog ich den nassen Mantel aus, entledigte mich meiner Stiefel. Danach huschte ich ins Wohnzimmer und sah, ohne die Beleuchtung anzumachen, hinaus auf die Straße. Da stand er immer noch. Am Straßenrand, vornübergebeugt hustete er vor sich hin, was man sogar durch die Doppelverglasung hören konnte. Selbst Schuld, sagte ich mir, schaltete den PC ein und machte mir in der Küche einen Tee. Nicht der Hauch eines schlechten Gewissens plagte mich.

Die Brettschneider hatte sie wirklich nicht mehr alle, mich so reinzulegen. Doch der Gedanke an einen bevorstehenden Urlaub stimmte mich euphorisch, also gab ich bei Google »St. Wolfgang« ein und begab mich auf die Suche nach einem günstigen Hotel. Das Weisse Rössl, mit einem Übernachtungspreis von 144 Euro für eine Nacht, kam für mich nicht infrage. So buchte ich kurz entschlossen ein Einzelzimmer mit Seeblick in der Pension Menkens für 35 Euro die Nacht. Es war nur fünf Minuten vom Rössl entfernt und wirkte ganz gediegen. Kämen noch die Bahnfahrt sowie ungefähr 350 Euro für Speisen und Getränke hinzu, überschlug ich grob. Schon am Donnerstag sollte es losgehen. Einmal im Leben spontan sein. Spielte mein Chef nicht mit, würde ich mich krankschreiben lassen.

Ungefähr eine Stunde später – ich fuhr gerade den PC herunter – hörte ich, wie aus weiter Ferne, eine klägliche Stimme. Jemand rief meinen Namen. Ich rannte zum Fenster, spähte durch die Gardine hinaus und konnte es nicht fassen. Am Straßenrand saß hustend und keuchend Friedhelm Schnurbus und rief meinen Namen, den er wohl von Ulla wusste.

»Notburga, so helfen Sie mir doch. Ein Glas Wasser, bitte. Notburga.«

Wenn er bloß endlich die Klappe hielte. Er weckte noch die ganze Nachbarschaft auf. Zur Rechten wohnte Dr. Altmüller, ein stadtbekannter Rechtsanwalt, und zur Linken der Gynäkologe Dr. Rietberger. Was sollten die denken, wenn sie diesen albernen Kauz entdecken würden? Wieso hatte er sich kein Taxi gerufen? Mit allen Mitteln wollte er in meine Wohnung. Ob *ich* ihm ein Taxi rufen sollte? Das würde bloß Aufsehen erregen, verwarf ich den Gedanken. Wahrscheinlich würde er sich weigern einzusteigen, der Taxifahrer würde bei mir klingeln, die Alte von oben würde wach werden und ich hätte eine Menge Ärger. Doch was tun? Immer noch im Dunkeln stand ich in meinem Wohnzimmer hinter der Gardine und beobachtete Friedhelm, wie er sich dumm und dämlich hustete, mitten in einem Schneehaufen am Straßenrand sitzend. Erpressung, blanke Erpressung war es, was er da trieb. Der vermasselte mir bloß meinen Urlaub.

Eine weitere Stunde später – mich wunderte, dass

noch niemand auf ihn aufmerksam geworden war – lag er zusammengekauert am Straßenrand und hüstelte nur noch, was kaum zu hören, an seinen Bewegungen jedoch eindeutig zu erkennen war.

Der fallende Schnee bedeckte die kauernde Gestalt fast gänzlich, stellte ich um drei Uhr in der Nacht fest. Ihm jetzt ein Glas Wasser zu bringen, hätte wenig Zweck. Ob ich noch die Polizei rufen sollte? Ich könnte denen sagen, ich hätte ihn eben erst entdeckt.

Den Gedanken kaum zu Ende gedacht, näherte sich plötzlich gelb oranges Blinken. Ich nahm Motorengeräusche wahr. Sekunden später fuhr ein Räumfahrzeug des städtischen Winterdienstes auch schon vorbei. Schneemassen stoben hoch und landeten am Rande des Bürgersteigs. Ein zweites Fahrzeug folgte dem ersten. Danach war nichts mehr von Friedhelm Schnurbus zu sehen. Ich konnte nur hoffen, dass der Winter noch lange anhalten würde.

»Und, wie hat dir gestern das Stück gefallen?«, fragte mich meine Kollegin Ulla, als sie von ihrem Schreibtisch aufstand und zum Kopierer in der Ecke des Büros ging. Mit Augen so groß wie Wagenräder sah sie mich neugierig an.

»Ach, du, ganz herrlich. Ich bin ja immer noch total hingerissen von der Operette. So habe ich spontan beschlossen, im Salzkammergut Urlaub zu machen. Gleich am Donnerstag geht es los. Ich habe schon mit Meier gesprochen, wegen Urlaub. Geht klar, meinte er.« Das entsprach nicht ganz der Wahrheit. Dass er im Dreieck gesprungen war und mir nur deshalb zwei Wochen Urlaub gewährt hatte, weil er davon ausging, ich müsse meine kranken Eltern im Schwarzwald pflegen, brauchte ich Ulla jedoch nicht auf die Nase zu binden.

»Waaas?«, rief sie empört. »Du nimmst jetzt Urlaub? Wir haben Quartalsabschluss.« Wütend schaute sie mich an. »Und sonst? Was war sonst im Theater? Hast du jemanden getroffen?«, wollte sie nach fünfminütiger Cool-down-Phase wissen.

»Nein, wen sollte ich getroffen haben?«, mimte ich ganz die Unschuldige.

»Ich meine, wer saß denn neben dir?«

»So ein alter Stinker. Hässlich wie die Nacht.«

»Und der hat dich nicht angesprochen?« Ulla konnte es nicht fassen, dass ihre Verkupplungsaktion total in die Hose gegangen sein sollte.

»Nein, wieso?«

Sie sagte nichts mehr. Anschließend holte sie des Öfteren ihr Handy aus der Tasche und versuchte aufgeregt, jemanden anzurufen, doch vergeblich. Ich konnte nur hoffen, dass Friedhelm keinen zu lauten Klingelton an seinem Handy hatte.

Ich verschwendete keinen Gedanken mehr an Friedhelm Schnurbus, freute mich auf meinen Urlaub. Die zwei Arbeitstage brachte ich noch leidlich hinter mich, eine nörgelnde, missgelaunte Ulla mir gegenüber, die sich Gedanken um ihren plötzlich verschwundenen Chorkollegen machte, wie ich den Telefongesprächen mit ihren Freundinnen entnehmen konnte.

Das alles war schnell vergessen, als ich nach langer Fahrt dem Zug entstieg. Angekommen in einer Bilderbuchlandschaft, Sonnenschein pur, zehn Plusgrade, schneebedeckte Berggipfel um mich herum, der Ort allerdings schon schneefrei.

An meinem dritten Abend landete ich in dem Bett eines Skilehrers, der sich mangels Schnee langweilte, in seinem winzigen Apartment in der Pilgergasse. Auch die weiteren Nächte verbrachte ich mit ihm, worauf ich mir was einbilden konnte, wie er meinte. Mein Ruf war mir egal, mich kannte hier niemand.

Der Urlaub ging viel zu schnell zu Ende. Vor allem der drastische Wetterwechsel, der in der Zwischenzeit im Sauerland stattgefunden hatte, ließ mich erschrecken. Wir hatten 17 Grad plus und Sonnenschein, von Schnee nichts mehr zu sehen, stellte ich fest, als der Zug im Heimatbahnhof Arnsberg **20** einfuhr. Der Bahnhof Arnsberg in Westfalen war zusammen mit dem Bau der oberen Ruhrtalbahn **21** 1870/71 entstanden. Das Gebäude selbst wurde 1869 im Stil der Neorenaissance errichtet. Eine wahre Augenweide.

Als ich vor meinem Zuhause aus dem Taxi stieg, lief mir ein kalter Schauer über den Rücken. Kein Schnee und kein Friedhelm Schnurbus mehr vorhanden. Der Bürgersteig sauber gefegt, alles korrekt.

Meine Vermieterin nahm mich sofort in Empfang. Sie war auf dem Weg zum Alten Backhaus **22** in Arnsberg und hatte es eilig. »Nun stellen Sie sich mal vor, was passiert ist, während Sie weg waren, Notburga. Man hat vor dem Haus einen Toten gefunden. Unter einer Schneedecke lag er. Wahrscheinlich erstickt, meinte der Kommissar. Der will Sie auch noch verhören.«

Ich gab mich erschrocken, nickte mitfühlend, doch im Grunde war Schnurbus mir egal. Vorbei ist vorbei.

Besagter Kommissar suchte mich schon am nächsten Tag auf.

»Nein, tut mir leid. Friedhelm Schnurbus? Der Name sagt mir nichts. Was? Eine Woche hat der tot unter dem

Schnee vor dem Haus gelegen? Ja, ist es denn die Möglichkeit? Mir soll er gefolgt sein? Im Theater hätte man ihn zum letzten Mal gesehen? Ja, klar, ich war auch im Theater. Genau, »Im weißen Rössl« hieß das Stück. Er hat neben mir gesessen? Ja, da saß ein Mann. Er hat sich mir nicht vorgestellt. Frau Brettschneider ist meine Arbeitskollegin, ja, stimmt. Ach, und die hat erzählt, dass sie mich mit diesem Mann … wie sagten sie noch, hieß er? Schnurbus? Nee, sagt mir echt nichts. Mit dem wollte sie mich verkuppeln? Ach, schau an! Ja, genau, da muss er mir wohl gefolgt sein. Asthmatiker war er, sagen Sie. Schlimme Krankheit. Nein, ich habe nicht bemerkt, dass ich verfolgt wurde. Ja, die Brettschneider, wissen Sie, die versucht immer wieder, mir irgendwelche verkappte Typen anzudrehen. Da höre ich schon gar nicht mehr hin. Nichts für ungut, Herr Kommissar. Genau, wenn noch was sein sollte, melden Sie sich.«

FREIZEITTIPPS:

12 Sauerland Theater Arnsberg: Feauxweg, 59821 Arnsberg. Klassiker, Komödie, Musik oder Drama. Das Programm des Sauerland-Theaters bietet für jeden Kulturliebhaber etwas. Kartenvorverkauf unter 02931/8931143 (Stadtbüros der Stadt Arnsberg)

13 Arnsberg: Eine große, kreisangehörige Stadt im Sauerland in Nordrhein-Westfalen und Sitz des Regierungsbezirks Arnsberg. Einladende Cafés, Restaurants und gemütliche Kneipen mit zum Teil ausgesprochen schöner Außengastronomie warten auf Gäste. In grüner Idylle, an der Ruhr oder inmitten der Stadt lassen sich die Tage und Abende genießen. Konzerte, Theater, Kleinkunst und Ausstellungen sowie eine Fülle von abwechslungsreichen Veranstaltungen prägen Arnsbergs kulturelle Seite. Der städtische Veranstaltungskalender ist das ganze Jahr über prall gefüllt und Gäste sind in Arnsberg stets sehr gern gesehen. Mit dem Erlebnisbad NASS wird ein Zeichen im Sport- und Freizeitbereich gesetzt. In unmittelbarer Nähe befindet sich das Sportzentrum »Große Wiese« mit Fußball-Stadion und überdachter Tribüne, einer Mehrzweckhalle für Innensportarten sowie einem großen Leichtathletik-Bereich.

14 Neheimer Markt in Arnsberg: Der Samstagsmarkt mit über 50 Marktständen ist ein besonderer Magnet in der Innenstadt. Alles wird knackfrisch angeboten: Obst, Gemüse, Fisch, Fleisch, Wurst, Wild, Geflügel, unzählige Käsesorten, Gewürze oder Antipasti,

Brot und Kuchen. Schnittblumen und Topfpflanzen, Stauden und Pflanzen für Garten und Gemüsebeet sowie ein reiches Angebot an Textilien sowie zahlreiche Stände mit Krimskrams runden das Angebot ab.

15 Glockenturm: Der Glockenturm – das Wahrzeichen der Stadt – bildet mit dem Alten Rathaus (1710), und dem Maximilianbrunnen die »Gute Stube« Arnsbergs, eingerahmt von Patrizier- und Fachwerkhäusern. Der Glockenturm war als Torturm Teil der ehemaligen Stadtbefestigung und gehört zu den ältesten Bauwerken in Arnsberg. Eine erste schriftliche Erwähnung findet er in einer Urkunde des Grafen Gottfried III. aus dem Jahre 1236, in dem es um die Erweiterung des Stadtareals in Richtung des Klosters Wedinghausen ging. Zum Alten Markt mit Glockenturm, Altem Rathaus (1710), »Zur Krim« und Maximilianbrunnen (1779) zu bummeln, wo Arnsbergs historisches Herz schlägt, ist ein Muss für jeden Besucher.

16 Ratskeller: Seit jeher ein Treffpunkt für Arnsberger und auswärtige Gäste. Unter ausgesuchten Weinen und regionaler Küche finden sich zahlreiche Leckereien. Bei schönem Wetter lädt der Biergarten des Ratskellers, direkt am Maximillianbrunnen, zum Verweilen ein. Seit einigen Jahrzehnten ist der Ratskeller ein Garant für gute Gastlichkeit in Arnsberg.

17 Hüsten: Ein Ortsteil der Stadt Arnsberg im Hochsauerlandkreis. Hüsten ist eine der ältesten Gemeinden in Westfalen und liegt direkt am Ruhrtalradweg. Sehenswert ist die Pfarrkirche St. Petri mit dem

Turm aus dem 11. Jahrhundert. An die Bedeutung als Kirchort erinnert heute noch die 1100 Jahre alte Hüstener Kirmes, ein Großereignis, das jedes Jahr im September Tausende Besucher anzieht. Ursprünglich war diese Kirmes ein Viehmarkt mit Tierschau und anschließendem Biergelage.

18 Golf-Club Sauerland e. V.: Gegründet 1958, ist von grünen Hügeln umgeben und liegt in der parkartigen Landschaft nahe einem Schloss im Arnsberger Stadtteil Herdringen. Clubhaus und Terrasse laden ein, die viel gelobte Küche der Gastronomen zu genießen.

19 Dorint-Hotel Arnsberg: Das 4-Sterne Hotel & Sportressort Arnsberg Sauerland liegt im Arnsberger Wald, in einem der größten Waldgebiete Deutschlands. Zahllose Freizeitmöglichkeiten und Ausgangspunkt für Aktivitäten aller Art. Auch für Tagungen und Seminare sehr zu empfehlen.

20 Bahnhof Arnsberg: Entstand bei dem Bau der oberen Ruhrtalbahn 1870/71 und wird noch heute für den Personenverkehr genutzt. Im Stil der Neorenaissance errichtet. Der Bahnhof ist zugleich ein neuer Startpunkt für bürgerschaftliches Engagement. Er fördert den sozialen Zusammenhalt und die freiwilligen Aktivitäten vieler Bürgerinnen und Bürger in Stadt und Region. So fanden Selbsthilfegruppen und ein Senioren-Internetcafe hier ein Zuhause.

21 Ruhrtalbahn: Teilweise historische Eisenbahnstrecke von Düsseldorf-Rath über Essen-Kupferdreh,

Bochum-Dahlhausen, Witten-Herbede, Hagen-Vorhalle und Schwerte nach Warburg. Errichtet 1870 bis 1876 in erster Linie zur Kohleabfuhr.

22 Altes Backhaus Arnsberg: Romantisches 3-Sterne-Hotel, am historischen Weg zur Alten Kurfürstlichen Schlossruine und idyllisch unter dem »Glockenturm« gelegen. Mittelpunkt für viele Aktivitäten in und um Arnsberg. Einzigartiger Knusperhauscharakter.

3. GEHEIME WÜNSCHE

Obersorpe

Ein wenig nervös fuhr Kerstin die schmale Straße entlang, durch die herrliche Landschaft des Sorpetals 23. Vorbei an dem imposanten Anwesen der Kunstschmiede Klute 24, ein Stück dahinter eine Forellenzuchtanlage 25, zu ihrer Rechten stets das plätschernde Flüsschen Sorpe 26. Sie fuhr ungern lange Strecken allein mit dem Auto. Kaum zu glauben, dass sie sich nur 150 Kilometer vom Ruhrgebiet entfernt in so einer tollen Landschaft befand. Fast so wie im Schwarzwald. Sie stellte das Radio lauter. Wieso hatte es sie ausgerechnet hierhin verschlagen?, fragte sie sich. Vielleicht, weil es mir als Geheimtipp empfohlen wurde und ich als Kind hier schon einmal Urlaub gemacht habe? Zurück zu den Stätten der Kindheit? In Erinnerungen schwelgen? Erinnerungen an Bauernhofurlaub mit Kühen und Katzen, an ausgiebige Wanderungen und Heubodentreffs mit einem feschen Bauernjungen?

Das Hotel, das sie sich ausgesucht hatte, wurde von ihrer Mutter niedergemacht. Zu teuer, nichts für dich als kleine Sekretärin. 40. Geburtstag? Egal. Letztendlich hatte sie sich für diesen Gasthof 27 in Obersorpe 28, einem winzig kleinen Nest mit nicht einmal hundert Einwohnern entschieden. Als Kontaktbörse wäre das große Hotel in Nordenau mit Sicherheit geeigneter gewesen. Kerstin hatte erst einmal eine Woche gebucht. Falls sich der Gasthof als Flopp entpuppen würde, könnte sie die zweite Urlaubswoche immer noch in dem Hotel verbringen. Das hatte sie ihrer Mutter allerdings verschwiegen. Sie musste sich zuerst selbst darüber klar werden, was sie genau wollte. Erholung oder Tamtam. Zu sich selbst finden oder jemanden kennenlernen. Gerade in so winzigen Dörfern findest du manchmal die Rosine, hatte ihr ihre Freundin gestern noch mit auf den Weg gegeben.

Als sie vor besagtem Gasthof hielt und aus dem Auto stieg, atmete sie erst einmal die gute Luft ein. Keine zwei Meter neben ihr plätscherte ein Bach. Um sie herum nichts als Natur, bewaldete Berge, grasgrüne Wiesenhänge, eine Kirche [29] wie aus dem Bilderbuch. Der Gasthof wurde umrahmt von lauter blitzsauberen schwarz-weißen Fachwerkhäusern [30]. Während sie ihren Koffer aus dem Kofferraum nahm, blickte sie kurz zu den drei parkenden Wagen rechts neben ihrem. Ein schwarzer BMW aus Dortmund, ein alter Daimler aus Bochum und ein Geländewagen aus Essen. Das Ruhrgebiet ließ grüßen.

Sie betrat die kleine Empfangshalle und wurde sogleich von einer netten Frau mittleren Alters aufs Herzlichste willkommen geheißen.

»Wir haben zur Zeit noch nicht so viele Gäste, woll?«, begann die Sauerländerin.

»Ach«, sagte Kerstin nur und überlegte, ob es eine Frage gewesen war oder einfach nur eine Feststellung.

»Ja, nur fünf Zimmer sind erst belegt. Nächste Woche, da reisen dann noch Gäste an, woll?«

Kerstin nickte nur. Ja, wenn sie es sagte, würde es wohl so sein.

Anni Riebel, die Wirtin, war schnell verschwunden, nachdem sie Kerstin das Zimmer gezeigt hatte. Sie hatte gespürt, dass ihrem neuen Gast nicht nach Unterhaltung zumute war.

»Um 19 Uhr gibt es Abendessen«, sagte sie noch, nickte unterwürfig und war auch schon weg. Ob sich das mit der Halbpension als gute Idee herausstellen würde, wagte Kerstin zu bezweifeln. Halbpension hörte sich so nach halber Sache an. Ihre Mutter hatte gemeint, dass sie dabei nette Kontakte knüpfen könnte. Kontakte knüpfen? Mit wem? Kerstin verzog spöttisch den Mund. Mit Frau und Herrn Wandersmann?

Hunger und Neugier trieben sie um kurz vor sieben in den Speiseraum, welcher von der Gaststätte getrennt lag. Kerstin fühlte sich in die 70er-Jahre zurückversetzt. Großmotivige, bunte Tapeten und Übergardinen sowie gestreifte Sitzbezüge auf den Stühlen. Nun lernte sie auch den Herrn des Hauses, Willi Riebel, kennen. Der schüchterne Kneipenwirt des winzigen Sauerlanddorfes führte sie an den Platz, den man ihr zugedacht hatte: ein Vierertisch mit Blick auf eine Kuhweide. Brigitte und Heinz Olper aus Bochum begrüßten Kerstin überschwänglich. Sie nahmen sie sozusagen unter ihre Fittiche. Unter dem Tisch kläffte ununterbrochen Heike, der Dackel der Olpers. Heinz machte dem ein Ende, indem er den Hund hochnahm und auf seinen Schoß setzte. Neugierig lugte Heike aus braunen Knopfaugen hinüber zu Kerstin. Hundefreundliches Haus, hatte sie im Internet gelesen. Wie wörtlich. Die Olpers waren ungefähr Mitte 50, sprachen ausgeprägtes Ruhrpottdeutsch mit vielen *Dats* und *Wats.* Heinz Olper war mehr als schlank, man konnte schon von dürr sprechen, und hatte hervorstehende Augäpfel. Brigitte Olper hingegen sah aus, als wäre sie die Verursacherin des Untergewichts ihres Göttergatten, mit Pagenschnitt und einen enorm vorgewölbten Hals. Beide redeten gleichzeitig auf Kerstin ein, als hielten sie es für ihre Menschenpflicht, sich um die alleinstehende Frau zu kümmern.

Soeben servierte Willi Riebel die Vorsuppe. Sein Blick blieb ein wenig zu lange an Kerstins hübschem Gesicht hängen. So eine attraktive, alleinreisende Frau stieg hier selten ab.

Als er abschob, um Nachschub für die anderen Gäste zu holen, betrachtete Kerstin ihn ausgiebig von hinten. Gegen seine kräftige Figur war an und für sich nichts zu sagen, doch hatte sie noch nie im Leben so ein langes unförmiges Hinterteil gesehen. Lag es vielleicht an der unmöglichen Jeans, die er trug?

Sie löffelte ihre Suppe, die man durchaus als wohlschmeckend bezeichnen konnte, und ließ sich weiter von Brigitte und Heinz volllabern. Als Herrchen die auf dem Schoß sitzende Heike mit einem kleinen Löffel von seiner Suppe probieren ließ und die Hündin lustvoll winselte, blieb Kerstin fast ein Rindfleischstückchen im Halse stecken.

Am Tisch ihr schräg gegenüber saß ein Mann, oder besser gesagt, ein Männchen, in ihrem Alter. Dem gehörte bestimmt der schwarze BMW aus Dortmund mit dem Firmenlogo »Kerner« auf den Türen, mutmaßte sie. Ein Vertreter also. Ein mickriger Vertreter, der sich während seiner Dienstreise eine Unterkunft in einem familiären Gasthof in einem Eisenbahnlandschaftsdorf am plätschernden Bach suchte. Er blickte zu ihr herüber und nickte freundlich. Was vertrat er wohl?, fragte Kerstin sich, als sie ihn dabei beobachtete, wie er kunstvoll sein Rindfleisch klein schnitt. An seinem Tisch saßen zwei ältere Damen, die laut und fröhlich auf ihn einredeten.

An einem weiteren Tisch dahinter speiste ein ruhiges Ehepaar, ebenfalls Mitte 50, welches friedlich vor sich hin kaute ohne aufzufallen.

Nach dem Essen, das Kerstin zweifelsohne gut geschmeckt hatte, verzogen die anderen Gäste sich in das dahinter liegende Fernsehzimmer, um sich gemeinsam die Nachrichten anzusehen. Du meine Güte, was für ein Urlaub. Wandern, essen und fernsehen. Wie im Jahre 1965. War das alles? Da Kerstin keine Lust verspürte, sich auf ihr Zimmer zurückzuziehen, betrat sie die inzwischen gut besuchte Gastwirtschaft, grüßte höflich und setzte sich auf einen Barhocker an die Theke, direkt neben den Vertreter. Das eben noch lautstarke Kneipengeschnatter der überwiegend einheimischen Besucher verstummte schlagartig, als Kerstin sich den Hocker geräuschvoll zurechtgerückt hatte. Man hätte eine Stecknadel fallen hören können. Überall im Schankraum rissen die Männer erschrocken ihre Mäuler auf und starrten auf die Frau, die es gewagt hatte, sich auf einen Barhocker zu setzen. So etwas hatte es in dieser Dorfkneipe noch nie gegeben. Eine Frau drang in eine Männerdomäne vor. Hier, wo die Männer noch echte Männer waren, die glaubten, etwas zu sagen zu haben, platzte eine Frau hinein und machte ihnen einen der Plätze streitig, der dem männlichen Geschlecht vorbehalten war.

Und nun bestellte sie sich auch noch ein Pils. Unfassbar.

»Dirk Jensen, ich heiße Dirk Jensen«, stellte ihr Sitznachbar sich lachend vor und prostete ihr vergnügt zu. »Aber Sie können mich Dirk nennen.«

»Ich bin Kerstin.« Das musste genügen.

Sie fand ihn sympathisch, diesen zarten Vertreter. Nun betrachtete sie ihn erst einmal aus der Nähe. Er war klein und schlank und hatte blonde halblange Schnittlauchhaare, die ihm lässig in die Stirn fielen. Sein Oberlippenbart wirkte mager und altmodisch. Er trug ein eitergelbes Hemd zu einer grauen Stoffhose. Kerstin schätzte ihn auf 40 Jahre. Sie kannte niemanden, der so aussah.

»Ich bin Handelsvertreter der Firma Kerner und bereise in dieser Woche die Schmallenberger Ecke [31]«, erzählte er ihr. »Und du, du machst Urlaub hier? Ganz allein? Wieso ausgerechnet hier?« Spontan war er zum *Du* übergegangen, was Kerstin völlig okay fand. Also doch ein Vertreter, dachte sie schmunzelnd.

»Ja, das frage ich mich inzwischen auch. Ich hatte es mir ehrlich gesagt anders vorgestellt. Ruhe und Beschaulichkeit ja, aber dass die hier so bodenständig sind, habe ich nicht gedacht«, sagte sie mit einem verächtlichen Blick auf die einheimischen Männer um sie herum.

Dirk Jensen lachte. Ein überaus sympathisches Lachen. »Ein wenig rückständig vielleicht. Aber glaub mir, so was wie hier erlebst du nicht alle Tage. Das ist besser als in jedem Hotel.«

»Meinst du?«

»Ja, für einen Vertreter wie mich auf jeden Fall. Abwechslung pur, sage ich dir. Der Typ neben dir zum Beispiel«, Dirk beugte sich zu ihr herüber und begann zu flüstern. »Das ist hier der Förster. Was der so erzählt, das glaubt er selbst nicht.«

Kerstin schenkte dem Förster einen Seitenblick und musste schmunzeln. Er sah aus wie Richard Gere in Sparversion. Nicht so wie der adrette TV-Förster Rombach aus Forsthaus Falkenau. Er war das krasse Gegenteil. Er goss sich soeben seinen klaren Schnaps in den Hals und blickte Kerstin abfällig an.

»Was vertreibst du eigentlich?«, wollte Kerstin nun von Dirk wissen.

»Werkzeuge für die Kraftfahrzeug- und Baubranche sowie für die Industrie.«

»Aha«, sagte Kerstin nur und bestellte sich beim Wirt ein weiteres Pils.

Nur ungern stellte dieser es wenig später wortlos vor ihrer Nase ab und malte einen kunstvollen Strich auf ihren Bierdeckel. Auch ihm schien es nicht zu passen, dass sie an der Theke zwischen den Männern saß. Nicht, dass er etwas gegen Frauen hatte, nein, ganz im Gegenteil. Aber die Dorfkneipe mit den dazugehörigen Gästen war sein Revier. Eine Frau duldete er allerhöchstens an den Tischen, fernab der Theke. Und dort auch nur in Begleitung eines Mannes. Frauen allein brachten Unruhe, wusste er aus Erfahrung.

Sein unfreundliches Verhalten störte Kerstin jedoch nicht im Geringsten. Im Gegenteil. Sie unterhielt sich glänzend mit Dirk Jensen, dessen humorvolle Art ihr gefiel. Wann hat mich ein Mann zuletzt so gut unterhalten?, fragte sie sich, während sie immer noch lachend gegen 24 Uhr neben ihm die Treppe ins Obergeschoss hinaufstieg. Sie war nicht mehr ganz nüchtern, aber immer noch so klar bei Verstand, ihn nicht gleich mit auf ihr Zimmer zu schleppen, um die Nacht mit ihm zu verbringen. Vom Äußeren her hatte er ihr einfach zu wenig zu bieten. Er war ein netter Kumpel, mehr nicht. Außerdem störten sie seine grünen Augen. Sie konnte nicht sagen, was es genau war, doch seine Augen missfielen ihr.

Dirk konnte auch anders, musste Kerstin wenig später feststellen. Penetrant und äußerst hartnäckig versuchte er sie zu überreden, noch einen Absacker auf seinem Zimmer zu sich zu nehmen. Nach dem fünften »Ach komm, sei nicht so« von ihm knickte sie ein, dachte kurz nach und dackelte hinter ihm her, die Treppe hinauf ins Dachgeschoss. Wäre sie nüchtern gewesen, hätte sie niemals diese Kammer betreten, die sich in Größe und Ausstattung von ihrem Zimmer stark unterschied.

Na ja, für einen kleinen Vertreter war das Kämmerchen gerade gut genug, dachte sie, als sie sich auf seinem Bett niederließ. Schrank, Bett, Tischchen, Stuhl und Waschbecken, alles Lebensnotwendige vorhanden. Die Wirkung des Alkohols ließ langsam nach und sie hätte dieses armselige Tête-à-tête am liebsten sofort beendet. Doch zu spät. Fröhlich pfeifend öffnete Dirk eine Flasche Sekt, die er dem Kleiderschrank entnommen hatte, und goss die schäumende Gischt in zwei Wassergläser. Er fing an, blöd zu lachen, und öffnete sein Hemd.

Hoffentlich beschränkt er sich nur auf sein Oberhemd und lässt die Hose geschlossen, hoffte Kerstin ängstlich.

Und da war er wieder, dieser wahnsinnige Blick aus diesen komischen Augen, mit den winzigen Pupillen. Nun setzte er sich auch noch neben sie auf das rotkariert bezogene Oberbett und schenkte sich zum zweiten Mal von dem lauwarmen Sekt ein.

»Nebenan hat der Wirt sein Büro. Du glaubst nicht, was da nachts abgeht. Er treibt es mit seinen Zimmermädchen. Soll ich dir mal zeigen, was er mit denen macht?«, nuschelte Dirk und rückte näher. »Der soll schon mal einer den Garaus gemacht haben. Jedenfalls verdächtigte man ihn. Und seine Alte, diese prüde Kuh, merkt nichts.« Wieder lachte er wie ein Irrer.

Als er nun auch noch sein dünnes Ärmchen um Kerstins Hals legen wollte, um sie an sich zu ziehen, schob sie ihn von sich und sprang auf. »So haben wir nicht gewettet. Ich glaube, es ist besser, ich gehe jetzt.«

Der wieselflinke Mann sprang jedoch ebenfalls auf und schnitt ihr den Weg ab. »Nun zieh hier nicht so eine Show ab. Du willst es doch auch. Wieso wärst du sonst hier?«

»Das frage ich mich langsam auch«, kam es müde von Kerstin.

Mit seinen kleinen Händen klammerte er sich an Kerstins Schultern und wollte sich mit seinem schmallippigen Mund an ihrem andocken.

Angewidert stieß sie ihn von sich. Wo war der nette kumpelhafte Typ von vorhin, der ihr mit lustigen Anekdoten den Abend versüßt hatte? Ein Widerling war er, aufdringlich bis zum Abwinken.

Noch bevor sie die Tür geöffnet hatte, war er dort, drehte den Schlüssel herum und zog ihn ab. »Das hättest du wohl gerne, was? Erst machst du mich scharf und dann willst du so mir nichts, dir nichts verschwinden.«

Nun war Kerstins Geduld am Ende. »Ich, dich scharf machen? Da lache ich doch. Schau mal in den Spiegel über dem Waschbecken, falls du ohne Stuhl da dran kommst. Wer will sich denn mit so einem Zwerg einlassen? Zum Unterhalten geht es gerade noch. Doch Sex? Mit dir? Ich? Nein, danke.«

Sie schüttelte sich angeekelt und versuchte, ihm den Schlüssel zu entreißen.

»Komm, gib mir den Schlüssel, sonst schreie ich das ganze Haus zusammen.«

Dirk verschränkte die kurzen Arme vor seiner Brust und schien nachzudenken. Seine Kiefermuskeln bewegten sich auf und ab. Mit stechendem Blick beobachtete er sie.

Kerstin hätte sich ohrfeigen können, hier mit ihm sein Zimmer betreten zu haben. Inzwischen war sie vollkommen nüchtern und überlegte, wie sie an den Schlüssel kommen könnte. Vernünftig mit ihm reden konnte man nicht mehr, wie ihr sein irrer Blick verriet. Denk nach, sagte sie sich, vielleicht hilft es ja doch, an seinen Verstand zu appellieren.

»Komm, gib mir den Schlüssel. Ich will in mein Bett. Lass uns morgen miteinander quatschen, okay?« Sie streckte ihm die geöffnete Hand entgegen.

Er dachte jedoch nicht daran. Stattdessen öffnete er eines der kleinen Fenster hinter sich. »Lieber werfe ich ihn hinaus, als ihn dir zu geben. Reden, morgen, das glaubst du doch selber nicht.« Er starrte durch sie hindurch und grinste. »Letzte Woche, da hatte ich eine Blondine. Die hat sich auch erst geziert. Wollte überredet werden. Weiß du, was ich mit der gemacht habe? Eine geknallt hab ich der! Jawoll.«

Wenn die Situation nicht so ernst gewesen wäre, hätte Kerstin laut gelacht. »Und dann ist sie mit dir in die Kiste gegangen?«

»Freiwillig nicht. Ich musste schon ein wenig Gewalt anwenden.«

Auch das noch. Was bildete der Kerl sich ein? Ihr wurde schlecht. Noch immer hielt er den Schlüssel in der Hand und deutete an, ihn hinauszuwerfen.

Dieser Narr.

So langsam war für sie Schluss mit lustig und sie wollte dem hier ein Ende bereiten. Sie stand auf und ging auf ihn zu. Sie überragte ihn um einen halben Kopf. Jegliche Angst fiel plötzlich von ihr ab.

»Nun pass mal auf, du Männchen. Entweder du gibst mir jetzt sofort den Schlüssel oder es setzt was, du halbe Portion.«

Bevor er den Schlüssel hinauswerfen konnte, packte sie mit festem Griff seinen Arm, sodass der Schlüssel zu Boden fiel. Mit dem Knie trat sie ihm gleichzeitig in den Unterleib. Er heulte auf wie ein geschundener Wolf. Ein weiterer Tritt in den Oberbauch folgte. Ein kräftiger Handkantenschlag mit der Rechten an seinen dünnen Hals ließ ihn zusammensacken. Wie ein Embryo, die Beine bis zum Kinn gezogen, hockte er nun am Boden und winselte, dieser Maulheld. Als er sich erheben und an dem alten Heizkörper hochziehen wollte, gab es als kleines Schmankerl noch einen kräftigen Tritt in den Hintern, der seinen Kopf gegen die scharfe Kante einer der Heizkörperrippen prallen ließ. An der rechten Schläfe sickerte ein wenig Blut aus einer Wunde.

Klatsch!

Der Kerner-Vertreter sackte zusammen und gab keinen Ton mehr von sich. Kerstin hob den Schlüssel auf und machte sich eiligst davon. Er hat es nicht anders verdient, davon war sie überzeugt. Oder hätte sie ihm vielleicht erzählen sollen, dass sie sich seit zwei Jahrzehnten dem Kampfsport hingab? Wäre es dann vielleicht gar nicht so weit gekommen?

Gegen acht Uhr am nächsten Morgen wurde Kerstin durch lautes Schlagen einer Autotür geweckt. Der Bäcker brachte die Brötchen. Sie blickte sich erschrocken um und musste sich erst einmal orientieren. Sie hörte den plätschernden Bach, der direkt unter ihrem Fenster her floss und ihr dämmerte, dass sie sich im Sauerland befand. Ein süßlicher Kuhdunggeruch zog durch das gekippte Fenster, ebenso wie der Geruch von frisch gebrühtem Kaffee.

Als sie den Speiseraum betrat, saßen die anderen Gäste bereits Kaffee schlürfend und Brötchen essend an ihren Tischen. Brigitte und Heinz begrüßten sie überfreundlich, als sie sich mit ihrem vollgepackten Teller zu ihnen an den Tisch setzte. Dackel Heike wurde gerade von Herrchen mit einem weichgekochten Ei gefüttert.

Brigitte und Heinz Olper boten Kerstin an, die erste Wandertour mit ihnen gemeinsam zu unternehmen. Und das so nett, dass sie einfach nicht Nein sagen konnte. Auf ihren Einwand, dass sie sich das Forsthaus in Rehsiepen ansehen wollte, meinten sie, dass das überhaupt kein Problem wäre. Da käme man ja praktisch vorbei, wenn man zum Hundegrab Isoldes von der Hunau wollte. So viel zum Thema Selbstfindungswanderung im Sauerländer Wald. Wie sollte sie sich bei dem Geschnatter der beiden finden? Aber nur heute, schwor sie sich. Eine Ausnahme, sozusagen.

Als alle sich wunderten, wo denn der nette Herr Jensen blieb, war Kerstin noch überzeugt, dass er seinen Rausch ausschlief. Die unschöne nächtliche Begegnung hatte sie verdrängt. Ein neuer Tag, ein neues Glück, sagte sie sich.

Leider schlief er nicht nur seinen Rausch aus, er würde wohl für immer schlafen, teilte der Hausherr gerade seinen Gästen mit. Wie es aussah, hatte es in dem Zimmer des Vertreters einen Kampf gegeben und nun sei er tot. Die Polizei wäre schon unterwegs.

War sie schuld an seinem Tod?, fragte sich Kerstin immer wieder, während sie inmitten der anderen Gäste auf der Terrasse saß und auf die Polizei wartete.

Ich bin eine Mörderin, eine eiskalte Mörderin.

Ich habe den Mann auf dem Gewissen.

Vielleicht habe ich ihm ja wirklich falsche Hoffnungen gemacht.

Völlig verzweifelt saß sie da, nippte an ihrer Apfelschorle. Die Olpers redeten auf sie ein, die Frau von links, der Mann von rechts. Sie hörte ihre Stimmen, konnte aber den Inhalt ihrer Worte nicht verstehen.

Plötzlich straffte sie ihre Schultern. Alles Quatsch, sagte sie sich. Es war ein Unfall. Was fällt der blöde Kerl auch gegen die Heizung. Ich werde mich doch wohl wehren dürfen. Notwehr. Jawohl, es war Notwehr, schließlich wollte er mich vergewaltigen.

Mist! Das Glas, aus dem ich getrunken habe, befand sich noch in seinem Zimmer. Das kann ich nun nicht mehr verschwinden lassen.

Willi Riebel starrte sie dauernd an und grinste dümmlich. Wollte er ihr vielleicht an den Karren pinkeln? Er, der angeblich selbst auch kein Unschuldslamm war, wie Dirk Jensen ihr berichtet hatte.

Laut durchbrach das Martinshorn des Polizeiwagens die idyllische Stille des Dörfchens. Mit quietschenden Reifen hielt der Wagen vor dem Gasthof und zwei Polizeibeamte entstiegen ihm. Kurz dahinter ein Krankenwagen, ebenfalls mit eingeschaltetem Martinshorn, dahinter gleich der Notarzt. Alles stürmte in den Gasthof. Weitere Sirenen gesellten sich zu den dreien, die schon im ganzen Tal für Gehör sorgten. Zwei weitere Polizeiwagen und ein schwarzer BMW parkten den Gasthof nun völlig zu und hatten außerdem den ganzen Verkehr des winzigen Örtchens lahmgelegt. Nirgendwo war mehr ein Durchkommen auf der schmalen Dorfstraße. Ein dicker, gemütlich wirkender Brecher, ähnlich aussehend wie der Bulle von Tölz, schälte sich nun mühsam aus dem schwarzen BMW, in dem er wohl in Ruhe telefoniert hatte. Zwei jüngere Kripomänner hofierten ihn von vorne bis hinten. »Jawohl, Herr Nowicki, sicher Herr Nowicki, gleich Herr Nowicki.« Der korpulente, einen Meter neunzig große Bernhard Nowicki schien der Chef zu sein. Die Uniformierten sperrten das gesamte Gelände um den Gasthof mit rot-weißem Flatterband ab. Zwei Männer der SpuSi, die in weißen Anzügen steckten, rannten ebenfalls in den Gasthof hinein.

Na, toll, dachte Kerstin, ein ganzer Urlaubstag geht mir flöten. Andererseits fand sie es aber auch spannend, den Ermittlungen so nah beiwohnen zu können. Sie lauschte auf der Terrasse den Mutmaßungen der anderen Gäste und wartete, was weiter geschehen würde.

»Tja, Mord oder Totschlag, wenn wir das schon wüssten, wären wir einen Schritt weiter. Willi Riebel hat erzählt, dass Sie gestern Abend mit Herrn Jensen zusammen in der Wirtschaft gesessen hätten und anschließend noch mit auf sein Zimmer gegangen wären.« Nowicki suchte in Kerstins Gesicht nach irgendeiner Regung, die ihm mehr über diese Frau verriet. Sie blickte jedoch unerschrocken freundlich.

»Ja, stimmt, ich saß mit ihm in der Kneipe, was diesem Herrn Riebel so gar nicht gefallen hat, eine Frau an der Theke mit einem Mann, den sie kaum kannte. Und es stimmt auch, dass ich noch auf einen Schluck mit auf sein Zimmer bin.« Kerstin wusste, dass abstreiten nichts bringen würde. Das Glas, aus dem sie getrunken hatte, sprach schließlich Bände. »Was ist so schlimm daran? Als ich ihn gegen Mitternacht verließ, war er zwar sturzbetrunken, aber er lebte noch.« Das hatte sie zu dem Zeitpunkt ja auch noch angenommen.

»Sie machen also Urlaub hier in dieser einsamen Gegend? Für eine alleinreisende Frau nicht gerade das Ziel der Wahl, oder?« Nowickis Augäpfel zuckten nervös hin und her.

»Was spricht dagegen, als Single-Frau hier abzusteigen? Wenn ich natürlich geahnt hätte, wie spießig das hier abgeht, hätte ich mir was anderes gesucht.«

Das mit der Spießigkeit überhörte Nowicki geflissentlich. »Riebel hat erzählt, es hätte einen Streit gegeben. Haben Sie sich mit Herrn Jensen gestritten?«

»Streit kann man das nicht nennen. Wir hatten lediglich verschiedene Auffassungen, wie der Abend enden sollte. Kurz: Ich hatte keinen Bock auf Sex mit ihm und bin gegangen. Und dieser Riebel soll ja auch nicht ohne sein. In seinem Büro nebenan soll er schon so manche Orgie gefeiert haben, wie man hört. Wurde er nicht sogar verdächtigt, ein Zimmermädchen ermordet zu haben, das man im letzten Jahr tot in der Kirche gegenüber gefunden hat?«

»Das ist eine andere Geschichte und gehört nicht hierher«, murmelte Nowicki, überrascht, was diese neunmalkluge Frau so alles wusste.

»Ach? Echt nicht? Ich meine nur, bevor Riebel andere Menschen beschuldigt, sollte er sich mal an seine eigene Nase fassen. Lang genug ist sie ja.« Wütend schaute Kerstin den gemütlich wirkenden Nowicki an, der in der Gaststätte – man hatte die Trennwand zum Speisesaal zugezogen – hin und her lief und sich sein Kinn kratzte.

»Und falls Sie nun nach meinem Alibi fragen wollen, sage ich es Ihnen gleich: Ich habe keins. Habe weder einen Dackel, noch einen Papagei mit, die bezeugen könnten, dass ich gegen Mitternacht mein Zimmer aufgesucht habe und der Kerl noch lebte.«

»Hm, hm«, kam es von Nowicki. »Ich erreiche Sie hier im Gasthof?«

Kerstin knallte ihm ihre Visitenkarte auf den Tisch, nahm im Gegenzug seine an sich und verließ den Raum.

Draußen musste sie grinsen. Frechheit siegt, stimmte doch, dieses Sprichwort.

Dem Riebel zahle ich es heim, schwor sie sich.

Am Abend saß sie auf dem gleichen Barhocker wie einen Tag zuvor, der Platz neben ihr blieb leer. Die Stimmung war gedrückt, nur wenige Gäste befanden sich im Schankraum.

»Der Handelsvertreter, den man in Schmallenberg-Obersorpe gestern Abend tot aufgefunden hat, gibt der Polizei weiterhin Rätsel auf. War es Mord? Totschlag? Oder gar nur ein Unglücksfall? Einige Verdächtige wurden inzwischen verhört, befinden sich jedoch auf freiem Fuß. Kriminalhauptkommissar Nowicki erklärte …«, dröhnte es in der Ecke aus dem Uralt-Fernseher.

Weitere Nachrichten gingen in lautstarken Parolen unter, die von den Stammtischbrüdern durch die Kneipe gerufen wurden. Einige Einheimische schauten Riebel skeptisch an und schwiegen. Hatte man ihn etwa in Verdacht? Er blickte grinsend nach unten, spülte weiterhin Gläser und zapfte Bier.

Wütende Blicke trafen aber auch Kerstin, die hier als fremde Frau in dem Gastraum, allein unter Männern, nicht erwünscht war. Mit ihr hatte das ganze Elend schließlich erst angefangen.

Denen würde sie es zeigen, sagte sie sich und nahm sich vor, mit Riebel zu beginnen. Honigsüß starrte sie ihn an, lächelte ihm zu und leckte sich, wie beiläufig, über ihre geschminkten Lippen.

»Kann ich noch ein Pils haben?«, fragte sie ihn fast flüsternd.

Er nickte nur, stellte ihr wenig später ihr Glas hin. Als er einen Strich auf ihren Deckel machen wollte, zitterten seine Hände so stark, dass es ihm misslang und ihm der Kugelschreiber aus der Hand fiel.

Wie zufällig berührte sie seine Hand, als er einen zweiten Versuch startete. »Geht es Ihnen nicht gut, Herr Riebel? Sie sind ganz blass geworden.«

Er krächzte etwas Unverständliches, was sich anhörte wie »Geht schon« und versuchte, sich auf seine Arbeit zu konzentrieren. Die Frau machte ihn nervös. Er wusste, was er in der letzten Nacht gehört hatte, und trotzdem gefiel ihm diese Frau. Oder gerade deshalb? Sie törnte ihn regelrecht an. So ein Format stieg hier im Gasthof selten ab. Tolle Figur, hübsches Gesicht, meterlange Beine. Das war sein Ding.

Immer, wenn er hinter der Theke hervortrat und Getränke zu einem der Tische trug, riskierte er einen Seitenblick auf die schöne Frau auf dem Barhocker, die ihn immer narrischer machte.

Kerstin war sich ihrer Wirkung auf ihn bewusst und schob ihren kurzen Jeansrock noch ein Stückchen höher, schlug gekonnt die Beine übereinander und streckte ihren Busen vor.

Kurz nach 23 Uhr, der letzte Gast hatte sich soeben verabschiedet, rutschte sie von ihrem Hocker, hauchte Riebel ein »Gute Nacht« zu und verschwand nach oben in ihr Zimmer.

Keine halbe Stunde später klopfte es an ihrer Tür. Sie hatte es nicht anders erwartet und grinste.

Leise öffnete sie die Tür. In der dunklen Diele stand Willi Riebel. In seiner Langschlitzjeans, mit dem durchgeschwitzten roten Karohemd, die fettigen Haare nach hinten gekämmt, sah er aus, wie man sich einen typischen Sittenstrolch vorstellte.

»Ich wollte fragen ... ich dachte ... vielleicht möchten Sie ja noch einen Schluck mit mir trinken ... oben in meinem Büro«, kam es zwischen seinen spröden Lippen hervor. Vergessen waren Anstand und Moral, sein gutes Benehmen, welches ihm von seiner Mutter beigebracht worden war. Er hatte nur noch Sex mit dieser Frau im Kopf. Seine Augen bissen sich an dem Ausschnitt ihres Bademantels fest. Er konnte nicht wissen, dass sie unter diesem weißen Teil noch komplett angezogen war.

»Aber gerne doch«, hauchte sie. »Ich bin gleich da.«

Kaum war er weg, hätte sie vor Ekel würgen können. Sie lehnte sich gegen ihre Zimmertür, atmete tief durch, um sich zu beruhigen.

Fünf Minuten später betrat sie sein kleines Dachbodenreich. Die Tür war nur angelehnt. Er saß an seinem nostalgischen Schreibtisch, füllte zwei Gläser mit Sekt und grinste dabei wie ein Vollidiot.

Es roch bestialisch in diesem engen Raum. Irgendwie nach Katzenpisse und Erbrochenem. Die grünen Übergardinen an den winzigen Fenstern hatten Brandlöcher. Der Buchenholzkleiderschrank auf der linken Seite des Zimmers stammte aus den 1950er-Jahren und konnte vor Elend kaum mehr stehen.

»Setz dich doch«, krächzte Riebel mit vor Erregung belegter Stimme und zeigte auf ein altes Ledersofa in der rechten Ecke.

Kerstin wollte nicht darüber nachdenken, was sich auf diesem verlöcherten Teil schon alles abgespielt hatte.

»Und nun erzähl mir mal, was du mit diesem Kerl angestellt hast. Das hat sich ja vielleicht angehört gestern Abend. Hat er es dir so richtig besorgt, dieser kleine Mann?«

»Ja, kann man wohl sagen. Aber er hat mir auch erzählt, was *du* alles so Tolles drauf hast. Lass mal hören. Mit dem Zimmermädchen hättest du es hier öfters getrieben. Hast du sie auch umgebracht?«

Er stand auf, kam auf sie zu und reichte ihr ein Sektglas. »Hat er das mitbekommen, dieser olle Zwerg? Tatsächlich? Hier waren schon viele, nicht nur die Zimmermädchen. Ich habe Ruth jedenfalls kein Haar gekrümmt. Alles Verleumdung.« Er war ein wenig nervös, wusste nicht, was er tun sollte. »Sex ist eine Sache, Mord eine andere. Damit habe ich nichts zu tun.«

Kerstin gab alles. »Was ist nun? Dann zeig doch mal, was du so alles kannst.«

Sie war längst nicht so souverän, wie sie sich gab. Zur Not konnte sie ihn immer noch zusammenschlagen, sagte sie sich.

»Warte auf mich, ich bin gleich wieder da.« Und schon entschwand er durch eine kleine Tür hinter dem Schrank in ein winziges Kämmerchen.

Sie hörte ihn hüsteln und rumoren. Plötzlich ging die Tür wieder auf und Riebel stand vor ihr. Er steckte in einem alten blauen Bademantel, der an den Ellbogen schon glänzend war. An den Füßen trug er weiße Badelatschen. Als er den ollen Mantel öffnete, erschrak Kerstin. Obwohl sie schon von seinen Neigungen gehört hatte, ließ sie sein Anblick erschaudern. Sein bestes Teil steckte in einem roten Seidenslip, der ihm drei Nummern zu klein war. Einfach ekelhaft sah Riebel aus. Eine behaarte jämmerliche Gestalt. Aus einer der Taschen des Bademantels holte er eine schwarze Ledermaske, die er sich über seinen Kopf stülpte. Den Bademantel warf er zu Boden. Seine Augen schauten durch zwei schmale Schlitze, über dem Mund hatte die Maske einen Reißverschluss, den Riebel nun öffnete. Hektisch wanderten seine Augen in den Schlitzen hin und her. Als er einige Schritte auf Kerstin zuging, sprang sie vom Sofa auf. Sie stellte ihr Glas ab und fragte sich, wann Nowicki endlich auftauchen würde. So weit war es von der Rellmecke, wo der Kommissar wohnte, bis hierher nun auch wieder nicht.

Endlich vernahm sie das Zuschlagen einer Autotür. Die Haustür. Was, wenn sie verschlossen war? Würde er klingeln? Dann würde sich Riebel längst diese perversen Klamotten vom Leib gerissen haben oder in dem Kämmerchen verschwunden sein. Doch plötzlich hörte sie jemanden die Treppe heraufkommen und ein leises Räuspern. Also war die Haustür offen.

»Küss mich«, hörte sie die blecherne Stimme Riebels durch die Ledermaske. »Und zieh' endlich deinen Bademantel aus.«

Sie traute sich gar nicht hinzusehen. Dieser behaarte Riesenkörper, diese ekelige winzige Unterhose. Als sie die Schritte vor der Tür näherkommen hörte, fing sie laut an zu schreien. »Hilfe, Hilfe, Riebel will mich vergewaltigen, dieser perverse Kerl.«

Und schon flog die Tür auf und Nowicki betrat den Raum.

Sekunden später hörte man das Martinshorn eines weiteren Polizeifahrzeugs und sah das flackernde Blaulicht die friedliche Aura der Nacht durchbrechen.

Nowicki war von Riebels Anblick erschüttert. Er konnte nie so recht glauben, was sich die Dorfbewohner über seine abartigen Neigungen erzählten. Hier hatte er nun den Beweis, dass es stimmte.

»Riebel hat mir von Ruth, dem Zimmermädchen erzählt. Er hat sie ermordet.« Weinend warf sich Kerstin Nowicki an den Hals, der allein durch seine Statur Geborgenheit ausstrahlte. Sie war selbst erstaunt, dass wie auf Kommando die Tränen bei ihr rollten. »Dieser Vertreter wusste davon, deshalb hat Riebel auch ihn umgebracht. Nachdem ich das Zimmer verlassen habe, hat er ihn geschnappt und gegen die Heizung geworfen.«

»Riebel, Riebel, stimmt das also doch mit der Ruth. Das arme Mädchen. Wieso konntest du nicht die Finger von ihr lassen?«

Willi Riebel heulte auf wie ein kleines Kind. »Das stimmt nicht, ich habe niemanden umgebracht, weder Ruth noch diesen Jensen. Diese Schlampe lügt. Die hat ihn auf dem Gewissen. Das ist alles eine abgekarterte Sache.«

Nowickis Kollege Henneke sowie zwei uniformierte Polizeibeamte stürmten in den Raum. In Handschellen, Badelatschen und seinem ollen Bademantel, darunter die rote Unterhose, wurde er abgeführt. Die Ledermaske, die er sich von seinem verschwitzten Schädel gerissen hatte, hielt er in der Hand.

Seine Frau Anni und seine Schwiegermutter, beide in Uralt-Nachthemden, sahen schweigend zu, wie man Willi mitnahm.

Anni musste an die unschöne Szene letzte Woche denken. Da hatte sie Willi im Schlafzimmer vor dem Kommodenspiegel erwischt, wie er in ihrem fleischfarbenen Korsett posierte.

»Du musst dir professionelle Hilfe suchen, Willi, hörst du?«, hatte sie noch versucht, ihm ins Gewissen zu reden.

»Ja, mach ich, mach ich«, hatte er hektisch verlauten lassen und den Einteiler, Marke Felina, Größe 100 D, wieder ausgezogen.

Auch, dass man ihn nun schon wieder verdächtigte, das

Zimmermädchen Ruth ermordet zu haben und dass er den kleinen Handelsvertreter zur Strecke gebracht haben sollte, schockte Anni nicht im Geringsten. Sie wirkte erleichtert, als sie dem Polizeiwagen hinterwinkte, in dem ihr Willi weinend die Nase an die Scheibe drückte.

Obwohl man Kerstin überreden wollte, noch zu bleiben, reiste sie am übernächsten Tag weiter nach Nordenau, um in dem schönen Hotel Gnacke 32 den Rest ihres Urlaubs zu verbringen.

Mit einem Achselzucken hatte sie stillschweigend das Protokoll im Präsidium in Bad Fredeburg unterschrieben, sich von Nowicki die Hand schütteln lassen und war gegangen.

»Nein, gestanden hat er noch nicht, was die beiden Morde betrifft«, meinte Bernhard Nowicki ihr noch mitteilen zu müssen. »Er sitzt in seiner Zelle und heult den ganzen Tag Krokodilstränen. Aber den koche ich mir noch weich, verlassen Sie sich drauf.«

Auf eine Strafanzeige wegen versuchter Vergewaltigung hatte sie verzichtet, da es nur unnötige Fragen aufgeworfen hätte. Was sie überhaupt bei Riebel im Büro nachts in einem Bademantel zu suchen gehabt hatte, wäre eine davon gewesen.

23 Sorpetal: Das Sorpetal zählt zu einem der schönsten Täler im Hochsauerland. Dieses etwas versteckt liegende Tal findet man zwischen Schmallenberg und Winterberg. Ein echter Geheimtipp für Wanderer und Romantiker!

24 Kunstschmiede Klute: Dieser Skulpturenpark befindet sich in einzigartiger Lage in der Waldemai in Niedersorpe. Der Künstler Klute hat hier seine Schmiede und einen Ausstellungsgarten.

25 Forellenzuchtanlage: Sorpe-Quell-Forellenhof Zurawski in Niedersorpe. Räucherforellen sowie zwei Naturteiche zum Angeln, in einer Landschaft, die das Herz höher schlagen lässt.

26 Sorpe: Dort, wo die Sorpe in die Lenne fließt, öffnet sich das romantische Sorpetal. Die Sorpe entspringt im Lennekessel bei Rehsiepen und fließt der Lenne auf zehn Kilometern zu, die sie bei Winkhausen erreicht. Der romantische Sorpetalrundweg, der in Niedersorpe beginnt und endet, verläuft zum Teil entlang des Bachlaufes der Sorpe und bietet an einigen Stellen die Möglichkeiten zur Rast mit Wassertreten.

27 Gasthöfe in Obersorpe:
Zur Hohen Hunau: Fernab vom Straßenverkehr, Gasthof mit langjähriger Familientradition.

Gasthof-Pension zum Sorpetal: Pension, im oberen Sorpetal, idyllisch inmitten von Wiesen und Wäldern gelegen.

28 Obersorpe: Bildet mit 20 Häusern und 60 Einwohnern das kulturelle Zentrum des oberen Sorpetals und verfügt über Gaststätten und Pensionsbetriebe sowie Ferienwohnungen. Das älteste noch stehende Gebäude im Ort ist der Hof Siepe, erbaut um 1700.

29 Pfarrkirche Obersorpe: Im Jahre 1897 wurde die schmucke neugotische Kirche St. Joseph, die über einen Westturm mit Sauerländer Spitzhelm verfügt, erbaut. Das bemerkenswerte Ziffernblatt der Turmuhr trägt zum Gedenken an die Kriegsopfer des Ersten Weltkrieges, die Namen und Todestage der 12 gefallenen Soldaten des Ortes.

30 Fachwerkhäuser: Die gepflegten und blitzsauberen Fachwerkhäuser säumen den Weg durch die Orte des Sorpetals. Umrahmt von Bergen und ausgedehnten Wäldern liegen die malerischen Fachwerkdörfer mit ihren Gastgebern, die Ihnen einen erholsamen Urlaub bereiten.

31 Schmallenberger Sauerland: Das waldreiche Schmallenberger Sauerland liegt in einer Höhe von 321 bis 831 Metern in einem Dreieck zwischen Dortmund, Kassel und Gießen. Rund 25.000 Einwohner leben in der größten Ferienregion Nordrheinwestfalens, verteilt auf mehr als 100 Dörfer und Weiler. Zehn dieser architektonischen Kleinode zählen zu den schöns-

ten Fleckchen Erde Deutschlands und dürfen sich »Golddorf« nennen. Unter Wanderfreunden gilt die Region als Wiege und Filetstück des Rothaarsteigs.

32 Hotel Gnacke: 4-Sterne-Hotel im Luftkurort Nordenau. Beeindruckende Aussicht auf das Schmallenberger Sauerland.

Tourenvorschlag: Von Obersorpe hinauf auf die Hunau

Der Weg beginnt in Obersorpe. Folgen Sie der Ortsstraße entlang des Gasthofes »Zur hohen Hunau«. Kurz hinter dem Ortsausgang beginnen bereits die ausgedehnten Wälder. Diese Laubwälder, zum Teil befinden sich darin noch seltene Moore, stehen unter Naturschutz.
Der Weg schlängelt sich durch die herrlichen Wälder hinauf auf den Bergrücken der Hunau und trifft am Irreplatz auf den Sauerland-Höhenflug. Am Irreplatz laufen zahlreiche Wanderwege zusammen. Die Bewohner der Dörfer berichten, dass sich hier so mancher Wanderer verirrt hat und in schneereichen Wintern zu Tode kam. Von hier haben Sie die Möglichkeit, entweder weiter über die Hunau in Richtung Altastenberg oder in Richtung Bad Fredeburg zu wandern.

4. GERÄUCHERTE FORELLEN

Niedersorpe

Hermann stand vor der Hütte und blickte über seine Teiche, in denen sich der Vollmond spiegelte und friedvolles Licht spendete. Der Wald, der seine Anlage beschützend einrahmte, machte ihm keine Angst. Im Gegenteil, er wirkte beruhigend auf ihn. In weiter Ferne konnte er den beleuchteten Park der Kunstschmiede Klute wahrnehmen. Die Straße, rechts neben ihm, die durch das herrliche Sorpetal führte, schwieg ebenfalls. Nur ein leises Raunen ging durch den Wald, hier und da gurrte eine Taube oder rief ein Kuckuck. Die Sorpe neben ihm plätscherte friedlich in ihrem Bett. Auch hier spiegelte sich der Mond wider.

Bis auf seine Schäferhunde Carlos und Biene war er alleine. Marlies würde erst wieder am Freitag bei ihm sein. Wochentags blieb sie in Westerholt, in ihrem Reihenhaus am Stadtrand, weil ansonsten der Weg zu der Arztpraxis, wo sie ihrer Arbeit als Arzthelferin nachging, zu weit gewesen wäre.

Hermann hatte sich vor knapp 20 Jahren, als die Firma, in der er beschäftigt war, in Konkurs ging, seinen Lebenstraum erfüllt und dieses kleine Paradies gepachtet. Seitdem züchtete und verkaufte er Forellen, in einer Region, in der andere Urlaub machten. Er liebte diese Gegend, in der er schon als Kind seine Ferien verbracht hatte. Von Westerholt bis ins Sorpetal war es nur ein Katzensprung. Da er als passionierter Angler jegliche Gewässer, einschließlich das Leben in ihnen, liebte, hatte er ohne groß zu überlegen zugegriffen, als das Gelände angeboten wurde. Ständig gab es etwas zu tun, er baute Hütten und legte Teiche an. Für ihn gab es keine Langeweile, nur harte Arbeit. Seit seine Söhne aus dem Haus waren, drängte er Marlies, das Reihenhaus im Ruhrpott zu verkaufen und hier im Tal eine Wohnung oder ein kleines Haus zu erstehen. Er war überzeugt, dass auch sie hier Arbeit finden würde. Sie wären dann immer zusammen. Doch Marlies wollte ihre Stellung und ihr Leben in der alten Heimat nicht aufgeben. So pendelte sie. Niedersorpe 33 war ihr einfach zu viel Natur und sie war so manches Mal froh, dem entfliehen zu können.

Carlos und Biene hingegen waren ihm auch unter der Woche treue Begleiter. Allein der Anblick dieser belgischen Schäferhunde schreckte so manchen ungebetenen Gast ab, sich näher als erlaubt dem Anwesen zu nähern. Hermann vermittelten die beiden Sicherheit und das Gefühl, nicht allein zu sein. Im Grunde waren sie trotz ihrer Bellfreudigkeit lammfromm.

Er strich ihnen über die Köpfe, sprach beruhigend auf sie ein, schickte sie in ihre recht komfortable Hundehütte, betrat das hintere der beiden Holzbohlenhäuschen, das als Schlafzimmer genutzt wurde, und schloss die Tür hinter sich. Er fühlte sich sicherer, wenn die beiden draußen blieben und so das Gelände bewachen konnten. War Marlies am Wochenende anwesend, durften die Hunde auch schon mal mit ins kuschelige Bett.

Er genehmigte sich noch einen Obstler, legte seine Jeans über den Stuhl und schlüpfte unter die Decke. Das Mondlicht schien durch das winzige Fenster.

Hermann seufzte und streckte sich lang aus. Sein Rücken schmerzte. Er hatte den Raum, in den der neue Räucherofen hineinsollte, neu verputzt. Morgen konnte er ihn vielleicht schon streichen. Heute hatte er alle Räucherforellen verkauft, dazu noch zehn frische. Ein gutes Geschäft. Kein Wunder, bei diesem Wetter kamen viele Tagesausflügler vorbei, die sich auf dem Rückweg eine Sorpeforelle mitnahmen. Drei Angler hatten ihr Glück am Forellenteich, den er zum Angeln freigegeben hatte, gesucht und leider nicht gefunden. Zusammen fischten sie nur sechs Forellen heraus. Ein weiteres Plus für ihn.

Alles könnte so schön sein, wenn da nicht dieser feine Schnösel gewesen wäre, der gegen 16 Uhr mit einem Lederkoffer sein Gelände betreten hatte.

»Guten Tag«, hatte der Herr gegrüßt und war mit seinen polierten Schuhen über die Pfützen gesprungen, die sich in den letzten Tagen auf dem unebenen Weg in den Fahrspuren gebildet hatten, um sich so wenig wie möglich zu beschmutzen. Sein Anzug, nicht mehr der neueste Look, war aus feinstem Stoff, dazu trug er eine rote Krawatte und ein weißes Hemd.

Hermann musste schmunzeln, als er auch noch den schwarzen Hut anhob, den er auf dem Kopf trug. Dass er keine Forellen kaufen wollte, war ihm sofort klar. Den Räucherduft der Fische würde er aus seinem feinen Kalbslederköfferchen nie wieder herausbekommen.

»Könnte ich Sie kurz sprechen, Herr Wittkowski? Sie sind doch Herr Wittkowski«, lispelte er ihm entgegen.

Hermann nickte ihm kurz zu und zeigte auf die Terrasse vor der ersten Hütte.

»Aber die Hunde …«, sprach der eigenartige Mann im Nadelstreifenanzug und blieb abrupt stehen.

»Die sind angebunden«, meinte Hermann, erzählte ihm aber nicht, dass Bienes Leine locker bis zur Bank reichte.

Das merkte er allerdings, als er sich auf die wackelige Bank setzte und Biene ihm am Anzug hochsprang. Unschöne Flecken zierten sein Jackett.

»Das geht wieder raus«, meinte Hermann. »Was wollen Sie? Doch bestimmt keine Forellen, oder?«

»Mein Name ist Otto Ofterlehner. Ich komme aus Kempten im Allgäu«, stellte er sich nun akzentfrei vor und betrachtete widerwillig die beiden Hunde, die von ihrem Herrchen auf ihre Plätze geschickt wurden, ihn aber nicht aus den Augen ließen. Als Kind war er von einem Dackel in die Wade gebissen worden. So etwas vergaß man nicht.

Hermann stellte ihm ein Bier hin, welches Ofterlehner zuerst ablehnte, dann aber gierig trank.

Kaum den halben Liter intus – Hermann schaute in die Ferne zu Ofterlehners schickem Daimler – begann er dummes Zeug zu reden, wie Hermann fand.

Seine Firma, ansässig im Allgäu, plane ein Hotel in Niedersorpe zu errichten, genau auf seinem Grundstück. Mit dem Eigentümer des Geländes hätte er schon gesprochen. Dort hätte er erfahren, dass gerade erst der Pachtvertrag auf weitere zehn Jahre verlängert worden war. Wenn der Pächter allerdings vom Vertrag zurücktreten würde, könnte ein Verkauf vielleicht zustande kommen. Es würde sein Schaden nicht sein, meinte der Anzugträger noch.

Hermanns Herz schlug schneller. Hotelanlage, seine Teiche platt, er müsste das Tal verlassen. Die Worte rauschten an ihm vorbei, wie eine Achterbahn, die nicht gewillt war anzuhalten.

»Guter Mann, überlegen Sie sich das Ganze. Wir würden einen guten Preis zahlen«, versuchte Ofterlehner, den aufgeregten Hermann zu beruhigen.

»Ich bin nicht Ihr guter Mann«, schrie Hermann ihn an,

ging zu seinem Hunden, leinte sie ab und gab ihnen den Befehl: »Zeigt es ihm!«

Ofterlehner flog fast über den zweihundert Meter langen Weg bis zu seinem Auto. Wie eine Gazelle sprang er über die Pfützen, den Lederkoffer fest in der Hand, die beiden Hunde bellend und Zähne fletschend im Rücken. Hin und wieder sprangen sie ihn von hinten an. Als er ins Auto stieg, biss Biene ihm ein Stück von seiner Anzughose heraus.

Das alles ging Hermann in dieser Vollmondnacht durch den Kopf. Er würde nächste Woche wiederkommen, hatte dieser Kerl ihm angedroht. Verzweiflung stieg in ihm hoch. Was tun? Auf das Naheliegendste, nämlich bei seinem Vertragspartner, der ihm das Land verpachtet hatte, anzurufen, kam er nicht.

Auch am nächsten Tag griff er nicht zum Handy, um der Sache nachzugehen. Ofterlehner hatte ihm nicht einmal eine Visitenkarte dagelassen, was höchst suspekt war. Was war das überhaupt für eine Firma, die ein Hotel in Niedersorpe bauen wollte? Ein paar Kilometer weiter, in Winkhausen [34], gab es das große Wellnesshotel Deimann [35]. Es bestand also überhaupt kein Bedarf für eine weitere Herberge für Touristen.

Doch Hermanns Hirn konnte nicht mehr klar denken. Nur die blanke Angst, alles zu verlieren, war in seinem Kopf. Nicht einmal Marlies rief er an, um ihr davon zu berichten. Sie würde es am Freitag noch früh genug erfahren, dachte er.

Als jedoch am folgenden Spätnachmittag Benedikt Saßmannshausen vorbeikam und sich müde auf die Bank vor der Hütte setzte, konnte Hermann nicht mehr schweigen und erzählte dem alten Mann alles, was ihn bedrückte. Hoffte er jedoch, von ihm den ultimativen Tipp zu bekommen, was zu tun sei, lag er falsch. Benedikt hatte allerhöchstens einen IQ, der ausreichte, eine Banane zu schälen, da er als Säugling zu lange im Geburtskanal gesteckt und sein Gehirn in dieser Phase zu wenig Sauerstoff getankt hatte. Aber er war ein lieber Kerl, wohnte bei seiner Schwester und ihrer Familie im unweiten Mittelsorpe, half dort auf dem Hof und fristete seinen Lebensabend zusammen mit Kühen, Kälbern und Katzen. Er hatte die Dorfschule in Obersorpe besucht, die nur über zwei Klassen verfügte, und das noch nicht mal mit großem Erfolg.

Er nahm einen großen Schluck aus der Bierflasche, die Hermann ihm hingestellt hatte. Seine Augen leuchteten dabei und er zog seine zerfurchte Stirn in Falten.

»Hättest den Ollen in den Räucherofen stecken sollen«, meinte er mit Bierschaum verschmierten Mund und lachte, sodass man seine wenigen dunklen Zähne sehen konnte.

»Erzähl' keinen Mist, Benedikt. Damit wäre das Problem auch nicht gelöst.« Hermann schüttelte den Kopf und sah auf den ungepflegten Benedikt herab. Die Haare waren weit über einen Bad Hair Day hinaus, seine Kleidung, Jeans und ein gestreiftes Seemannshemd, waren schmutzig. Außerdem transpirierte er stark und übelriechend. Ingrid nutzte den armen Bruder nur aus, fand Hermann. Sie könnte sich besser um ihn kümmern, ihm mehr Pflege zukommen lassen.

Außer Kost und Logis bekam er auf dem Hof nur ein karges Taschengeld. So war er froh, sich bei Hermann durch leichte Hilfsarbeiten hin und wieder etwas dazuverdienen zu können.

»Vielleicht war der Kerl gar nicht echt. Du hast doch gesagt, er sah eigenartig aus.« Mit wachen Augen sah Benedikt Hermann an.

»Jetzt geht die Fantasie mit dir durch«, meinte Hermann nur und verzog verärgert seinen Mund. Wer sollte Interesse daran haben, ihn hereinzulegen?

Martin Falke und Thilo Schleifstein stießen ihre Warsteiner-Pilsgläser aneinander und prosteten sich zu. Jörn Wertschulte und Anton Söbke freuten sich, wenn überhaupt, etwas verhalten. Die vier Männer saßen am Stammtisch des Gasthofs Wulbeck 36 in Niedersorpe und ließen sich das Bier schmecken. Ein Stimmengewirr vom Allerfeinsten sprach für die gut besuchte Dorfkneipe.

»Und du meinst echt, der Wittkowski hat nichts gemerkt, als dein Schwager ihm Angst gemacht hat, er würde bald seine Forellenzuchtanlage verlieren?« Martin Falke schlug voller Übermut mit der Faust auf den Tisch und freute sich wie Bolle. Sein fettig glänzendes Gesicht, eingerahmt von den feuerroten Ohren, erinnerte an ein Kind an Heiligabend, das sich über ein besonders gelungenes Geschenk freute. Die dunkeln Locken fielen ihm verschwitzt ins Gesicht.

»Nein, der hat es tatsächlich geschluckt. Wäre total fertig gewesen, als Otto gegangen ist«, verkündete Thilo Schleifstein schadenfroh. »Jetzt kackt der sich vor Angst in die Hose!« Thilo fuhr sich mit den langen Fingern durch sein schütteres zurückgekämmtes Haar. Anschließend friemelte er nervös an seinen Pusteln, die sein spitzes Kinn zierten. Obwohl er schon über 50 Jahre alt war, hatte er seine liebe Last mit Akne.

»Und ihr habt dem Otto echt einen Anzug von deinem Vater angezogen? Mann ist Hermann blöd, dass der das nicht gemerkt hat.« Martin Falke wollte sich nicht beruhigen, warf sich halb über den Tisch beim Lachen.

»Das war die Gelegenheit, wo Otto schon mal zu Besuch da ist. Der spielt im Allgäu, dort wo er wohnt, in einer Laienspielgruppe«, freute sich auch der picklige Thilo.

Jörn Wertschulte wurde schnell wieder ernst. »Ihr seid schon bescheuert. Ich frage mich, was der Hermann euch getan hat. Ist doch ein rechtschaffener Mann. Wahrscheinlich hat er längst herausgefunden, dass das ein übler Scherz war. Dumm ist er schließlich nicht.«

Nun wurde Anton Söbke laut. »Ist halt ein Zugereister. Aus dem Ruhrgebiet. Außerdem macht er dem Alois Konkurrenz. Der verkauft immer weniger Fische.«

»So ein Quatsch«, meinte Jörn. »Seit zwei Jahrzehnten gibt es zwei Forellenzüchter im Tal und nie gab es Ärger. Alois mit seiner kleinen Zucht käme doch alleine gar nicht nach.«

Anton pulte sich die Reste des Grünkohls, den er soeben verspeist hatte, aus den Zähnen. »Der hat mal einen Denkzettel verdient, der Hermann. Sein Carlos hat letztens meine Tochter angesprungen.«

Jörn beobachtete angeekelt die Zahnreinigung seines Gegenübers. »Hat deine Frau heute nicht gekocht, dass du hier gegessen hast?«

»Na, die war beim Friseur«, meinte Anton und strich weiterhin die grünen Reste mit dem Zahnstocher an dem Aschenbecher auf der Tischmitte ab.

»Ich will jedenfalls damit nichts zu tun haben. Das ist eine miese Tour. Am Montag habt ihr noch mit Hermann zusammen am Tisch gesessen und Bier getrunken. Jetzt spielt ihr ihm hinter seinem Rücken einen üblen Streich. Was die Hunde betrifft, jeder im Tal weiß, dass die beiden verträglich und gehorsam sind. Dem Mann deshalb Existenzängste einzujagen, geht zu weit.« Jörn stand auf, warf einen Geldschein auf den Tisch und verließ das Lokal.

»Du Spielverderber!«, schrie Martin ihm noch hinterher.

Noch nie hatte Hermann den Freitag so herbeigesehnt wie dieses Mal. Dauernd schaute er nervös auf die Uhr. Ob Marlies im Stau steckte? Auch Biene und Carlos liefen unruhig hin und her, als spürten sie, dass ihr Frauchen bald kommen würde.

Dann endlich gegen 17 Uhr fuhr sie mit ihrem roten VW-Golf auf das Gelände, passierte den Parkplatz und fuhr den engen Fußweg entlang der Teiche direkt bis zu den Hütten.

Als Marlies ihrem Fahrzeug entstieg, ließen die beiden Hunde die Frau vor Freude kaum näher kommen. Immer wieder sprangen sie an ihr hoch, leckten ihre Hände und gaben urkomische Laute von sich.

Hermann musste lächeln, als er die Szene beobachtete. Er drückte Marlies an sich und hatte Tränen der Rührung in den Augen. Lange schaute er in ihr vertrautes Gesicht.

»Du siehst müde aus, Liebling«, meinte er besorgt und trug die Einkäufe aus dem Kofferraum in die Hütte.

»Ach, das war auch eine anstrengende Woche. Wir haben gerade eine Erkältungswelle. Jeden Tag Überstunden. Aber nun musst du mir erst einmal erzählen, was dich bedrückt.« Marlies schaute ihn lange an. Sie spürte genau, wenn ihn etwas quälte, da konnte er am Telefon noch so bemüht unbeschwert klingen.

»Du hast es gemerkt?« Hermann wusste, dass sie den siebten Sinn hatte und man ihr nichts verheimlichen konnte. Wahrscheinlich hatte sie ihn am Telefon nicht danach fragen wollen. Abrupt hielt er inne. »Du, das geht nicht so weiter, dass wir die Woche über getrennt sind. Das ist kaum auszuhalten.« Er ging auf sie zu und drückte sie erneut an sich.

»Was ist denn los?«, fragte sie ihren Mann besorgt.

Zu den frischen Räucherforellen servierte er ihr Bratkartoffeln und ein Glas eiskalten Elblinger von der Mosel, den Marlies so gerne trank. Und obwohl ihr die Forellen eigentlich zu den Ohren herauskommen mussten, genoss sie dieses köstliche Mahl und vor allem den Wein.

»Wir werden wohl nicht mehr lange hier so zusammen sitzen«, meinte Hermann, nachdem sie sich zum wiederholten Male zugeprostet hatten. »Am Dienstag war ein Mann hier, der das Gelände kaufen will, um darauf ein Hotel zu bauen.«

»Machst du Witze?« Marlies stellte ihr Glas zurück auf den Holztisch und sah ihren Mann erschrocken an. »Aber das Grundstück gehört uns doch gar nicht. Wir haben es nur gepachtet. Hast du mal mit der Gemeinde telefoniert?«

»Nein, ich war so geschockt. Er bot mir Geld, wenn ich vom Pachtvertrag zurücktrete. Mit dem Besitzer hätte er schon gesprochen.«

»Ach Hermann, da ist doch was faul. Die Genehmigung, hier ein Hotel in diesem Tal zu bauen, bekommt der niemals. Wir werden nächste Woche ein paar Anrufe tätigen und du wirst sehen, deine Sorgen werden sich in Luft auflösen.«

Marlies schaffte es jedoch nicht, Hermanns Bedenken zu verscheuchen. Der eigenartige Herr im Nadelstreifenanzug versetzte ihn weiterhin in Angst und Schrecken, wenn er nur an ihn dachte.

So war Hermann an diesem Wochenende mit seinen Gedanken ständig woanders und völlig unkonzentriert. Auch die langen Abendwanderungen über den Sorpetalweg 37 zum Kleinen 38 und Großen Bildchen 39 brachten ihm keine Ablenkung. Welche Themen Marlies auch anschnitt, es gelang ihr nicht, ihn ein wenig aufzuheitern.

Traurig brachte er sie am Sonntagabend zum Auto, um sich zu verabschieden. Wieder fünf Tage ohne Marlies. ›Lange halte ich das nicht mehr aus‹, dachte Hermann und ging Seite an Seite mit den Hunden, mit hängenden Schultern den Weg zurück zu seiner »Ranch«, wie er sein Anwesen heimlich nannte.

»Schaff' ihn beiseite«, sprach der alte Benedikt aufgeregt. »Ich helfe dir. Dann hast du Ruhe!«

»Benedikt, du bist verrückt.« Hermann musste nun doch über Benedikt schmunzeln. Wie ein kleines Kind, ohne Rücksicht auf Verluste, wollte er aus dem Weg schaffen, was ihm nicht passte. Oder war Benedikt vielleicht gar nicht verrückt?, dachte er. Das wäre gar keine schlechte Lösung!

Er befüllte den Räucherofen mit frischen Forellen. Morgen würde es zum letzten Mal Fische aus dem alten Räucherofen geben. Am Mittwoch würde der neue geliefert werden. Räucherforellen gäbe es erst wieder am Donnerstag. Vorausgesetzt, alles klappte so, wie Hermann es sich erhoffte. Marlies schickte alle paar Minuten eine SMS, um ihn zu fragen, ob er schon mit der Gemeinde wegen dieses Mannes gesprochen hatte. Vor lauter Angst, dass der Kerl vielleicht doch echt war und er tatsächlich das Tal verlassen sollte, schob er den Anruf noch eine Weile auf.

Irgendwann vergaß er den Mann sogar. Das Geschäft blühte, ständig kam neue Kundschaft. Einige Stammkunden aßen die Fische sogar gleich bei ihm auf der Terrasse, tranken ein Bier dazu und erfreuten sich an der herrlichen Gegend.

Abends war Hermann so müde, dass er nicht einmal Lust verspürte, zum Gasthof Wulbeck zu laufen, um sich dort an den Stammtisch zu setzen. Er konnte auf die Sprüche von Martin Falke und Thilo Schleifstein liebend gerne verzichten und machte stattdessen eine Wanderung durch den Wald mit Biene und Carlos.

Letzte Nacht hatte er von Otto Ofterlehner geträumt. Sah ihn vor sich, in dem uralten Anzug, mit dem ollen Hut, den er mit seinen langen Griffeln der rechten Hand anhob und dabei hämisch grinste. Sein Gesicht kam immer näher, er konnte jede Pore seiner großen Nase erkennen. Er schreckte aus dem Schlaf auf, sein Herz raste, er war völlig durchgeschwitzt. Selbstvorwürfe plagten ihn, nicht doch nachgefragt zu haben, ob dieser Mann überhaupt von dieser Firma geschickt worden war, ihn aus dem Tal zu vertreiben.

Nun saß er müde am Tisch vor seiner Hütte, hatte soeben alle Räucherforellen aus dem Ofen geholt, in der Hoffnung, sie heute noch zu verkaufen. Zwei hatte er mit zum Tisch genommen. Die aßen Benedikt und er jetzt, dazu frisches Bauernbrot, das er heute gekauft hatte, und für jeden ein Bier.

Benedikts Augen leuchteten vor Freude. Wer schenkte ihm schon so viel Aufmerksamkeit wie Hermann?

»Vermisst dich deine Schwester nicht? Da bekommst du doch sicherlich was Besseres serviert zum Mittagessen.« Hermann freute sich über die Anwesenheit des alten Mannes, denn was er zurzeit nicht ertrug, war das Alleinsein unter der Woche. Er blätterte während des Essens in dem Prospekt, der seinen neuen Räucherofen zeigte. Die Frage, die er sich in den letzten Tagen etliche Male gestellt hatte, nämlich die, ob die Investition des Ofens sich überhaupt noch lohnte, wenn es die Forellenzucht bald nicht mehr geben würde, verdrängte er.

In weiter Ferne erblickte Hermann plötzlich den schwarzen Daimler, der gerade auf den Parkplatz fuhr. Ihm entstieg Otto Ofterlehner. Biene und Carlos, die unter der Bank ihrem Mittagsschlaf frönten, sprangen auf und schlugen sofort an, als ahnten sie nichts Gutes.

»Ist das der Kerl?«, wollte Benedikt wissen, nahm das Fernglas vom Tisch und beobachtete neugierig, wie ein Mann sich ihnen näherte.

Dieses Mal trug er allerdings einen dunkelbraunen Anzug mit passendem Hut, beides ebenfalls aus einer anderen Epoche stammend.

Als er endlich die Terrasse erreicht hatte, schaute er ängstlich auf die Hunde, nachdem er einen kurzen Gruß gemurmelt hatte. »Der eine von denen hat mir letztens meinen Anzug zerfetzt, nachdem Sie die Hunde hinter mir hergehetzt haben«, beschwerte sich Ofterlehner nun bei Hermann.

»Haben Sie Zeugen?«, fragte Hermann nur und entschloss sich, ihm keinen Platz anzubieten.

Unruhig trat Ofterlehner von einem Bein auf das andere und schwang seinen Lederkoffer hin und her. Hermanns Frage ignorierte er. »Und, haben Sie über meinen Vorschlag nachgedacht?«

»Ja, habe ich. Ich trete nicht vom Pachtvertrag zurück. Sie können sich Ihr Geld sonst wohin stecken«, verkündete Hermann mit ruhiger Stimme, über die er sich selbst wunderte. »Und nun verschwinden Sie von hier. Wenn die Gemeinde, von der ich das Grundstück gepachtet habe, etwas von mir will, wird sie sich schon an mich wenden. Los, hauen Sie ab, oder Sie lernen meine Hunde mal richtig kennen.«

Biene und Carlos fingen unisono an zu knurren und warteten nur auf das Kommando von Herrchen.

»Das würde ich mir an Ihrer Stelle aber gründlich überlegen«, meinte Ofterlehner und ging, eingeschüchtert von den grummelnden Hunden, ein paar Schritte rückwärts.

Unbändige Wut packte Hermann. Er fragte sich, was dieser Kerl sich eigentlich einbildete. Starke Zweifel, ob er wirklich von einem Investor geschickt wurde, ihn von hier zu vertreiben, beschlichen ihn. Als er auf ihn zuging, machte Ofterlehner weitere Schritte nach hinten und landete Sekunden später in dem Forellenzuchtbecken. Er schrie laut um Hilfe, ruderte mit den Armen wie ein Irrer.

Benedikt lachte, da selbst er wusste, dass das Becken allerhöchstens einen Meter tief war und der Mann sich nur umzudrehen brauchte, um aus dem Wasser zu steigen. Als Hermann nach der Forke, die am Beckenrand in der Erde steckte, griff, dachte er noch, Hermann wolle sie dem Pechvogel reichen, damit er sich daran festhalten und hochziehen konnte.

Doch dem war nicht so. Zuerst schaute Hermann sich den auf dem Rücken im Wasser liegenden strampelnden Ofterlehner lange an. Immer wieder tauchte sein Kopf unter und wieder Luft schnappend auf.

»Nun mach doch was!«, rief Benedikt ihm zu.

»Ja, du hast recht, ich sollte was tun.« Hermann drückte die Forke kräftig auf Ofterlehners Brust, sodass er wieder untertauchte, ohne die Möglichkeit zu haben, sich aufzurichten. Er zappelte nun kräftiger, allerdings unter der Wasseroberfläche. Hermann gab alles. Mit letzter Kraft hielt er den Mann unter Wasser, bis das Gezappel endlich nachließ und der Körper ruhig, mit ausgebreiteten Armen im Teich trieb. Den Hut fischte sich Carlos aus dem Wasser und begann, darauf herumzukauen.

»Du hast ihn umgebracht«, flüsterte Benedikt fassungslos.

»War doch deine Idee, ihn zu beseitigen«, rief Hermann seinem alten Freund zu.

Die Minuten wurden zu Stunden. Hermann stand da wie ein Klotz, rührte sich nicht. Er hatte wohl immer noch nicht begriffen, was er angerichtet hatte.

»Der muss weg«, rief Benedikt mit einem Blick zur Straße. »Man kann uns sehen.«

Hermann erwachte langsam aus seiner Erstarrung. Ihm wurde bewusst, dass der Kerl hinüber und schnelles Handeln gefragt war. Gemeinsam zog er mit Benedikt den Mann aus dem Wasser. Da er dort nicht liegen bleiben konnte, schleiften sie ihn bis hinter die Hütte, direkt vor den Eingang der Grillkammer.

»Vielleicht könnte man den Notarzt holen und ihn wiederbeleben«, sprach Benedikt mit leiser Stimme.

»Quatsch, der ist längst tot. Außerdem: Man wird die Löcher der Forke auf seiner Brust sehen. Da kann ich wohl kaum von einem Unfall sprechen. Nein, dafür ist es zu spät. Der Kerl muss weg.«

Benedikt hob den Koffer auf, der am Rand des Teiches lag, und stellte ihn in die Hütte. Hermann griff dem Mann in die Hosentasche und zog den Autoschlüssel heraus. Aus dem Jackett angelte er seine Papiere. Beides stopfte er sich in die Gesäßtasche seiner Jeans.

Plötzlich sahen die Männer in der Ferne, wie ein Reisebus auf dem Parkplatz fuhr und sich neben den Daimler stellte. Hermann geriet in Panik.

»Los komm, wir haben höchstens fünf Minten, bis die hier sind.«

Sie schnappten sich den Mann, öffneten die Tür zur Räucherkammer, dann die des alten Räucherofens und hievten ihn mit aller Kraft hinein. Sie konnten von Glück sagen, dass der Kerl so schlank war. Mit letzter Kraft schoben sie die Beine hinterher, die sie ordentlich biegen mussten, damit Ofterlehner hineinpasste, und schlossen die Ofentür. Wie ein Reflex, schoss Hermanns rechte Hand zu dem Schalter des Ofens. Auf höchster Stufe wurde Otto Ofterlehner, einschließlich seiner alten Klamotten, nun geräuchert.

Ein Trupp juchzender Frauen näherte sich der Terrasse und fragte nach geräucherten Forellen. Sie hätten gehört, die sollten bei Hermann Wittkowski besonders gut schmecken.

»Ich habe leider nur noch acht Stück, die anderen sind noch nicht so weit, die habe ich gerade erst in den Ofen gepackt.« Hermann wischte sich mit einem Geschirrtuch den Schweiß von der Stirn.

Benedikt, den die Frauen, nach einem Blick auf den alten Mann, gar nicht für voll nahmen, lachte laut.

Die Meute der Frauen streichelte ausgiebig die Hunde, kaufte die letzten Forellen auf und verschwand nach einigen Minuten wieder fröhlich. Hermann ließ sich seufzend auf die Bank fallen, goss Benedikt und sich einen Obstler ein, und prostete dem alten Mann zu.

Als die Dunkelheit anbrach, hievte Hermann sein altes Klapprad in den Kofferraum des Daimlers, setzte sich hinter das Steuer und fuhr die lange Straße durchs Tal Richtung Großes Bildchen. Er bangte, dass ihn niemand erkennen möge, als er den Weiler In der Rellmecke sowie die kleinen Ortschaften Mittelsorpe, Obersorpe und Rehsiepen passierte. Das letzte Stück der Strecke war ganz schön kurvenreich und Hermann hatte Mühe, den großen Wagen in der Spur zu halten. Wenn er daran dachte, dass er zurück die ganze Strecke mit dem ollen Klapprad fahren musste, wurde ihm angst und bange. Doch ein Taxi zu nehmen, war zu riskant.

Am Wanderparkplatz Großes Bildchen angekommen, parkte er den Wagen in der äußersten Ecke. Alles war friedlich und still, keine Menschenseele zu sehen, kein weiteres parkendes Fahrzeug.

Hermann schnappte sich das Rad aus dem Kofferraum und schwang sich auf den Sattel. Es war fast dunkel und nicht ungefährlich, die unbeleuchtete schmale Straße zu befahren. Durch die vielen Kurven wurde er von den Autofahrern schlecht wahrgenommen. Einerseits gut, andererseits riskant.

In einer knappen Stunde hatte er es geschafft und war wieder auf seiner Ranch. Nur zwei Autos waren an ihm vorbeigefahren.

Ein Blick auf die Uhr sagte ihm, dass es bereits 22 Uhr war. Das, was er nun noch zu erledigen hatte, lag ihm wie ein Stein ihm Magen. Vor lauter Übelkeit musste er sich fast übergeben.

Am späten Nachmittag war er schon rauf in den Wald gelaufen und hatte ein tiefes Loch gegraben, in das er Otto Ofterlehner betten wollte. Benedikt hatte so lange sein Grundstück bewacht. Carlos hatte er bei ihm gelassen, Biene begleitete ihn. Forellen waren ausverkauft, so war Benedikt wenigstens nicht überfordert gewesen. Zum Glück verirrte sich zu so später Stunde kaum mehr jemand auf sein Gelände.

Ofterlehner aus dem Ofen zu zerren, war nicht schwierig. Geräuchert war er noch leichter, als er im Rohzustand gewesen war. Sein Kopf sah zum Gruseln aus, sodass Hermann ihm seine alte Bommelmütze darüber zog. Er konnte diesen Blick aus den starren Augen nicht mehr ertragen. Ihn jedoch den steilen Berg querfeldein – zwar mir Hilfe einer Sackkarre – durch den Wald zu ziehen, war eine echte Herausforderung. Hermann trug nur eine Stirnlampe, die Taschenlampe schaltete er nicht ein. Biene und Carlos kannten sich auch bei Dunkelheit gut aus und wiesen ihm den Weg. Dauernd blieb er an dem Geäst der dicht stehenden Fichten hängen und riss sich seine Kleidung auf. Das Knistern des toten Laubs unter seinen Füßen war ihm bei Nacht unheimlich. Der Wald ging nie schlafen, jede Menge Tiere waren unterwegs. Sogar einige nachtaktive Vögel riefen ihm zu. Der Wind streifte Hermanns Gesicht. Eine Urangst machte sich in ihm breit. Bei so einer spärlichen Beleuchtung auch kein Wunder.

Nach einer halben Stunde hatte er Ofterlehners Grab erreicht. Die Leichenstarre begann sich bereits zu lösen. Hermann musste schmunzeln. Ofterlehner hockte mit seinen angezogen Beinen auf der Karre wie ein Äffchen. Er schob ihn mit dem Gefährt so nah wie möglich an das ausgehobene Loch und ließ ihn mit Schwung hinunterplumpsen. Nun nahm er die Taschenlampe und leuchtete in das Grab hinein. Eigentlich hätte es sich gehört, ihn gerade hinzulegen, dachte Hermann noch, beeilte sich nun aber, das

Loch zu verschließen. Morgen bei Tagesanbruch würde er nachschauen und seine Grabarbeiten abschließen. Auf ein Gebet verzichtete er. Müde und abgeschlagen machte er sich auf den Heimweg, die klappernde Sackkarre hinter sich herziehend.

»Du hast was?« Marlies konnte es nicht glauben. Schon auf der Autobahn, Richtung Sauerland, war sie äußerst unruhig, als ahnte sie bereits, dass gleich ein Geständnis kommen würde. Und so war es auch.

Die Hunde kamen ihr entgegengerannt, als sie vor der Ranch hielt und ausstieg. Hermann dagegen blieb unschlüssig auf der Terrasse stehen. Wie versteinert starrte er sie an und seufzte.

»Es ist etwas Schreckliches geschehen«, platzte er sofort los, nachdem er ihr einen flüchtigen Kuss auf die Wange gegeben hatte. »Ich habe Ofterlehner im Wald begraben, oben auf dem Waldemai 40, etwas unterhalb des Gipfels. Nun kann mich keiner mehr von hier vertreiben.«

Marlies war über sein Aussehen entsetzt. Die Haare nicht gewaschen, unrasiert, blickte er sie aus trüben Augen an.

»Du hast ihn umgebracht?« Sie war blass geworden. Mit weichen Knien setzte sie sich auf die Bank vor der Hütte.

»Er ist hier vorne ins Wasser gestürzt und ertrunken.«

»Das Wasser ist doch nur einen Meter tief. Da ertrinkt man nicht so schnell. Hast du ihm nicht herausgeholfen?«

»Nein, ich habe ihn mit der Forke unten gehalten.«

»Also hast du ihn doch umgebracht.«

Weinend brach Hermann am Tisch zusammen und schilderte ihr den Tathergang haarklein.

»Zuerst war ich froh, ihn los zu sein. Doch die Erleichterung hielt nicht lange an. Auch über den neuen Räucherofen, der vorgestern eingebaut wurde, kann ich mich nicht richtig freuen«, endete er.

»Das war alles unnötig. Ich habe bei der Gemeinde angerufen. Die wussten nichts von einem Hotel, das hier gebaut werden soll, und kannten auch keinen Ofterlehner. Dann habe ich ein wenig gegoogelt. Bei Kempten, in einem kleinen Ort, wohnt ein Otto Ofterlehner. Er besitzt dort einen Käseladen. Es kostete mich einige Anrufe, um herauszufinden, dass dieser Otto Ofterlehner zurzeit im Hochsauerland weilt, um seinen Schwager zu besuchen. Jemand hat dich verarscht, wollte dir eins auswischen. Mehr nicht.«

Hermann sprang von der Bank auf. »Waaas? Warum hast du mich nicht sofort informiert?« Fassungslos starrte Hermann seine Frau an. Sollte alles umsonst gewesen sein? Ein unschuldiger Mensch tot? Und er hatte ihn auf dem Gewissen?

»Erst gestern hatte ich die Zeit, bei der Gemeinde anzurufen. Zu viel war bei uns in der Praxis los gewesen. Heute Mittag kam ich dann erst dazu, im Internet ein wenig zu recherchieren und weitere Telefonate zu führen. Das Ergebnis wollte ich dir persönlich mitteilen. Ich habe einen guten Wein gekauft und wollte dir nach meiner Ankunft davon erzählen.

»Wieso hast du nicht eher bei der Gemeindeverwaltung angerufen?«

»Das Gleiche könnte ich dich fragen. Auch du hast die Telefonnummer und ein Handy und wolltest das gleich am Montag erledigen.«

Die Eheleute schwiegen sich fassungslos an.

»Und er ist seit dem Besuch bei Hermann verschwunden?« Martin Falke hielt sein Bierglas in der Hand und starrte in die Gegend. Die Stimmung am Stammtisch der Gaststätte Wulbeck war bedrückt. Das Lachen war nicht nur ihm gründlich vergangen.

»Wenn ich es euch sage. Am Dienstag schmiss Otto sich wieder in einen Anzug meines Vaters und schob am späten Vormittag ab, nachdem wir mit dem Frühstück fertig waren. Wir haben noch gelacht und uns vorgestellt, wie der Wittkowski sich vor Angst in die Hose machen würde. Bis jetzt ist er jedenfalls nicht wieder aufgetaucht. Und heute ist schon Freitag.« Thilo Schleifstein kaute nervös an seinen Fingernägeln. Das kühle Bier, das vor ihm stand, verschmähte er.

»Vielleicht ist er danach heimgefahren, zurück ins Allgäu«, meinte Jörn Wertschulte.

»Ach Quatsch, seine ganzen Sachen sind noch da. Auf dem Handy ist er auch nicht zu erreichen. Und bei seiner Alten anzurufen, traue ich mich auch nicht. Da soll einiges im Argen liegen, was er uns so erzählt hat.« Thilo schien echt verzweifelt.

»Ihr müsst zur Polizei und ihn als vermisst melden.« Anton Söbke schien ebenfalls besorgt. »Der Schuss ging nach hinten los«, meinte er noch kopfschüttelnd.

»Vielleicht hat Hermann inzwischen herausgefunden, dass an der Sache was faul ist, und hat ihn zusammengeschlagen.« Martin Falke konnte sich einfach nicht erklären, wo Thilos Schwager steckte. »Oder er hat ihn aus lauter Angst umgebracht und verscharrt«, spann er weiter.

Jörn Wertschulte schüttelte genervt den Kopf. »Was ihr bloß gegen den Hermann habt. Er hat euch nie was getan. Wieso sollte der Thilos Schwager umbringen?«

»Was weiß ich?«, rastete nun Thilo Schleifstein völlig aus. »Jedenfalls ist er weg. Doch zur Polizei werde ich nicht gehen. Vielleicht ist er wirklich schon irgendwo im Allgäu und ich mache mich lächerlich.«

»Hast wohl Schiss, es kommt raus, dass ihr dem Wittkowski so übel mitgespielt habt, woll?« Anton Söbke konnte sich das Grinsen nicht verkneifen.

»Geht doch einfach zu Hermann und fragt nach, ob Ofterlehner bei ihm war«, schlug Jörn Wertschulte vor. »Gebt vor, ihr wollt auch ein Grundstück verkaufen und hättet gehört, dass dieser Ofterlehner gute Preise machen würde.«

Thilo und Martin sahen sich an, als dachten sie ernsthaft über den Vorschlag nach.

Thilo Schleifstein räusperte sich nervös und wischte sich den Rotz von der Nase an seiner dunkelgrünen Strickjacke ab. Mit seiner befleckten Jeans sah er aus, als käme er gerade aus seinem Kuhstall. »Ja, äh, hallo Hermann, ich wollte nur mal fragen … Wir kamen gerade vorbei, der Martin und ich, und da dachten wir, schauen wir mal, was der Hermann so treibt.«

»Ja, das dachten wir, und weil wir fragen wollten, ob am Dienstag so ein Mann hier war«, tastete sich nun Martin Falke vor, der seinem Freund auf die Sprünge helfen wollte. Auch er sah heruntergekommen aus. Alte Filzjoppe, verdreckte Maurerhose, fleckige Kappe.

Hermann konnte es nicht fassen, dass die zwei es wagten, hier aufzukreuzen. Marlies und er hatten am Wochenende herausgefunden, dass dieser Otto Ofterlehner der Schwager von Thilo war. So konnte das Ehepaar eins und eins zusammenzählen und sich sicher sein, dass man Hermann einen ganz üblen Streich gespielt hatte, wieso auch immer. Na, das war ihnen jedenfalls gelungen. Doch zu welchem

Preis? Der gute Mann, den man genauso benutzt hatte wie ihn, ruhte nun unweit des Berggipfels Waldemai. Normalerweise hätte Hermann die beiden auf die gleiche Weise umbringen und entsorgen sollen, dachte er noch, bevor er endlich honigsüß antwortete.

»Ja, der war hier gewesen, dieser komische Kauz. Was wollt ihr denn von dem?« Hermann genoss es, zuzusehen, wie schwer es den beiden fiel, die richtigen Worte zu finden.

»Tja«, meinte Thilo, »wir haben gehört, dass dieser Ofterlehner Grundstücke aufkauft. Gute Preise soll er zahlen. Vielleicht werde ich ihm ein Stück Land verkaufen, wenn er mal wieder in der Gegend ist.«

Er ist in der Gegend, doch geschäftsfähig ist er leider nicht mehr, dachte Hermann und fand, dass es nun an der Zeit war, die Katze ein wenig aus dem Sack zu lassen. »Aber dein Schwager handelt doch mit Käse. Weißt du, Thilo, ich habe mich ein wenig schlau gemacht. Als ich ihm mitteilte, dass ich genau wüsste, wie der Hase liefe, dass er mein Gelände gar nicht kaufen wollte, um ein Hotel zu bauen, da gab er zu, dass du ihn überredet hast, mir diesen Bären aufzubinden. Was sollte das, Thilo? Warum solche Geschütze auffahren, um mir eins auszuwischen? Und jetzt haut ab, alle beide. Mit euch bin ich fertig.« Der folgende Blick auf Biene und Carlos ließ die Männer unruhig werden.

»Tut mir leid, Hermann. Ich gebe zu, wir sind zu weit gegangen.« Thilo schaute betreten zu Boden. »Was hat Otto sonst noch gesagt? Hat er gesagt, wohin er wollte? Er ist seitdem spurlos verschwunden.«

»Zurück ins Allgäu wird er gefahren sein«, meinte Hermann. »Nachdem ich ihm einiges über dich erzählt habe, war er ziemlich entrüstet.«

Es folgte nicht, wie von Hermann erwartet, ein Donnerwetter vom hitzköpfigen Thilo oder vom ungehobelten Martin. Nein, die beiden Gestalten schoben ohne ein weiteres Wort ab, nachdem auch Martin sich bei Hermann entschuldigt hatte.

Hermann ging grinsend zu seinen Hunden, bückte sich und kraulte beiden gleichzeitig die Brust. Verzückt schlossen die Hunde ihre Augen und genossen diese Zärtlichkeit.

»Da gehen sie hin, diese miesen Typen, die an allem schuld sind. Lebendig machen kann ich diesen Otto Ofterlehner nun nicht mehr. Leider. Mit der Schuld werde ich wohl leben müssen. Doch wisst ihr, wer anderen eine Grube gräbt, fällt selbst hinein. Das stimmt tatsächlich.« Hermann seufzte, ging zu seinem Räucherofen, um ihn mit frischen Forellen zu befüllen.

»Was tun wir jetzt?«, fragte Thilo seinen Freund Martin, als sie im Auto Platz genommen hatten und vom Parkplatz der Forellenzuchtanlage fuhren.

»Wieso wir? Ist das mein Schwager, oder was?« Martin wurde ziemlich laut. So langsam reichte es ihm. Er wollte nicht in etwas hineingezogen werden, womit er überhaupt nichts zu tun hatte. Klar, hatte er gelegentlich auch über Hermann gelästert, was ihm im Nachhinein leid tat. Doch nun sollte Thilo selbst sehen, wie er die Sache geregelt bekam. Über Otto Ofterlehner am Stammtisch zu lachen, war eine Sache, mit zur Polizei zu gehen eine andere.

Thilo konnte nicht glauben, was er da hörte. »Du warst es doch, der von der Idee ganz begeistert war, Hermann mal eins auszuwischen. Jetzt willst du mich in Stich lassen?«

»Es ist dein Schwager. Mach was du willst. Zuerst einmal solltest du seine Frau informieren, die ihn bestimmt schon vermisst.«

Am späten Abend nahm Thilo all seinen Mut zusammen und rief seine Schwägerin Traudel im tiefen Allgäu an. Hatte er erwartet, eine völlig aufgelöste Frau am anderen Ende der Leitung vorzufinden, sollte er sich getäuscht haben.

»Ach, der Thilo aus dem Sauerland, schau an. Ja, grüß di. Was gibt es denn?« Traudel klang äußerst fröhlich.

»Es geht um Otto«, druckste Thilo herum.

»Ja, geht's ihm gut bei euch?«

»Der ist nicht mehr hier. Seit vorigem Dienstag haben wir ihn nicht mehr gesehen. Wir dachten, dass er vielleicht schon daheim ist.«

»Na, hier ist er nicht. Aber der haut doch nicht einfach so ab. Ist so gar nicht seine Art. Habts euch gestritten?«

»Nein, wir haben nicht gestritten. Das ist ja das Komische. Steht ihr denn nicht in telefonischem Kontakt, du und dein Mann?«

»Na, du, das ist mir auch völlig gleich, was der Otto treibt. Der wird wahrscheinlich bei seiner Schlampen in Scheidegg sein. Mir egal. Ich hab mich inzwischen ebenfalls anderweitig orientiert. In der Weinstube in Wangen hab ich einen netten Mann kennengelernt. Du, ich sag dir, das ist was Ernstes. Also, wie gesagt, ist mir völlig wurscht, wo der steckt. Den Wagen, den hätte ich allerdings gerne zurück. Der ist ja auf meinen Namen angemeldet und von meinem Geld bezahlt. Da muss ich wohl doch mal bei der Schlampen in Scheidegg anrufen, wenn ich den Otto nicht auf dem Handy erreiche. Ansonsten ist es mir schnuppe, was mit ihm wird. Also, ade, Thilo.« Und schon hatte sie aufgelegt und Thilo war mit seinem Latein am Ende.

Was den Daimler betraf, da hatte Traudel Ofterlehner wohl Pech, denn dieser befand sich aller Wahrscheinlichkeit nach schon in Polen, wie so manch anderer Wagen, der im Hochsauerlandkreis in den letzten Wochen gestohlen worden war. Zu Hermanns großer Freude war er schon am übernächsten Tag vom Parkplatz am Großen Bildchen verschwunden gewesen.

Ofterlehners Koffer und seine Papiere hatte Hermann verbrannt, den Autoschlüssel in die Sorpe geworfen und die Barschaft aus Ottos Börse kam der Diakonie zugute.

FREIZEITTIPPS:

33 Niedersorpe: Liegt 420 - 480 Meter hoch. Die umgebenden Berge steigen bis zu 700 und 800 Meter an. Der Bach »Sorpe«, ein klares, schnell fließendes Gewässer mit gutem Forellenbesatz, gab dem Sorpetal und Niedersorpe seinen Namen. Alle zwei Jahre findet ein Adventsmarkt statt sowie eine kulinarische Wanderung am Pfingstsonntag.

34 Winkhausen: Das Dorf liegt fünf Kilometer östlich von Schmallenberg, am Fuße des Wilzenberges und ist Ausgangspunkt für herrliche Wanderungen durch das Sorpe- oder Lennetal. Es verfügt über einen Golf- und Tennisplatz sowie ein Wellnesshotel.

35 Hotel Deimann zum Wilzenberg: 5-Sterne-Hotel mit Wellnessbetrieb und Gutshofcharakter.

36 Gasthof Wulbeck: Der Landgasthof liegt in Niedersorpe inmitten von saftigen Wiesentälern, bewaldeten Berghängen und Natur, so weit das Auge reicht.

37 Sorpetalweg: Der Weg, der eine Länge von 26 Kilometern umfasst, führt am westlichen Hang über dem Tal bis zum Großen Bildchen. Der Rückweg verläuft auf der östlichen Seite des Tals zurück nach Winkhausen.

38 Kleines Bildchen: Das Wanderziel, wo sich eine Heiligenfigur in einem eingezäunten Gärtchen befindet,

liegt am Wanderweg A 7, oberhalb zwischen Rehsiepen und Nordenau.

39 Großes Bildchen: Dort befindet sich ein Heiligenbild, welches der Örtlichkeit den Namen gibt und vom SGV, dem Sauerländischen Gebirgsverein, gepflegt wird. Es ist an einer Straßenkreuzung im Winterberger Sauerland auf einer Höhe von 708 Metern beheimatet und bildet die Wasserscheide zwischen den Einzugsgebieten der Lenne im Süden sowie der Ruhr im Norden und gehört zum Rothaargebirge.

40 Waldemai: Der Berg ist 725 Meter hoch und liegt zwischen Burgberg und Trinsberg im Sorpetal.

5. MORD IM NORDENAUER HEILSTOLLEN

Nordenau

Da stürmten sie herein. Überwiegend Frauen. Vom Modeltyp mit hochhackigen Schuhen, behangen wie ein Tannenbaum, Klamotten aus edlen Boutiquen, bis hin zur einfachen Mutter, in Sportschuhen, dunkler Wanderhose und schlichtem Pullover. Die wenigen Männer trugen meist hohe Sportschuhe, Bollerhosen, karierte Hemden und alte farbenprächtige Pullover, die in den 80er Jahren einmal modern waren. Viele kamen behangen mit Kanistern und Beuteln leerer Flaschen. Das legendäre Stollenwasser durfte gratis mitgenommen werden. Einen Becher dieses Wassers, welches ein Jungbrunnen sein sollte, konnte man gleich vor Ort trinken. Ungewöhnlich sei, dass es sich an der Quelle nach links, fünf Meter weiter aber nach rechts drehen würde.

Auf der Theke, auf der Fritz Hömberg das Wasser in die Behältnisse füllte, stand ein kleines Schälchen, in das die dankbaren Leute ihm ein paar Cent hineinwarfen. Jede halbe Stunde andere Menschen, von morgens 8 Uhr bis abends um 19 Uhr. Der Großteil wohnte im angrenzenden Hotel Tommes 41, zu dem der Schieferstollen Brandholz 42 in Nordenau 43 gehörte. Früher hatte man hier Wein gelagert, nachdem der Schieferabbau 1927 eingestellt worden war. Seit fast 20 Jahren wurde der Stollen nun zu therapeutischen Zwecken genutzt. Von weit her kamen Menschen täglich in die Grotte, die sich zu einer sauerländischen Pilgerstätte, ähnlich Lourdes, entwickelt hatte. Schnell erzählte man sich von den Wundern, die hier geschehen sein sollten. Blinde hätten den Stollen sehend verlassen und Lahme konnten ohne Rollstuhl wieder aus der Höhle laufen. Gehstöcke wurden nach dem Stollengang weggeworfen.

Alles Quatsch, wusste Fritz Hömberg. Er arbeitete seit langen Jahren hier. Fakt war, der Stollen sowie auch das Wasser halfen bei vielen Krankheiten, besonders bei Arthrose und Erkältungskrankheiten, doch an Wunder glaubte Fritz nicht. Dann dürfte er, wo er sich doch seit Jahrzehnten hier aufhielt, keinen kranken Rücken haben und müsste auch sonst fit wie ein Turnschuh sein. Seine Hedwig erzählte ihm etwas anderes, jammerte dauernd herum, was er doch für ein Wrack sei.

Der Stollen wurde jahrelang auf seine gesundheitsfördernde Wirkung untersucht. Das Ergebnis lag seit 2011 vor. »Ort mit Heilstollenkurbetrieb« durfte sich Nordenau nun nennen. Alle Qualitätsstandards des Kurortsgesetzes waren erfüllt. Trotzdem war der Boom der Stollentherapie 44 abgeflaut. Die voll besetzten Busse, die die Kranken, Behinderten und ausgebrannten Menschen ausspuckten wie Bienenschwärme, waren weniger geworden.

Es hieß, man sollte nicht lange in der Grotte bleiben, da man sich sonst zu stark mit Energie aufladen würde. Auch darüber lachte Hedwig, mit einem Blick auf die Hose ihres Gatten.

»Vielleicht solltest du mal während deiner Arbeit unten ohne herumlaufen, damit die Strahlen besser wirken«, meinte sie letztens noch.

Fritz erledigte seine Arbeit gerne. Seit seinem 65. Geburtstag vor fünf Jahren allerdings nur noch im Rahmen eines 400-Euro-Jobs. Er brauchte jedoch das Geld, da seine Rente nicht sehr hoch war. Früher hatte er als Tischler gearbeitet. Als seine Rückenbeschwerden unerträglich wurden, sattelte er um auf Stollenführer. Zu viert hatten sie den Laden geschmissen. Alfons, Hannes, Theo und er, alle ungefähr im gleichen Alter.

Alfons war vor einiger Zeit gestorben, und zu dritt war die Arbeit kaum noch zu schaffen gewesen. Jeder von ihnen musste zu viele Stunden ableisten. Junges Blut sollte her, meinte der Chef. Vielleicht, weil viele Jüngere in dem Hotel abstiegen? Reiche Damen, die voller Hoffnung in den Stollen stürzten, danach weniger Krähenfüße, Falten und knackende Knochen zu haben? Man konnte nicht alles kaufen. Wann merkte die Menschheit das endlich?

Und dann war er plötzlich da, dieser eitle Fatzke. Araldo Fulcoli, aus Prato stammend und ein Dummschwätzer, wie er im Buche stand, in den 80er Jahren mit den Eltern hergekommen, weil in der Heimat keine Arbeit für den Vater zu finden war. Die Eisdiele, die sie eröffnet hatten, hatten sie vor die Wand gefahren – das Vanilleeis schmeckte angeblich zum Abgewöhnen und das Nusseis nach Schweißfüßen. So war er, der schöne Araldo – in Deutschland geboren, würde er ganz einfach Harald heißen – im Hotel gelandet und hatte sich den Stollenführerposten erquatscht. Eingelullt hatte er nicht nur den Chef, tagtäglich redete er wie ein Wasserfall und kroch jeder Stollenbesucherin tief in den Allerwertesten. In seiner Schicht quoll das Trinkgeldschälchen regelrecht über, auch Scheine waren dabei. Man erzählte sich, er würde den reichen Damen sogar das Stollenwasser bis ins Hotelzimmer tragen und ihnen nach

Feierabend zeigen, wie und wo man es noch anwenden konnte, außer es zu trinken.

Seine unterwürfige Art, sein andauerndes »Si, Si, Signora« und seine tiefen Verbeugungen sowie seine Händeküsserei verfehlten ihre Wirkung nicht.

Alfons, Hannes, Theo und Fritz, die sich von je her schon allwöchentlich in Hömbergs Garten zusammengerottet hatten, im Sommer draußen, im Winter im beheizten Gartenhaus, trafen sich nun fast jeden zweiten Tag auf Hömbergs Grundstück. Nun ja, Alfons war Geschichte.

Ein herrliches Häuschen besaßen die Hömbergs am Ortsrand von Nordenau, direkt hinter dem Hotel, am Hang gebaut, mit großem Garten. Ein Wanderweg führte an Hömbergs Grundstück vorbei. Schwarz-weißes Fachwerk an der Vorderseite, kombiniert mit Sauerländer Schiefer hinten, an den Seitenwänden und auf dem Dach, ließen es aussehen wie aus einem Bilderbuch. Jeder Wanderer blieb stehen, begeistert von diesem wunderschönen Heim. Seit die Kinder ausgezogen waren, wirkte das Haus zwar etwas überdimensioniert für das ältere Ehepaar, trotzdem stand für die beiden fest, dass sie dort bis zu ihrem letzten Atemzug bleiben würden, egal, was da komme.

Obwohl Hedwig ihren Gatten oft wie einen dummen Jungen behandelte, wusste sie, was sie an ihm hatte. Gerne versorgte sie die Männer bei ihren Treffen mit einer deftigen Brotzeit und kühlem Bier, während sie sich ihre Köpfe heißredeten.

Gerade biss Fritz in ein Blutwurstbrot, nahm einen Schluck aus seinem Bierhumpen und starrte zum Hotel herunter. Sein Blick blieb an dem Dachgeschossfenster des alten Haupthauses hängen, hinter dem sich Araldos Zimmer befand. »Gleich hat er Feierabend, dieser Heini.« Er schaute auf die Uhr. Fast 19 Uhr, der letzte Stollengang war gleich zu Ende.

»Wer weiß, was er danach treibt. Vielleicht kraucht er wieder dieser Cornelia Halberstedt hinterher. Dieser aufgebrezelten Alten, mit ihren roten Rollköfferchen und den passenden Schuhen. Möchte wissen, was die hier will?«, meinte Theo und griff ebenfalls nach einer Blutwurststulle. »Heute Morgen meinte der Chef, ich könne nächste Woche frei machen, Araldo würde meine Schichten übernehmen. Ich frage mich, was das soll.«

»Der nimmt uns so viele Stunden weg, bis er einen Vollzeitjob hat. Einer oder gar zwei von uns werden gehen müssen. Das sage ich euch.« Hannes setzte sein Bierglas an und trank von dem kühlen Bier, ebenfalls mit wehmütigem Blick auf das Hotel. »Kreuzigen sollte man ihn. Das ist ein besonders grausamer, schmerzhafter Tod.« Er grinste gehässig und bleckte dabei seine Zähne. Schon immer hatte Hannes eine aggressive Ader. Um seine Aussage zu untermauern, schlug er den Flaschenöffner in eine Holzspalte des Tisches, was Fritz Tränen in die müden Augen trieb.

Eine herrliche Sitzecke hatten die Hömbergs in ihrem Garten. Die rustikalen Holzmöbel hatte Fritz allesamt vor vielen Jahren selbst gefertigt und montiert. Über ihren Köpfen rankte der rote Wein, fast kitschig schön anzusehen.

»Wie soll das gehen, nur noch einer von uns und dieser olle Italiener, der dann die Hosen anhaben wird? Er spricht ja eh schon kaum ein Wort mit uns, behandelt uns wie Dreck«, meinte Fritz und schaute seine Hedwig an, die gerade Bier-Nachschub brachte. Heute trug sie einen blau gemusterten Haushaltskittel, der so ein wirres Muster hatte, dass man den Blick nicht lange darauf richten konnte, ohne Augenkrämpfe zu bekommen. An sämtlichen Stellen mit Lila abgepaspelt und stoffbezogenen Knöpfen, war sie sicherlich eine der Schönsten aus der großen Kollektion der Hedwig'schen Kittelschürzen. Alle selbst genäht, versteht sich.

»Würde Alfons noch leben, der wüsste, was zu tun wäre, woll Hedwig? Immerhin war er mal Landesmeister im Kickboxen.« Hannes schaute die Frau seines Kollegen, eine echte Sauerländer Wuchtbrumme, bewundernd an.

»Vielleicht gäbe es dann das Problem gar nicht. Dann würde ja kein neuer Stollenführer gebraucht«, meinte die wohlgenährte Hedwig und stemmte die Arme in die Hüften.

Dass der vom Krebs zerfressene Alfons zum Schluss nur noch 50 Kilo wog und nicht mal mehr einen Wellensittich niedergestreckt hätte, erwähnte niemand in der Runde.

»Ach Quatsch, der Chef hat schon lange davon geredet, dass was Jüngeres her müsste. Wir sind ihm zu alt. Seit die Besucherzahlen ständig sinken, sucht er krampfhaft nach einem neuen Konzept. Da kam ihm dieser Araldo gerade recht. Alfons hätte da auch nichts dran geändert.« Fritz seufzte und prostete den Kollegen zu. »Möchte überhaupt wissen, wieso der einen auf Italiener macht, mit seinem ewigen ›Si, si‹. Der ist doch hier aufgewachsen und lebt Jahrzehnte in Deutschland. Alles nur Masche. Pah.«

»Dann wehrt euch doch. Lasst euch was einfallen«, sagte Hedwig und schlug ihrem Mann mit der großen Hand auf den Rücken, sodass er sich an seinem Bier verschluckte.

Araldo Fulcoli füllte gähnend Wasser in Plastikbecher. Kalt war es in der Höhle, kalt, dunkel und feucht. Die wenigen

Lampen beleuchteten die Grotte nur notdürftig. Gespenstisch wirkte sie. Es plätscherte von oben auf seinen gelben Helm, den er tragen musste und der seine tolle Föhnfrisur verunstaltete. Gleich acht Uhr. Gleich stürzten die ersten Gäste herein. Um die Zeit kamen meistens nur Hausgäste. Er öffnete die Plexiglasklappe und schöpfte mit einer Kanne Wasser aus dem Auffangbecken der Quelle. Ein Traumjob war es nicht, den er sich da an Land gezogen hatte. Nur für den Übergang, sagte er sich. Irgendwann, so hoffte er, würde er eine reiche Tussi abgeschleppt haben, die ihn durchfüttern würde. Davon gab es hier im Hotel genug, hatte man ihm erzählt.

Kurz war die Nacht, Cornelia Halberstedt wieder einmal unersättlich gewesen. Reich war sie, schön nur in ihren tollen Klamotten, wenn das Gesicht verputzt war und das rote Haar lang herunterhing. Er hatte sie schon anders gesehen, ungeschminkt, ausgezogen, Haare zu einem Zopf zusammengezurrt. Sie sah älter aus als 40 Jahre, bestimmt hatte sie ihn angelogen, was ihr Alter betraf. Wollte er von ihr durchgefüttert werden? Sein Gute-Laune-Pegel sank. Keine rosigen Aussichten. Er zog den Kopf ein und ging den schmalen Höhlengang bis zur Tür, vor der die Gäste standen. Durchatmen, Tür öffnen, freundlich sein, mahnte er sich. Es gab im Leben nichts geschenkt.

Wieso ging er nicht weg aus dem Sauerland? Dichte Wälder, sattes Grün, wilde Bäche, enge Täler, Blumenwiesen, Fachwerkhäuser, so weit das Auge reichte. Alles schön anzusehen, doch Geld verdienen ließ sich hier nicht. Sein einziges Kapital war sein perfektes Aussehen. Groß, schlank, dunkles Haar, schöne Zähne, ebenmäßiges Gesicht. Da standen die Weiber drauf, wusste er. Und trotzdem hatte italienische Schönheit ihn nicht wirklich weitergebracht.

Sohn eines Eismannes, später selbst Eisverkäufer, ohne Schulabschluss, da zu faul, keinen Beruf erlernt. Immer nur Eiskugeln verkauft, die zum guten Schluss niemand mehr wollte. Frauenarzt hätte ich werden sollen, sagte er sich oft. Als toll aussehender Gynäkologe mit italienischem Charme hätte ich sicherlich Kohle gemacht.

Er begrüßte ungefähr zehn Leute und ließ sie eintreten, alle ließen den Zimmerschlüssel in den Händen baumeln, also Hausgäste, einige ihm unbekannt. Er verwies auf Decken und Sitzkissen, trottete anschließend hinter ihnen her. Der Großteil der Menschen nahm sofort die besten Bänke in Beschlag, die, die unter den Schiefergesteinsfelsen standen und angeblich die meiste Strahlung absonderten. Geschichtet wie aus Blätterteig wirkten die Schieferbrocken, bedrohlich, als könnten sie einem auf den Kopf fallen. Die schüchternen Neuen griffen nach einem Plastikstuhl und hockten sich in irgendeine Ecke.

Und schon laberte er los, immer den gleichen Spruch, wenn jemandem schlecht wurde, möge er die Höhle verlassen, Wasser gäbe es zu trinken, bla bla bla, schnatter, schnatter. Er gab sich heute nicht viel Mühe, da keine Granate dabei war, wie er nach dem ersten Rundblick feststellte. Vier Männer, mittelalt bis klapprig, noch ungewaschen. Sechs Frauen, vier Muttertypen mit Dauerwelle, stöhnten ächzend, bis sie endlich saßen. Ein junges Mädchen, leichenblass, den Sensenmann schon im Nacken. Armes Ding, dachte er. Das schüchterne Blondchen, das als Letzte hereinkam und welches er jetzt erst entdeckte, war noch ungeschminkt, trotzdem bildhübsch, ungefähr 25 Jahre alt, mit guter Figur ausgestattet. Sie passte in sein Beuteschema, also legte er eine Schüppe drauf, was Freundlichkeit betraf.

Normalerweise verließ er den Stollen, setzte sich in sein Kämmerchen beim Ausgang, bis die halbe Stunde vorbei war. Erstens wegen der Strahlung und zweitens, weil ihn der Anblick der Menschen mit den offenen Mündern und den geschlossenen Augen irgendwann nervte. Doch diesmal konnte er seinen Blick nicht von diesem zarten Reh lösen. Er nahm einen Becher mit Wasser und ging zu ihrem Stuhl.

»Trinken Sie einen Schluck von dem Heilwasser, Signora, das wird Ihnen guttun. Wenn etwas ist, ich bin vorne beim Ausgang.«

»Danke«, hauchte die zarte Frau.

»Si, Signora«, flüstere Araldo und verbeugte sich ehrfürchtig.

Na, die wäre doch mal was. Er schnalzte mit der Zunge. Doch sogleich fiel ihm seine Kinnlade herunter, wenn er an Cornelia dachte. Sie blieb noch eine ganze Woche, diese besitzergreifende Norddeutsche mit den klebrigen Tentakeln, die ihn dauernd einfangen wollten.

Er stand einfach nur da, konnte sich nicht fortbewegen, um in seinem Kämmerchen zu verschwinden. Sein Blick suchte immer wieder dieses Mädchen in dem grauen Jogginganzug, die nun die Augen geschlossen hatte und tiefenentspannt dasaß. Hoffentlich ist sie nicht ernsthaft krank, dachte er. Bisher waren ihm die Stollengäste reichlich egal gewesen.

Ein dicker Kerl kam an den Tresen und holte sich einen Becher Wasser. Er glotze ihn an wie ein kurzsichtiger Elefant. Genervt legte Araldo den Zeigefinger auf die Lippen, um ihm zu signalisieren, dass er die Klappe halten sollte.

In der anderen Ecke begann eine der Frauen plötzlich zu weinen. Ein elendiger Klagegesang entwich ihrem großen

Mund. Ihrem Aussehen nach zu urteilen, hatte bei ihr der Tod nicht nur angeklopft, nein, er klingelte bereits Sturm.

»Ich bitte um Ruhe, Signora«, rief Araldo ihr zu. »Nehmen Sie Rücksicht auf die anderen Gäste.«

Der Kerl neben der Frau bekam einen Hustenanfall und rotzte anschließend in sein Taschentuch. Araldo hoffte, dass er das durch ein dickes Trinkgeld wieder wettmachen würde.

Oh, wieso wollte ich nur Stollenführer werden?, fragte sich Araldo mit einem Blick an die Höhlendecke.

Die zarte Blondine wurde erst geweckt, als Araldo den Wecker klingeln und die Schar der Besucher zusammenzucken ließ. Gemächlich verließen sie nach und nach die Grotte. Sein Schälchen mit Trinkgeld wies tatsächlich zwei Geldscheine zwischen den Münzen auf.

Das blonde Mädchen lächelte ihn an, bevor es die Höhle verließ. Er wollte sie noch etwas fragen, ihr hinterherlaufen, doch die heulende Frau bestürmte ihn dermaßen mit Fragen, dass sie verschwunden war, als er aus dem Stollen trat.

Er verschloss den Ausgang, hechtete zum Eingang um die nächste Truppe hineinzulassen. Unter ihnen die wilde Cornelia, in einem lila Jogginganzug von Louis Vuitton, die ihm zuflüsterte: »Oh, Liebling, welch wunderbare Nacht. Wenn du mich jemals verlässt, bringe ich dich um.«

Er blickte sie regungslos an. Das Lachen war ihm vergangen. Das Lachen und die Lust auf den Sex mit ihr. Drei Mal musste genug sein.

Mit Barbara Grundmüller war alles anders. Die zarte Grundschullehrerin aus Wanne-Eickel hatte Araldo mit ihrer zurückhaltenden schüchternen Art gründlich den Kopf verdreht. So war er heute Nacht in seinem Dachkämmerchen geblieben, hatte sein Handy ausgeschaltet, den Telefonhörer neben den Apparat gelegt und Cornelias notgeile Hilferufe ignoriert.

Sie saßen auf einer Bank in Kuhlmanns Siepen 45, einem besonders schönen Fleckchen Erde, und schauten auf Nordenau. Dunkelgrüne Bergkuppen, tiefe Wälder, die fast bis in den kleinen Ort führten. Die Kirchturmspitze der St. Hubertus Kirche 46 ragte keck aus dem engen Tal hervor, dahinter die Burgruine Rappelstein 47. Ein Wahnsinnsblick, den Araldo heute zum ersten Mal richtig wahrnahm. Mit seinem klapprigen Eiswagen waren sie bis zum Wanderparkplatz Kuhlmanns Siepen gefahren und hier oben hinaufgelaufen, Hand in Hand, ein verliebtes Paar.

Er kannte sie erst seit 48 Stunden. Alles war anders seit dem Augenblick, in dem sie den Heilstollen betreten hatte. Sie hatte sein Leben gründlich auf den Kopf gestellt, alles bisherige infrage gestellt, diese Lehrerin, die hier Erholung von ihrem stressigen Beruf an einer Gesamtschule im Ruhrgebiet suchte.

Vergessen waren die wohlhabende Cornelia Halberstedt und sämtliche anderen Weiber, von denen er sich finanzielle Unterstützung erhofft hatte. Er wollte sein Leben ändern, sinnvoll gestalten, arbeiten, wenn nötig bis zum Umfallen. Nun gab es Barbara. Barbara mit dem unschuldigen Lächeln, dem Kindergesicht mit den blauen Augen. Es war Liebe, war er sich sicher. Tiefe Liebe. Kein billiges körperliches Verlangen. Was war vergänglicher Sex schon gegen diese große Liebe?

Hauptkommissar Bernhard Nowicki und sein Kollege Helmut Henneke schauten gleichzeitig den Hang hinauf zum Anwesen der Hömbergs, auf dessen Terrasse Fritz und Hedwig standen und ihnen wild zuwinkten. So eine herzliche Begrüßung schien Nowicki angesichts der Sachlage völlig unangemessen. Er hob nur kurz die Hand und nickte fast unmerklich. Man kannte sich, aus dem Schützenverein, aus dem Kirchenchor und eben von früher, obwohl man etliche Kilometer auseinander wohnte.

Im Heilstollen war ein Toter gefunden worden. Die erste Besuchergruppe wartete vergeblich, dass die Tür um acht Uhr geöffnet wurde. Um halb neun ging endlich der Hausmeister des Hotels, der auch gleichzeitig Kofferträger und Ersthelfer war, nachschauen und fand Araldo, tot, mit dem Kopf vornüber in dem Auffangbecken der Quelle. Unfall oder Mord?, fragte der Mann sich und rief den Chef, der die Polizei verständigte. Diese wiederum alarmierte die Kripo, die ihren Sitz in Bad Fredeburg in der Mothmecke hatte.

Der Hotelchef bedauerte nicht nur den Verlust seines neuen Stollenführers, sondern auch die Tageseinnahmen, denn der Stollen sollte für zwei Tage geschlossen bleiben. Das gesamte Gelände um den Stollen herum wurde von uniformierten Polizeibeamten mit rot-weißem Flatterband abgesperrt. Zwei Männer der SpuSi, in weißen Anzügen steckend, rannten mit ihren Koffern eilig in die Höhle, wenig später der Rechtsmediziner hinterher. Der große wuchtige Nowicki war seinem BMW langsam und gemächlich entstiegen, irgendwie wie ein Filmschauspieler. Daneben hatte sein Kollege Henneke wie ein Würstchen gewirkt.

Mord im Heilstollen? Das gab es in Nowickis langjähriger Laufbahn als Kommissar noch nicht. Vielleicht doch ein Unfall? Doch so blind konnte selbst dieser Italiener nicht sein, kopfüber in das Becken zu fallen und zu ertrinken.

Das erste Feedback des Rechtsmediziners lautete: Tod durch Ertrinken, Todeszeitpunkt ungefähr 23 Uhr, möglich, dass der Tote betrunken gewesen war oder unter Drogen gestanden hatte. Genaueres könne er erst nach der Obduktion sagen.

Die zarte Gestalt, die sich durch die Polizeiabsperrung gedrängt hatte und sich an den Wänden des Stollens entlangpresste, lief Bernhard Nowicki direkt in die Arme.

»Wie kommen Sie denn hier herein? Und wer sind Sie überhaupt?«, fuhr er die blonde Frau an.

»Ist der Tote tatsächlich Araldo Fulcoli?«, wollte sie vom Kommissar wissen.

»Wer sind Sie?«, wiederholte Nowicki wenig freundlich.

»Ich bin Barbara Grundmüller und war mit Herrn Fulcoli befreundet«, flüsterte sie weinend. »Er ist es, nicht wahr?«

»Ja, der Tote ist der Stollenführer Araldo Fulcoli. Kommen Sie, lassen Sie uns nach draußen gehen.« Beschützend legte Nowicki einen Arm um die zarten Schultern Barbaras und führte sie hinaus.

Sie warf einen letzten Blick auf den am Boden liegenden Araldo und brach fast zusammen. Da traf sie einmal im Leben einen Mann wie ihn und schon wurde er ihr wieder genommen.

Draußen schien die Sonne und die Augen des Kommissars mussten sich nach dem langen Aufenthalt in der Höhle erst an das Tageslicht gewöhnen. Er führte die junge Frau zu einer Sitzgruppe auf der Terrasse des Hotels.

Und schon sprudelte Barbara los, erzählte von ihrer großen Liebe zu Araldo, von ihrem Stress in der Gesamtschule im Ruhrgebiet und dass sie hier zu sich selbst finden wollte. Ihr Mund stand nicht still, plapperte und plapperte, was eigentlich gar nicht ihre Art war.

»Das war bestimmt diese reiche Frau mit dem dicken Mercedes. Cornelia Halberstedt heißt sie. Sie war hinter Araldo her, ließ ihn einfach nicht in Ruhe, bedrängte ihn und drohte sogar, ihn umzubringen, wenn er die Finger nicht von mir ließe.«

»Ihr Freund hatte was mit dieser Cornelia Halberstedt?« Nowicki kritzelte in seinem Notizbuch herum.

»Ja, aber das war, bevor wir uns kennengelernt haben. Danach war sofort Schluss, was diese Frau nicht akzeptieren wollte. Sie dachte, sie könnte sich mit ihrem vielen Geld alles kaufen, auch Araldo.«

Na, wenn das mal stimmte, dachte Nowicki. Der Hausdiener hatte ihm da etwas ganz anderes erzählt. Araldo sollte alles über die Matratze gezogen haben, was nicht bei drei auf dem Baum war. Er verspürte Mitleid mit der jungen Frau. Andererseits sagte er sich, für sie vielleicht besser, dass er tot war. So blieb ihr sicherlich einiges erspart.

»Wo waren Sie gestern Abend, Frau Grundmüller?« Mit wachen Augen schaute Nowicki auf die schmächtige Frau.

»Auf meinem Zimmer. Ich habe TV geschaut. Araldo und ich wollten noch ein Gläschen Wein im Ort trinken, doch mir war nach dem Abendessen so schlecht, dass ich absagen musste. Ich habe mich noch gewundert, wieso er sich nicht mehr gemeldet hatte, um sich nach mir zu erkundigen.«

»Wann haben Sie ihn zuletzt gesehen?«

»Gestern Abend, gegen 19 Uhr, als er die letzten Stollenbesucher hinausließ. Wenig später haben wir noch telefoniert und danach habe ich nichts mehr von ihm gehört.

Gegen 22 Uhr habe ich vom Balkon herüber zu seinem Fenster geschaut, doch da war alles dunkel.«

»Hm, Hm«, kam es von Nowicki und schon erhob er sich. »Ich erreiche Sie hier im Hotel?«

Barbara Grundmüller gab dem Kommissar ihre Handy-Nummer und versicherte ihm, dass sie noch mindestens eine Woche in Nordenau bleiben würde.

»Ich tappe noch völlig im Dunkeln. Beliebt schien er wirklich nur bei den weiblichen Stollenbesucherinnen gewesen zu sein.« Bernhard Nowicki saß auf der Terrasse der Hömbergs und schaute auf das emsige Treiben am Heilstollen herunter. Neugierige Menschen rückten bis zum Flatterband vor und versuchten, einen Blick in den Stollen zu erhaschen. Dabei war die Leiche längst abtransportiert worden.

»Aber ich verstehe nicht, was Fulcoli bei euch wollte, Fritz. Du und deine Kollegen Hannes Schauerte und Theo Hansen, ihr hattet Wut auf ihn, weil ihr um euren Job gebangt habt. Wieso lädst du ihn zu dir nach Hause ein?«

Nun schaltete sich Hedwig ein. »Na, Bernhard, Fritz wollte keinen Unfrieden mit ihm. Wollte außerdem wissen, wie seine Pläne waren. Ob er nur vorübergehend diesen Job ausüben wollte und die Männer sich vielleicht ganz umsonst Sorgen gemacht haben.«

Nowicki trank von seinem Kaffee, den Hedwig ihm vorgesetzt hatte, und biss in das Brot mit grober Leberwurst.

»Und diese Unterredung ist friedlich abgegangen? Waren Hannes und Theo auch dabei?«

Fritz lachte. »Ganz spontan hatte ich ihn hergebeten. Seine neue Freundin war wohl krank und er setzte sich dort vorne auf die Bank. Da bin ich zu ihm und lud ihn ein. Nein, die anderen waren nicht dabei. Hannes war so voller Wut auf ihn, der wäre ihm sofort an den Kragen gegangen.«

Jetzt musste auch Hedwig lachen. »Wenn Hannes dabei gewesen wäre, hätte man Araldo schon einige Stunden eher tot aufgefunden, und zwar bei uns im Garten.«

Nowicki griff zu seinem Notizbuch. »Wohnt Hannes Schauerte noch immer in Lengenbeck 48?«

Fritz nickte.

»Und gegen 22 Uhr habt ihr euch im Frieden getrennt? Hat Fulcoli was über seine Pläne verlauten lassen?«

»Nein, nicht direkt. Er hatte nur seine neue Freundin im Kopf«, meinte Fritz.

»Ist euch hinterher etwas aufgefallen? War draußen am Hotel alles so wie sonst?«

»Ja, schon«, meinte Hedwig, die heute einen altrosa Kittel trug. »Uns fiel nichts auf, woll Fritz?«

Fritz schüttelte den Kopf und schaute auf den fehlenden Knopf an Hedwigs Kittel. Er war übrigens nicht der Einzige, dem es auffiel. Das war gar nicht ihre Art, da sie sonst stets auf korrekte Kleidung achtete.

»Und hast du schon einen ersten Verdacht, Bernhard? Uns kannst du es doch sagen«, wollte Fritz vom Kommissar wissen.

»Ich muss mir erst einen Überblick verschaffen. Mein Kollege Henneke verhört gerade das Personal. Schien ja ein echter Windhund gewesen zu sein, dieser neue Stollenführer.«

Nowicki bedankte sich für den Imbiss und verließ den Garten der Hömbergs. ›Das werde ich denen auch erzählen, wen ich verdächtige‹, dachte er nur grinsend.

Die Befragung der Hotelgäste durch Nowicki und Henneke nach eventuellen Beobachtungen ergab nichts Wesentliches. Niemand wollte etwas gesehen oder gehört haben. Cornelia Halberstadt, die von ihrem Zimmer an der Hinterseite des Hotels einen ungehinderten Blick auf den Stolleneingang hatte, wollte ebenfalls nichts bemerkt haben. Sie war gerade im Begriff zu packen, als Nowicki an ihre Zimmertür klopfte. Nur ungern ließ sie ihn hinein, nachdem er seinen Ausweis gezeigt hatte.

Schön war anders, dachte Nowicki, der die Frau in ihrem teuren Negligé eingehend betrachtete. Ihr Make-up war verschmiert, die roten trockenen Haare hatte sie zu einem Vogelnest hochgebunden.

»Sie reisen ab?« Nowicki betrachtete die unzähligen roten Koffer, die allesamt offen auf dem Bett herumlagen.

»Was hält mich noch hier? Araldo ist tot. Da kann ich auch abreisen.« Wieder fing sie an zu weinen.

»Aber ich bitte Sie, junge Frau. Sie sind doch nicht wegen Herrn Fulcoli hergekommen, oder? Bei Ihrer Anreise kannten sie ihn noch gar nicht. Und wie ich gehört habe, hatte er sich bereits anderweitig orientiert und die Beziehung mit Ihnen, falls man davon überhaupt schon sprechen konnte, längst beendet.«

Wie eine Furie ging Cornelia auf den auf dem roten Sofa sitzenden Kommissar los. »Wer sagt so was? Dieses kleine miese Ding kann mir nicht das Wasser reichen. Da wäre Araldo noch hintergekommen. Ja, stimmt, ich habe ihn hier erst kennengelernt. Na und? Ich bin durch ihn genesen. Er war wie ein Jungbrunnen für mich. Und nun ist er tot.«

›Wie mag diese alte Fregatte dann vor dieser Verjüngung ausgesehen haben?‹, fragte Nowicki sich.

»Wo waren Sie gestern Abend, zwischen 23 und 24 Uhr?« Ganz cool zückte Nowicki sein Büchlein und notierte sich etwas.

»Glauben Sie ernsthaft, ich hätte meine große Liebe ermordet?«, schrie sie wie eine billige Provinzschauspielerin in den Raum.

»Gäste hätten gehört, wie Sie dem Stollenführer Fulcoli während eines Stollenbesuchs zugeflüstert haben sollen, dass Sie ihn umbringen würden, falls er sich einer anderen Dame zuwenden würde. Also, wo waren Sie gestern Abend? Ich kann Sie auch aufs Präsidium bestellen.«

»Was sagt man nicht alles, wenn man verliebt ist? Das habe ich doch nicht so gemeint«, regte sich die Dame künstlich auf.

»Darf ich trotzdem wissen, wo Sie gestern Abend waren?« So langsam war bei Nowicki Schluss mit lustig und er schnaufte durch seine geblähten Nüstern kräftig aus.

»Hier im Zimmer war ich. Bis 20 Uhr habe ich im Restaurant gegessen, danach war ich hier oben. Ich habe gelesen und gegen 22 Uhr das Licht ausgemacht.«

»War das Fenster geöffnet?« Er schaute zu dem offenstehenden bodentiefen Fenster direkt gegenüber ihrem Bett. An dem schmiedeeisernen kleinen Gitter war ein Balkonkasten mit üppig blühenden Fuchsien befestigt.

»Ja, natürlich, das Fenster und auch die Balkontür.«

»Und da haben Sie nichts Auffälliges gehört oder gesehen?«

»Nein.«

»Zeugen, dass Sie tatsächlich hier im Zimmer waren, gibt es auch keine?«

»Der Kellner brachte mir gegen 21 Uhr 30 noch ein Glas Wein aufs Zimmer. Ich hatte so einen Durst. Das gefüllte Kotelett zum Abendessen war wohl sehr kräftig gewürzt. Danach habe ich niemanden mehr gesehen oder gesprochen.«

Nowicki erhob sich von dem bequemen Sofa und ging zur Tür. Schönes Zimmer, musste er feststellen. Groß, geräumig und in verschiedenen Rottönen wunderschön eingerichtet. Herrlicher Verloursboden, ebenfalls rot gemustert. Die Badezimmertür stand auf. Auch dort alles nur vom Feinsten. Helle Fliesen kombiniert mit Sauerländer Schiefer. Sie musste Geld haben, diese Frau, dachte er. Doch haben wollte er sie nicht. Er konnte verstehen, dass Fulcoli die Liaison mit ihr beendet hatte.

»Ich schlage vor, Sie bleiben noch ein paar Tage und halten sich zu unserer Verfügung.«

»Na, wenn Sie meinen«, sagte Cornelia und zog ein beleidigtes Gesicht.

Sie saßen an diesem warmen Spätsommermorgen an ihren Schreibtischen im ersten Obergeschoss des Polizeigebäudes in der Mothmecke in Schmallenberg-Fredeburg. Bernhard Nowicki hatte das Fenster geöffnet, um die herrliche Luft in das muffige Büro zu lassen. Anschließend stellte er sich vor den Spiegel und kämmte sein volles dunkelblondes Haar fachmännisch nach hinten, wie ein echter Dorf-Django.

»Ehrlich gesagt, bin ich mit meinem Latein am Ende, Helmut. Ich wüsste nicht, wen man noch befragen könnte. Es fehlt der entscheidende Hinweis. Cornelia Halberstedt ist dringend tatverdächtig, hat kein Alibi und ein Motiv. Doch irgendwie wäre das zu einfach. Und hätte Fulcoli sich nicht gewehrt, wenn sie ihm an den Kragen gegangen wäre? Und wäre es ihr gelungen, ihn zu ertränken?

Immerhin war er ein Baum von einem Mann. Was wollte er außerdem so spät am Abend noch in der Grotte?«

»Ach Bernie, was meinst du, wie mir der Kopf schwirrt. Ich tippe mehr auf Hannes Schauerte. Das ist ja vielleicht ein Hitzkopf. Und was der zu Hause alles in seinem Keller hortet. Da ist bestimmt was bei, womit man einige Menschen ins Jenseits befördern könnte. Und wie der den Fulcoli gehasst hat. Doch der Tote weist keine äußeren Verletzungen auf.« Helmut Henneke, einige Jahre jünger als sein Kollege und Vorgesetzter, trug eine rote Jeans zu einem rot-grün gestreiften Hemd. Für einen Kommissar zwar ein wenig auffällig, aber das Outfit stand ihm gut.

»Was ist mit Fritz Hömberg? Irgendwie ist der mir nicht ganz koscher. Der ruht in sich, als ginge ihn das alles nichts an. Dabei stand sein Aushilfsjob ebenfalls auf dem Spiel. Und er wohnt ideal, direkt hinter dem Heilstollen. Er besitzt außerdem sämtliche Schlüssel. Für ihn ein Leichtes, den Kerl zu beseitigen.«

»Fulcoli war ein durchtrainierter Mann und Fritz ist ein alter Opa«, gab Henneke zu bedenken.

»Mir will nicht in den Kopf, wieso er ihn überhaupt eingeladen hat. Nur um einen auf heile Welt zu machen? So kenne ich Fritz gar nicht.«

Keine Stunde später traf der Laborbericht der KTU ein und die Diskussion hatte erst einmal ein Ende. Araldo Fulcoli war mit hoher Wahrscheinlichkeit mit einer Überdosis Digoxin vergiftet worden. Den Wirkstoff des Fingerhuts konnte man in seinem Blut nachweisen. Er war also, bevor er ertränkt wurde, mit diesem Herzmittel betäubt worden. Außerdem fand man in seiner rechten Hand, die ungewöhnlich verkrampft war, Faserspuren, so als hätte er darin etwas festgehalten, was man ihm mit Gewalt entrissen hatte.

Nowicki und Henneke schauten sich an. Diese neuen Erkenntnisse galt es erst einmal zu verarbeiten. Sie machten einen weiteren Außeneinsatz am Leichenfundort unerlässlich.

Der Stollenbetrieb war heute Morgen wieder aufgenommen worden. Mehr Besucher als sonst stürmten die Höhle, voller Sensationslust, vielleicht etwas zu entdecken oder auch nur, um die Stelle zu sehen, wo man den guten Araldo gefunden hatte. Barbara hatte einen Rosenstrauß genau dort am Auffangbecken niedergelegt. Andere Damen weinten um den Italiener. Ein Klagegesang vom Allerfeinsten dröhnte durch die Höhle.

Theo hatte Dienst und tat so, als wäre nichts geschehen. Nun, da Fulcoli nicht mehr war, hatte man ihn gebeten, die Frühschichten in dieser Woche zu übernehmen, obwohl man ihn zuvor ausgeladen hatte. Seine Rechnung stimmte wieder. So oder so.

Tja, so kann es kommen, dachte Theo und grinste schadenfroh, gab sich Mühe, besonders freundlich zu sein.

Nichts erinnerte mehr an den grausigen Mord. Alles in dem Heilstollen war aufgeräumt und wieder an seinem Platz, als wäre nie etwas geschehen.

Die aufgemotzte Cornelia setzte sich zu der schüchternen Barbara auf die Bank. Beide atmeten die kalte Stollenluft, tranken das heilende Wasser und hingen ihren Gedanken nach. Von Feindschaft unter den Frauen war nichts zu spüren.

Bernhard Nowicki beobachtete die Leute, die aus dem Stollen kamen und die, die ihn betraten. Für Fritz hatte gerade die Mittagsschicht begonnen. Theo und er standen vor der Tür, scherzten und lachten, als hätte es Fulcoli nie gegeben.

War Fritz tatsächlich so unschuldig, wie er sich gab? Irgendetwas störte Nowicki an seinem Verhalten, doch konnte er nicht genau sagen, was es war. Hatte *er* Fulcoli vielleicht die Tropfen ins Bier getan, um ihn dann im Auffangbecken zu ertränken?

Während Henneke mit dem Besucherstrom in den Stollen ging, setzte sich Nowicki auf eine Bank am Wassertretbecken und rief seinen alten Hausarzt Dr. Adolf Metzdorf an, der seine Praxis in Rehsiepen im Sorpetal hatte, nur wenige Minuten von Nordenau entfernt.

Nachdem die beiden Männer, die sich schon seit Jahrzehnten kannten, ein paar Belanglosigkeiten ausgetauscht hatten, kam Nowicki zur Sache. »Du sag mal, Adolf, der Fritz Hömberg ist doch dein Patient, nicht wahr? Was nimmt der für Medikamente? Irgendetwas mit Digoxin?«

Adolf Metzdorf, ein Relikt aus den 70er-Jahren, lachte laut und kehlig. »Wusste ich doch, dass du nur anrufst, wenn du etwas von mir willst. Hast du schon mal was von ärztlicher Schweigepflicht gehört?«

»Es geht hier um Mord, Adolf!«

»Und Hömberg ist verdächtig? Das hätte ich ihm gar nicht zugetraut. Ist doch ein verträglicher Kerl. Seiner Alten, der würde ich schon eher einen Mord zutrauen«, sagte er und lachte wieder laut. »Du vergisst das, woll? Das war nur ein Scherz, das mit der alten Hömberg.«

»Also, hat er nun dieses Herzmittel genommen?«

Nowicki konnte hören, wie Metzdorf in seinen Karteikästen herumwühlte – von einem PC hielt Metzdorf nichts, für ihn neumodischer Kram –, bis er wohl endlich Hömbergs Karte erwischt hatte.

»Ja, wegen seiner Herzrhythmusstörungen nimmt er zwei Mal täglich 20 Tropfen Digi-Merck. Und damit wurde der Stollenführer umgebracht? In der Zeitung stand, er wurde ertränkt.«

Nowicki beantwortete die Frage seines Arztes nicht, bedankte sich und drückte den roten Knopf an seinem Handy, steckte es in die Hosentasche und machte sich auf den Weg zu Hedwig Hömberg. Das, was Metzdorf über die Frau, zwar im Spaß, gesagt hatte, ließ ihn nicht mehr los.

Als hätte sie schon auf den Kommissar gewartet, öffnete sie die Haustür, noch bevor er geklingelt hatte. Sie senkte den Kopf und ließ ihn eintreten. Wieder trug sie einen selbst genähten Haushaltskittel, dieses Mal in Dunkelrot mit kleinen Karos in Blau. Die Knöpfe waren vollzählig.

Sie standen sich in der düsteren Diele gegenüber. Altdeutsche Möbel, mindestens 50 Jahre alt, und großgemusterte Tapeten, dazu ein muffiger Geruch, schufen die richtige Atmosphäre für ein Mordgeständnis.

»Wo ist der Knopf, Hedwig? Der Knopf, den Fulcoli dir in seiner Todesangst vom Kittel abgerissen hat«, kam Nowicki gleich zur Sache.

Ohne ein Wort zu sagen, ging sie in die Küche zum Schrank, öffnete eine Schublade und entnahm aus einer Dose das Corpus Delicti, welches Nowicki sofort in einen Aservatenbeutel steckte.

»Warum, Hedwig? Warum hast du das getan? Und Fritz hat mitgemacht?« Nowicki konnte es nicht glauben, ließ sich auf einen Küchenstuhl nieder und starrte Hedwig an.

»Nein, Fritz weiß nichts davon. Das habe ich allein zu verantworten. Ich musste es tun, konnte nicht mehr mit ansehen, wie sehr er gelitten hat, seit Araldo da war und alles auf den Kopf stellte.«

»Du hast ihn vorher mit den Herztropfen von Fritz betäubt, nicht wahr?«

Sie nickte. Tränen liefen ihr über die faltigen Wangen. Wie eine Statue stand sie da, bewegte sich nicht einen Millimeter. »Als ich ihn da oben auf der Bank sitzen sah, einsam und verlassen, schlug ich Fritz vor, ihn zu uns in den Garten zu bitten, um mit ihm zu reden. Ist doch dein Kollege, sagte ich zu Fritz, der von der Idee gar nicht begeistert war. Die beiden unterhielten sich dann ganz nett, doch für mich war die Sache schnell klar: Das ist jetzt die Gelegenheit, ihn zu beseitigen. Als er gegen 22 Uhr aufbrechen wollte, holte ich für die Männer noch einen Sauerländer Kräuterschnaps. Goss ihn schon in der Küche in die Gläschen. In Fulcolis gab ich 100 Tropfen Digi-Merck, in der Hoffnung, dass das ausreichen würde. Die Männer tranken ihn, Fritz ging daraufhin zu Bett und Fulcoli wankte nach Hause. Ich bin ihm hinterher. Er torkelte immer stärker, schaffte es gerade noch bis zum Stolleneingang. Ich fragte ihn, was er denn jetzt dort wolle. Mit dem Wasserstand im Auffangbecken stimmte vorhin etwas nicht, er wollte noch einmal nachsehen, meinte er. Dann brach er zusammen. Ich griff mir die Gepäckkarre des Hausdieners, die dort stand, hievte ihn darauf und fuhr mit ihm in den Stollen. Der Wasserstand war wieder in Ordnung, das Wasser sprudelte und lud geradezu dazu ein, den schönen Araldo darin zu ertränken. Als ich ihn an den Schultern zum Becken zog, begehrte er noch ein letztes Mal auf, riss an meinem Kittel und murmelte ein schwaches 'Hilfe'. Ich zog ihn zum Becken, drehte ihn um und steckte seinen Kopf hinein, nachdem ich die Plexiglasplatte geöffnet hatte.

›Jetzt bekommst du Hilfe!‹, rief ich ihm zu. Ich brauchte ihn kaum herunterzudrücken, es ging ganz schnell. Den Knopf nahm ich noch aus seiner Hand, die er krampfhaft geschlossen hielt.«

»Und was hat Fritz nun davon? Jetzt ist er allein, denn ich muss dich mitnehmen, Hedwig.«

Sie zuckte nur mit den Schultern. »Ich bin froh, dass es vorbei ist. Möchtest du vielleicht einen Sauerländer Kräuterlikör, Bernhard?« Ihre Augen leuchteten für einen Moment auf.

Nowicki lachte nur und rief Henneke an.

FREIZEITTIPPS:

41 Hotel Tommes: Das Land- und Kurhotel im staatlich anerkannten Luftkurort Nordenau liegt nur wenige Kilometer vom Kahlen Asten und von Winterberg entfernt. Das perfekte Wander- und Erholungsgebiet ist umgeben von den waldreichen Höhen des Hunau- und Rothaargebirges.

42 Schieferstollen Brandholz: Wird seit über 15 Jahren therapeutisch genutzt. Der Stollen, in dem von 1866 bis 1927 Schiefer abgebaut wurde, ist weit über die Grenzen des Sauerlandes hinaus ein Begriff für Gesundheit und Wohlbefinden geworden. Seit Jahren kommen täglich zahlreiche Besucher, in der Hoffnung, Linderung ihrer Beschwerden zu erfahren.

43 Nordenau: Luftkurort mit Heilstollenkurbetrieb und wegen seiner reizvollen Lage sowie seiner waldreichen Gegend ein gern besuchter Urlaubsort. Ein echtes Kleinod unweit der Wintersportmetropole Winterberg.

44 Stollentherapie: Dem staatlich anerkannten Luftkurort Nordenau wurde nach einem anderthalb Jahre dauernden Anerkennungsverfahren das Prädikat »Ort mit Heilstollenkurbetrieb« verliehen.

45 Kuhlmanns Siepen: Eines der schönsten Wanderziele des Hochsauerlandes bei Nordenau. Fantastische Weitsicht auf die Sauerländer Bergwelt.

46 St. Hubertuskirche: Die kleine Saalkirche in Nordenau wurde 1925 im barocken Stil unterhalb von Burg Rappelstein anstelle einer Kapelle errichtet. Sehenswert ist der kunstvoll und figurenreich ausgestattete Hauptaltar.

47 Burgruine Rappelstein: Der Turm von Burg Rappelstein ist ein beeindruckender Bau mit quadratischer Grundfläche und zwölf Meter Kantenlänge. Neueren Untersuchungen zufolge muss er bereits um das Jahr 1100 herum erbaut worden sein. Die heute noch vorhandenen Ruinen gehören damit zu einem der ältesten Bauwerke des Sauerlands.

48 Lengenbeck: Der romantische Ort, acht Kilometer nordöstlich der Kernstadt Schmallenberg, an der Kreisstraße 18 zwischen Inderlenne und Nordenau gelegen, wurde stark vom Schieferbergbau geprägt. Es gab um den Ort herum drei Schiefergruben.

6. DER STELLVERTRETER

Bödefeld

Jährliches Gewerkschaftswochenende der IG FCI Ortsgruppe AKO Ruhrgebiet im herrlichen Sauerland. Nach einer mehr oder weniger feuchtfröhlichen Nacht im Hotel Albers 49 in Bödefeld 50, in der sich böse Dinge an den Kopf geworfen wurden sowie einem ausgiebigem Frühstück, wanderte die Truppe los. Zehn Uhr am Morgen. Ortsgruppenvorsitzender Piotr Nazwisko aus Slubice zog die vollgepackte Karre den steilen Weg hinauf.

Der stellvertretende Ortsgruppenvorsitzende Martin Weiss folgte ihm grimmig und schob das Gefährt von hinten über den holprigen Wanderweg. So ein Wahnsinn, Verpflegung mitzunehmen, dachte er, überall gab es tolle Lokale, in denen man ein Mittagessen einnehmen konnte. Aber nein, Piotr bestand auf ein Waldpicknick unweit des Hundefriedhofs der Isolde von der hohen Hunau 51. Sechs Kilometer, meist steil bergauf, waren zu erwandern.

Piotr hatte wieder alles gegeben, dass er so aussah, wie er aussah. Gestylt, gut duftend, in tolle Klamotten gehüllt. Nichts mit Wanderkluft, Kniebundhose aus Nachkriegstagen und Jack Wolfskin Fleecejacke, so wie Martin gekleidet war. Schwarze Budapester statt Wandergaloschen waren die Krönung.

Auch die beiden Frauen der Gewerkschaftsführungsspitze waren krasse Gegensätze. An Piotrs Seite die zarte Kathrin, 28 Jahre alt, dunkelhaarig, braunäugig, seit drei

Jahren seine Ehefrau. An ihrem roten Wollfilzminirock hingen die Hände ihres zweijährigen Sohnes Damian, der ganze Stolz des Ehepaares.

Neben dem zwei Meter großen schlaksigen Martin stampfte Gudrun mit ihren Waldläuferschuhen. Eine Naturschönheit, an deren Haut nur Wasser und Seife kam. Durch ihre stämmige Figur und das ausdruckslose Gesicht wirkte sie mit ihren 40 Jahren wesentlich älter als ihr gleichaltriger Ehemann, dessen Gesichtshaut durch hartnäckige Hautunreinheiten jünger wirkte. Nicht schöner, eben nur jünger. Auch die mittelblonde Mähdrescherfrisur trug dazu bei, wie ein Jüngelchen zu wirken. Kinder blieben dem Ehepaar Weiss leider versagt.

Dass vor jeder Freude die Mühsal stand, schienen die anderen knapp 20 Gewerkschaftler, Frauen sowie Männer, nicht begriffen zu haben. Singend trotteten sie der beladenen Karre hinterher und schienen ihre helle Freude zu haben. Die übelsten Witze wurden über Piotr und Martin gemacht, man amüsierte sich über ihre Rivalität untereinander. Jeder wusste, dass Martin scharf auf den Posten des ersten Vorsitzenden war und er alles dafür tun würde, Piotr von seinem Sessel zu stoßen.

Die korpulente Vorstandssekretärin der Firma AKO, Biggi, eine blondierte, für ihr Alter noch gut aussehende Dame kurz vor der Rente, und der Pförtner Karl, um die 40 Jahre alt, untersetzter gutmütiger Prolet, bildeten das Schlusslicht. Gegensätzlicher als die beiden konnten Menschen gar nicht sein, und doch hatten sie sich heute schrecklich lieb. In der Firma konnten sie sich nicht ausstehen, grüßten sich nicht einmal. Schon im Bus, der das Gewerkschaftsvolk vom Ruhrpott ins Sauerland brachte, kletteten sie sich aneinander wie zwei Ertrinkende. Sicherlich dachten beide das Gleiche: Nimm, was du kriegen kannst, Hauptsache alleinstehend und vom anderen Geschlecht. Abends an der Hotelbar war es weitergegangen. Besiegelt wurde die neue Verbindung mit einer heißen Nummer im Dachzimmer von Biggi. Bevor der einfach gestrickte Mann ihr Bett verließ, gab sie ihm noch mit auf den Weg, dass nach diesem Wochenende alles vorbei sei und sie ihn in der Firma auch weiterhin nicht grüßen würde. Er nahm es schwer schluckend hin, nickte nur und wischte sich die Tränen aus den Augen.

Nun alberten sie herum, zogen die Kolleginnen und Kollegen durch den Kakao und hatten ihren Spaß.

Biggi fand es schon ein wenig schade, dass mit dem Wochenende alles ein Ende haben musste. Doch war sie es ihren Eltern einfach schuldig. Mutter und Vater würden sich im Grabe umdrehen, wenn sie sich auf Dauer mit einem einfachen Arbeiter zusammenrotten würde. Schon als kleines Mädchen hatte man ihr eingebläut, dass ein Mann aus der Arbeiterschicht für sie niemals infrage käme. »Du musst dich nach oben orientieren, Kind«, verkündete der Studienrat stets gerne. Da oben jedoch nie etwas Passendes für die überdrehte Biggi dabei war, blieb sie Single, schloss sich den Aktivitäten der Gewerkschaft an und suchte sich hin und wieder, wenn es sich ergab, einen Mann für eine oder auch zwei Nächte, egal was er beruflich machte.

Über den Bödefelder Kreuzweg 52 hinaus aus dem Ort führte der Wanderweg X14 ungefähr zwei Kilometer steil bergan bis zur Kreuzkapelle 53. Hier wurde eine Verschnaufpause eingelegt.

Martin griff in den Bollerwagen und entnahm ihm ein

Päckchen ›Capri Sonne‹. Als er begann, das Paket mit den Mettwürstchen aufzureißen, sah Piotr rot. Sein Damian begann mit einem Blick auf das Trinkpäckchen zu schreien wie ein Verrückter. »Haben! Will haben!«

»Sag mal, geht es noch? Du fängst jetzt schon an zu futtern? Gerade erst das opulente Frühstück in dich hineingeschlungen, vergreifst du dich nun am Allgemeingut?« Piotrs Adamsapfel begann zu tanzen, Schweiß bildete sich auf seiner Marzipanstirn.

Martin grinste nur und überlegte, während er den spitzen Strohhalm in die Stanniolverpackung drückte, wie er diesem Kerl das Handwerk legen könnte. Die Kehle durchschneiden vielleicht? Irgendein Gift verabreichen wäre auch nicht schlecht. Er schaute zu Gudrun, die sich lächelnd auf Piotrs Seite schlug.

»Piotr hat recht, Martin. Wir sind gerade mal eine halbe Stunde unterwegs. Wenn du jetzt hier anfängst zu picknicken, werden es dir die anderen gleichtun.«

»Ja, und? Ist das hier eine Pflichtveranstaltung oder sind wir freiwillig hier?«, fauchte er seine Gudrun an.

Noch bevor Piotr es verhindern konnte, tummelten sich nun alle um die Bollerkarre und griffen sich heraus, nach was ihnen gelüstete. Brötchentüten wurden aufgerissen, Saftpäckchen und -flaschen entnommen, Würste der Packung entrissen und in den Mund geschoben, Zähne in rotpolierte Äpfel gehackt.

»Da siehst du, was du angerichtet hast«, erboste sich Piotr und versuchte, sich bei den Kolleginnen und Kollegen Gehör zu verschaffen, an ihre Vernunft zu appellieren. Das Einzige, was er verhindern konnte, war der Griff nach den alkoholischen Getränken. Waren die Leute erst angetrunken, würden sie das Hundegrab nie erreichen, wusste er.

Seufzend griff er seinen eleganten Lederrucksack und entnahm ihm eine Thermoskanne mit Pfefferminztee. Piotr trank immer und überall Pfefferminztee. So schenkte er sich einen großzügigen Becher voll ein und trank ihn mit Genuss, schloss dabei die Augen und atmete hinterher tief ein.

Der wird dir heute besonders gut tun, mein Freund, dachte Martin und hoffte, dass die Abführtropfen, die er ihm heute Morgen, als er die Thermoskanne auf der Durchreiche zur Hotelküche stehen sah, hineingeträufelt hatte, recht bald Wirkung zeigen würden.

Piotr klatschte erneut in die Hände, trieb die Kolleginnen und Kollegen so zum Weitermarsch an.

Es ging Richtung »Nasse Wiese« 54, einem Naturschutzgebiet in 750 Metern Höhe. Das 8.000 Jahre alte Hochmoor war Lebensraum seltener Tiere und Pflanzen.

Nach einigen schweißtreibenden Kilometern durch tiefen Fichten- und Buchenwald erreichte die Gruppe endlich das Hundegrab der Isolde von der Hunau. Die Schweißhündin von Revierförster Dickel aus Rehsiepen war von 1928 bis 1936 seine treue Jagdbegleiterin. Aus Dankbarkeit hatte man ihr diesen kleinen Friedhof, ein bemerkenswertes Monument, geschaffen.

Martin las die lange Inschrift des imposanten Grabsteins und musste an Samanta, seine Rauhaardackelhündin denken, die dieses Mal leider nicht am Gewerkschaftswochenende teilnehmen durfte. Angeblich waren im Hotel Albers Hunde nicht gestattet, sodass Samanta bei der Oma untergebracht werden musste. Martin fand jedoch heraus, dass Piotr ihn belogen hatte, um ihm eins auszuwischen. Das Mitbringen von Hunden war sehr wohl erlaubt, gleich drei Vierbeiner wohnten dort zurzeit.

Martin musste allerdings zugeben, dass dieses Hotel Albers eine schöne Unterkunft war. Die typische sauerländische Bauweise in unverwechselbarem schwarz-weißem Fachwerk, das im Ort selbst und in der Umgebung überwog, war fast schon kitschig schön anzusehen. Hübsche Sprossenfester mit üppigen roten Geranien in Balkonkästen davor, wahrlich eine Augenweide. Auch von innen konnte sich dieses Hotel mit seinen 35 Zimmern sehen lassen. Stilvoll eingerichtete Zimmer mit jeglichem Komfort ließen keine Wünsche offen. Haupthaus und Gästehaus waren durch eine wohnhallenähnliche Brücke miteinander verbunden. Auch am Schwimmbad und der Wellnessabteilung gab es nichts auszusetzen.

Martin blickte zu Piotr, der auf einem Holzstuhl direkt neben dem Grab saß, herüber und musste grinsen. Mit der Thermoskanne in der Hand, den Becher mit dem warmen Tee am Mund, versuchte Piotr seiner Darmkrämpfe, die ihn seit wenigen Minuten plagten, Herr zu werden. Schweiß brach ihm aus. Ganz weiß war er im Gesicht. Kathrin strich ihm die verschwitzten Haare aus der Stirn und bemitleidete ihn gebührend.

Stell dich nicht so an, dachte Martin. Es gab schließlich Schlimmeres, als im tiefen Wald seine Schleusen zu öffnen und sich ordentlich zu entleeren.

Die beiden passionierten Wanderfreunde Konrad und Hubertus, beide kurz vor ihrem Ruhestand, stürzten sich nun auf die alkoholischen Getränke in dem Bollerwagen, da sie Piotr außer Gefecht gesetzt sahen. Jubelnd sprangen auch die anderen Mitglieder hinzu, griffen sich Einweggläschen und ließen sich gegenseitig großzügig von den Flaschen mit klarem Schnaps und Likör einschenken.

»Nicht lange schnacken, Kopp in den Nacken«, hieß ihre Devise, und je mehr Alkohol in ihre Rachen hinunterfloss, desto lustiger wurden sie.

Martin, als Stellvertreter, sah keinen Grund, sich unbeliebt zu machen und der Plünderei der Karre Einhalt zu gebieten. Er half den Kollegen, die mitgebrachten Decken auszubreiten, auf denen sich kichernd niedergelassen wurde. Doch nicht so eine schlechte Idee, dieses Waldpicknick, dachte Martin.

Fünf Klare weiter bot sich Martin das Bild einer Waldorgie. Die Stühle und die Bank neben dem Grab waren von angetrunkenen Kollegen belagert. Einige Meter weiter, schräg gegenüber am Waldrand, lagen Frauen und Männer auf Decken, lachten und unterhielten sich lautstark. Martin befürchtete, dass der Revierförster dem Spektakel hier schnell ein Ende bereiten würde.

Gleich hinter ihm, an einen Baum gelehnt, saß Piotr, immer noch kreidebleich. Schon mehrmals war er im tiefen Wald verschwunden und schwankend nach einiger Zeit zurückgekehrt. Martin war es völlig egal. Piotrs Frau Kathrin saß mit Damian auf einer Decke. Sie las ihm aus einem Bilderbuch vor und schien ihren Göttergatten vergessen zu haben. Gudrun vergnügte sich mit den beiden Fastrentnern Konrad und Hubertus, saß mit hochgeschobenem Rock zwischen ihnen und lachte über jeden auch noch so dummen Satz aus den Mündern der alten Kerle.

Was Alkohol doch anrichten konnte, dachte Martin, als er Biggi und Karl beobachte, die sich eine Decke weiter knutschend auf dem Waldboden kollerten. Wäre Piotr nicht kaltgestellt, hätte er so eine Orgie niemals geduldet.

Martin musste an die letzte Ortsgruppensitzung vor einer Woche denken. Akribisch genau hatte Piotr in überheblichem Ton seine vorbereitete Liste abgearbeitet, berichtete vom Arbeitskreis der Senioren, anschließend sprach er fast eine Stunde über den Vertrauenskörpervorstand, sodass sich die Kolleginnen und Kollegen vor lauter Langeweile schon an den Köpfen kratzten und sich aus sämtlichen Körperöffnungen des selbigen Substanzen hervorkramten. Schlussendlich kam er zum Punkt Verschiedenes. Plötzlich hatte jeder ein Anliegen. Nichtigkeiten wurden hochgespielt. Es begann eine Diskussion, die schlimmer nicht hätte ausarten können. Eigentlich liefen alle Sitzungen, seit Piotr Vorsitzender war, gleich ab. Dieser alte Pfennigfuchser schaffte es einfach nicht, Ordnung in die Truppe zu bringen, zog sich an jedem noch so kleinen Mist hoch und stachelte sogar die anderen an.

Für Martin gab es nur eine Lösung des Problems: Piotr musste weg. Es waren hauptsächlich die Frauen, die ihn gewählt hatten, als sein Vorgänger, der alte Weber, das Zeitliche segnete. Nun merkten die Kolleginnen und Kollegen langsam, was sie angerichtet hatten.

Ich werde die Ortsgruppe führen wie der alte Weber, dachte Martin. Alles wird wieder so, wie es immer gewesen war.

Was hatten Manni und Fred ihm vorhin auf dem Weg hierher gesagt? Ach, waren das noch Zeiten als der alte Weber Vorsitzender war, meinten sie. Martin hatte ihnen zugezwinkert und versichert, dass Piotr nicht mehr lange seinen Posten innehaben würde. Der geht doch nicht freiwillig, hatten die beiden unisono gesagt. Martin hatte nur gelacht.

»Du bist mein Vertreter. Willst du nicht mal eingreifen? Lässt die Horde hier gewähren, lässt sie saufen und fressen.

Du siehst doch, wie schlecht es mir geht.« Piotr kam auf Martin zu, hielt sich an der Holzumrandung des Hundegrabes fest und starrte Martin mit hasserfülltem Blick an. »Vielleicht hast du mir ja was in den Tee getan und willst mich auflaufen lassen. Wer weiß.«

Martin schaute auf die kümmerliche Gestalt, die sich inzwischen seiner Jacke entledigt hatte und im roten Poloshirt vor ihm stand. Zum Erbarmen sah er aus. Doch Martin verspürte kein Mitleid mit ihm. »Was soll ich tun? Wir sind doch nicht im Kindergarten. Die Leute sind alt genug. Wieso sollen sie nicht mal ein Gläschen trinken? Du warst doch so beigeistert davon, die Karre mit Essen und Trinken mitzunehmen. Hätten wir eine Einkehr in einen Gasthof eingeplant, gäbe es dieses Szenario hier nicht.«

»Es war nicht abgemacht, dass sich jeder an den mitgebrachten Sachen bedient. Du weißt genau, wie manche von denen auf Alkohol reagieren.« Piotr stöhnte und wischte sich mit dem Handrücken den Schweiß von der Stirn.

»Soll ich die Leute anstehen lassen, wie bei einer Armenspeisung? Sind doch erwachsene Menschen.« Martin grinste nur und schüttelte den Kopf. »Und dass ich dir was in den Tee getan habe, das nimmst du zurück. Wer weiß, was du gegessen hast. Hast dich wahrscheinlich heute Nacht schon an den ungekühlten Würsten bedient. Für lau, dann jau!«

Piotr winkte nur ab und setzte sich zu seiner Familie auf die Decke.

Martin war zufrieden. Besser könnte es für ihn gar nicht laufen. Gudrun, die sich nun neben ihn auf die Bank setzte, schaute ihn lange an. »Er hat recht. Du als sein Vertreter hättest eingreifen müssen, damit nicht alles aus dem Ruder läuft. Es ist ein einziges Saufgelage.«

»Ach, auf einmal? Eben hast du noch mit den beiden Pennern auf der Decke gelegen und Spaß gehabt. Nun schlägst du dich wieder auf Piotrs Seite?« Wutschnaubend stand Martin auf, griff sich aus der Vase, die unter dem Grabstein des Hundegrabes stand, eine weiße Dahlie und verschwand im Wald. Wieso fuhren die Weiber so auf den blöden Piotr ab? Was hatte dieser Mann bloß an sich?

Martin bahnte sich einen Weg fernab des Wanderweges zwischen dichten Fichten. Er hörte gerade noch, wie Gudrun in die Hände klatschte und versuchte, die feuchtfröhliche Truppe mit lauten Worten zur Vernunft zu bringen. Er schaute auf die Uhr. Gegen 14 Uhr wollten sie aufbrechen, um den Rückweg nach Bödefeld anzutreten. Geplant war, zurück über den Wanderweg X10, vorbei am Hunaugipfel 55, am großen Hastenberg 56 und am Wildgehege 57 nach Bödefeld zu gehen. Er konnte nur hoffen, dass die Kollegen die gut sechs Kilometer durchhalten würden.

Er irrte weiter durch den dichten Wald. Die Wut auf Piotr wurde stärker und stärker. Hin und wieder zog er sein Schweizer Messer aus der Hosentasche und stach sinnlos auf einen Baumstamm ein.

Weg, weg, er musste weg!

Der Waldboden knisterte unter seinen Schuhen, kleine heruntergefallene Äste und Tannenzapfen gingen zu Bruch. Hier und da hörte er Vogelgezwitscher. Zwischen dichten Fichten erkannte er ein Stück blauen Himmel. Ein Rotmilan kreiste direkt über ihm. Er kam an eine winzige Waldwiese und setzte sich. Glockenblumen, Sterndolden, Skabiose, Fingerhut, Johanniskraut, Hornklee, Klappertopf und viele Pflanzen mehr leuchteten und dufteten vor sich hin. Martin war müde und legte sich hin. Den konsumierten Alkohol konnte er noch überall in seinem Körper spüren. Doch vor allem lähmte er sein Denken. Der Rotmilan zog noch immer seine Kreise und die Stimme in seinem Hirn rief stärker denn je: Piotr muss weg!

Piotr quälten noch immer wahnsinnige Bauchschmerzen. Mehrmals schon trieb ihn seine Diarrhö tief ins Unterholz. Doch auch das brachte ihm keine Erleichterung. Er war überzeugt davon, dass Martin seine Hand im Spiel und ihm irgendetwas untergejubelt hatte, was solch eine abführende Wirkung zeigte. Es ärgerte ihn, dass er nicht mehr in der Lage war, die Truppe zu führen und jeder machte, was er wollte. Durch seine Darmkrämpfe bekam er zum Glück die Ausmaße dieses Gelages gar nicht richtig mit. Er war jedoch noch klar genug im Kopf, Martins Passivität zu registrieren. Wie er alles laufen ließ und die Leute noch zum Saufen und zügellosen Essen anstachelte. Abfälle wurden einfach in den Wald geworfen, Flaschen ebenfalls. Einzig Martins Holde, Gudrun, versuchte, sich bei den Kolleginnen und Kollegen Gehör zu verschaffen.

Nach unzähligen Kohletabletten, die ihm Kollege Konrad verabreichte, ließen die Krämpfe allmählich nach. Auch der Nebel im Kopf verzog sich langsam. So wartete er auf die Rückkehr von Martin, der vor einer guten halben Stunde im Wald verschwunden war, um ihm nach seiner Wiederkehr gründlich den Kopf zu waschen. Piotr wusste, dass Martin scharf auf seinen Posten als erster Vorsitzender war. Er konnte jedoch nur lachen. Niemals würde er freiwillig den Platz für diesen unfähigen Proleten, wie er ihn im Stillen nannte, räumen. Ein neues Konzept musste her, wenn er die vom Aussterben bedrohte Ortsgruppe retten wollte. Und das würde nur er schaffen, war er sich sicher.

Gudrun und Kathrin sammelten den Müll sowie die leeren Flaschen auf und packten alles in die Bollerkarre. Bei den Kollegen trat langsam Ernüchterung ein, was zum einen an der nachlassenden Alkoholwirkung lag, zum anderen an den deutlich gesprochenen Worten von Gudrun.

Männer wie Frauen ordneten ihre Kleidung, rollten die Decken zusammen, um wenig später ebenfalls ins Unterholz zu kriechen und ihr Geschäft zu erledigen.

Biggi und ihr neuer Galan konnten sich kaum voneinander trennen, küssten sich, bis der Pförtner den anderen in den Wald folgte. Die fünf Mettwürste korrespondierten wahrscheinlich nicht so gut mit dem Heidelbeerlikör, den Karl in großer Menge konsumiert hatte.

Martin kehrte um, es war Zeit, zurück zu den anderen zu gehen. Die Stunde der Abrechnung würde kommen, war er sich sicher. Wenn nicht jetzt, dann bald. Schlagartig blieb er stehen. Er nahm ganz in der Nähe ein Knistern war. Ein Tier vielleicht? In weiter Ferne, tief unter ausladenden Fichten, saß eine gebückte Gestalt im roten Polohemd. Martin vernahm ein Stöhnen. Er schüttelte den Kopf. Da entleerte der sich immer noch, dachte er. Es wahr fast dunkel in diesem Teil des Waldes. Die hohen Fichten standen dicht an dicht. Er näherte sich dem Mann so lautlos wie möglich. Nur das leuchtende Rot des Poloshirts war zu erkennen. Der Wind fegte hier oben auf fast 800 Metern Höhe lautstark durch den Wald, sodass man Martins Schritte kaum hören konnte.

In Martins Kopf jubelte es. Das ist die Chance, schoss es ihm in sein vernebeltes Hirn. Ohne groß nachzudenken, zog er das Messer wieder aus der Hosentasche, klappte die lange Klinge aus und stach von hinten zwischen den dichten Fichtenzweigen auf den gebückten Piotr ein. Wieder und wieder, als würde sein Arm von einer inneren Macht geführt. Martin hatte das Gefühl, er stieß das Messer in ein rohes Stück Fleisch, das kaum nachgab. Es knackte entsetzlich. Nach jedem Stich zog er die Klinge heraus und stach erneut zu. All die angestaute Wut fiel dabei von ihm ab. Mit jedem Stich mehr. Sekunden später vernahm er ein lautes Röcheln. Das Opfer kippte nach vorne und blieb lautlos in dieser Haltung liegen.

Martin setzte sich auf den Waldboden und ließ seinen Tränen freien Lauf. Waren es Tränen der Erleichterung oder Tränen des Entsetzens? Was hatte er getan? War das wirklich nötig gewesen?

Doch, es hatte sein müssen, sagte er sich immer wieder und strich über die blutige Messerklinge, bis sie trocken war. Er klappte das Messer ein und steckte es wieder in die Hosentasche. *Ich muss es irgendwo entsorgen*, dachte er noch und stand auf, um zu den anderen zurückzugehen. Er säuberte sich seine Hände an einem kleinen Rinnsal eines Baches. Dann drehte er sich noch einmal um und rief ganz leise: »Tschüss Piotr!«

»Ja, wo bleibst du denn? Wir wollen los«, rief Gudrun ihm ganz außer sich zu, als er aus dem Wald heraustrat.

Martin sah sie lange an, so, als sähe er sie zu ersten Mal. Ekel kam in ihm hoch. War diese Ökotussi tatsächlich seine Frau?, fragte er sich. Seine rechte Hand zitterte und griff nach dem Messer in der Hosentasche. Er fand jedoch schnell wieder auf den Boden der Tatsachen zurück.

Ein einziger Tumult herrschte am Hundegrab. Die Karre war bereits wieder gepackt und die Kollegen standen zum Abmarsch bereit.

»Na, hat es dir die Sprache verschlagen?« Gudrun starrte ihren Mann an, als zweifelte sie an seinem Verstand.

»Was herrscht denn plötzlich für eine Hektik?«, fragte er anstatt einer Antwort.

»Es ist bereist 16 Uhr durch. Wenn wir zum Abendessen im Hotel sein wollen, wird es Zeit zum Aufbruch«, mahnte die gute Gudrun. »Bist du im Wald eingeschlafen oder was war los?«

»Ja, kann schon sein«, sprach Martin fast flüsternd.

Die ersten der Truppe setzten sich bereits in Bewegung.

Plötzlich stürzte Biggi völlig aufgeregt auf Martin zu. »Du hast nicht zufällig Karl gesehen? Du kamst doch gerade als letzter aus dem Wald.«

Martin erwiderte nichts, wurde kreideweiß, als hätte er einen Geist gesehen. Wenige Meter von im entfernt stand Piotr. Lebendig und wieder guter Dinge. Wie war das möglich?

»Was glotzt du denn so blöd? Noch besoffen, oder was ist los?« Piotr schulterte seinen Sohn und schloss sich Konrad und Hubertus an, die sich der Karre annahmen.

»Halt«, schrie Biggi, »wir können doch nicht ohne Karl losgehen.«

»Vielleicht ist er schon vorausgegangen«, meinte Piotr genervt.

Nachdem ihn Biggi anflehte, doch etwas zu unternehmen, setzte er Damian in die Karre und beschloss, zusammen mit Kathrin, Manni und Fred im Wald nach Karl zu schauen. Ein letzter wütender Blick streifte Martin.

»Kümmere du dich um die Leute, wir kommen gleich nach. Nehmt den Weg so wie besprochen«, rief er seinem Stellvertreter zu.

Martin stand unter Schock. Erst jetzt fiel ihm ein, dass

Karl auch ein rotes Poloshirt trug. Doch Karl war viel dicker als Piotr. Wieso hatte er ihn im Wald nicht erkannt?

Ich habe den Falschen umgebracht.

Ich habe den armen Karl getötet.

Den guten Karl, der ihm erst letztens aus dem Firmenfundus einen alten Schreibtisch auf nicht legale Weise besorgt hatte.

»Ja, sag mal, was ist denn mit dir? Hattest du eine Erscheinung oder was?«, fauchte Gudrun ihren Mann an. »Du bist ja heute so was von daneben.«

»Ach halt doch deinen frechen Schnabel!«, fauchte er sie an. Und wieder verspürte er ein Kribbeln in der Hosentasche, in der er sein Taschenmesser wusste.

»Sag mal, geht es noch? Was erlaubst du dir?« Gudrun wandte sich von Martin ab und gesellte sich zu Biggi, die den kleinen Damian auf dem Arm hatte, um sie zu trösten.

Martin sah auf die Uhr. 19 Uhr. Er hörte die Kellner mit dem Geschirr klappern. Der Tisch im Speisesaal war hübsch gedeckt. Die Kolleginnen und Kollegen im Raum lachten und scherzten. Er nahm jedoch kaum etwas von den Geräuschen wahr. Um ihn herum lief ein Film ab. Ein Film, in dem er nicht mitspielte.

Gudrun schlürfte übertrieben laut ihre Suppe. Er sah sie an und fragte sich, wieso er sie überhaupt geheiratet hatte. War er damals so einsam gewesen? Oder hatte sie in jungen Jahren besser ausgesehen als jetzt? Hatte sie ihn da noch nicht so schikaniert wie heute?

Abstechen konnte er sie nun nicht mehr. Jedenfalls nicht mit seinem Schweizer Taschenmesser, das ihm seine Mutter im letzten Jahr zu Weihnachten geschenkt hatte. Das hatte er vor wenigen Minuten unweit des Hotels in die Jauchegrube eines Bauernhofes geworfen.

Ihm wollte einfach nicht in den Kopf, wie ihm das passieren konnte. Der gute Karl. So ein lieber Kerl. Und dieser Piotr durfte weiter sein Unwesen treiben.

Als die Hauptspeise aufgetragen wurde, kamen Piotr, seine Frau und die beiden Kollegen in den Speisesaal. Wichtigtuerisch warf Piotr seine Jacke über den Stuhl und schüttelte verneinend den Kopf. Biggi, die Karl eigentlich gar nicht gewollt hatte, fing hysterisch an zu heulen.

Der Wirt mischte sich nun ein, bot an, die Polizei zu benachrichtigen, woraufhin Kathrin meinte, dass Karl noch nicht lange genug vermisst wurde und sie in diesem Fall noch nicht tätig werden würde.

Martin war alles egal. Spätestens morgen, wenn man den Wald gründlich absuchen würde, fände man Karl und würde ganz schnell wissen, dass er es war, der ihn niedergestochen hatte. Wer sonst? Einen winzigen Moment schöpfte er Hoffnung. Vielleicht könnte er es einem anderen in die Schuhe schieben. Einige waren so betrunken, dass sie total daneben waren. Einem von denen könnte man einreden, dass er Karl umgebracht hatte. Doch welches Motiv sollte derjenige gehabt haben?

»Was sitzt du so blöd da und sagst nichts? Du warst doch als Letzter noch im Wald. Du musst ihn doch gesehen haben«, fauchte Gudrun ihn erneut an.

Martin säbelte lustlos an seiner Roulade herum und zog nur die Schultern hoch. »Hab nichts gesehen.«

»Schau mal, wie Piotr sich bemüht. Der macht wenigstens was. Du hängst da rum, als ginge dich das alles überhaupt nichts an. Ein Kollege wird vermisst! Hast du das noch immer nicht begriffen?«, stauchte Gudrun ihn zusammen.

»Ja, ja, immer nur Piotr. Der kann alles, macht alles richtig. Dann heirate doch ihn, wenn er so toll ist.«

»Geht leider nicht, der hat ja schon Kathrin.«

»Da hat er wirklich einen besseren Griff getan. Schau doch mal in den Spiegel. Meinst du, der will eine wie dich?«

Das hatte gesessen. Gudrun sprang auf und verließ demonstrativ den Speisesaal.

Wenig später folgte Martin seiner Frau aufs Zimmer, kroch zu Kreuze und entschuldigte sich gefühlte 25-mal. Danach legte er sich völlig erschöpft auf sein Bett und überlegte, was er tun sollte. Sollte er überhaupt was tun? Oder die Sache einfach laufen lassen?

Ich könnte die Leiche woanders hinschaffen, überlegte er. Vielleicht vergraben? Doch wenn die Polizei mit den Suchhunden anrückte, würden sie die Stelle, an der ich Karl niedergestreckt habe, schnell finden.

Ich könnte abhauen. Irgendwohin. Vielleicht mit dem Taxi nach Winterberg und von dort mit dem Zug weiter. Ein neues Leben anfangen. Einen kurzen Augenblick schöpfte er Hoffnung. Dann fiel ihm Udo Jürgens' Hit ›Ich war noch niemals in New York‹ ein. In dem Song wollte er auch verschwinden, weil der Alltagstrott ihn auffraß. Was war das Ende vom Lied? Als die Erkennungsmelodie von Dalli Dalli erklang, war er wieder daheim bei seiner Alten. Er würde nicht mehr lange daheim sein, sondern bald in den Kahn gehen.

Wenig später schlief Martin ein.

Biggi schenkte sich vom Rotwein ein, den sie von zu Hause mitgebracht hatte. Die Stimmung unten an der Hotelbar war so bedrückt gewesen, dass sie schon frühzeitig ihr Zimmer aufgesucht hatte. Man erzählte sich die übelsten Geschichten, wann in welchem Wald Leichen entdeckt worden waren. In Dorlar 58 hätte man vor einigen Monaten ein Ehepaar erdrosselt im Wald gefunden und in Saalhausen einen erhängten Rentner.

Sie musste dauernd an Karl denken und fragte sich, was dem armen Mann bloß zugestoßen war. Völlig niedergeschlagen legte sie sich auf ihr Bett, nachdem sie den Fernseher eingeschaltet hatte. Sie brauchte jetzt einfach die Geräuschkulisse, obwohl sie überhaupt nicht auf den Bildschirm schaute.

Hatte sie sich etwa in Karl verliebt? In die in Stein gemeißelte Langeweile, wie sie ihn immer genannt hatte, wenn sie sein Pförtnerhäuschen passierte?

So ein junger Mann und so wenig strebsam, dachte sie jedes Mal bei seinem Anblick. Fand sich mit einem langweiligen Pförtnerposten ab.

Sie nahm einen Schluck von ihrem Wein, um festzustellen, dass er im Abgang einen fürchterlichen Nachgeschmack hatte. Na ja, billige Kaufhausware eben. Was will man für 3,99 Euro verlangen?

Schmunzelnd musste sie an die letzte Nacht denken. Ein toller Liebhaber war der Pförtner, musste sie zugeben. Na ja, er war noch jung, kaum über 40 Jahre alt. Und obendrein ein guter Unterhalter und ein ebensolcher Zuhörer. Die Unterhaltungen mit ihm waren kein schales Geplänkel, wie sie es immer bei einem Arbeiter vermutet und schon selbst erlebt hatte. Einfühlsam, aufmerksam und zuvorkommend war er obendrein. So viele gute Eigenschaften an einem einzigen Mann. Da musste man schon mal über seinen Beruf und die mangelnde Bildung hinwegsehen.

Gelegentlich verwechselte er Dativ und Akkusativ. Doch kam es darauf an? Vielleicht hatten ihre Eltern unrecht, mit ihrem ewigen nach oben Orientieren. Was war denn oben? Für Biggi war oben nie was dabei gewesen. Die, die ihr gefielen, wollten sie nicht.

Und nun wurde der gute Karl vermisst. Ob sie den Gerüchten wirklich Glauben schenken sollte, dass man ihn ermordet hatte? Böse Kollegenzungen behaupteten, man hätte ihn mit Piotr, diesem Schleimer, verwechselt, da beide ein rotes Poloshirt trugen. Martin, dieser liebe und gute Mann, sollte der Täter gewesen sein. Biggi hasste solche Vorverurteilungen. Doch wo steckte Karl?

Sie erträumte ein Leben mit Karl. Sicherlich würde er einen treuen Partner abgeben. Man könnte sich die Hausarbeit teilen, wäre abends nicht mehr allein, würde die Alltagssorgen gemeinsam tragen. Bisher hatte Biggi ihr Single-Dasein immer genossen. Die Gründung einer Familie und die Gesellschaft von Mitmenschen empfand sie als überbewertet. Sex holte sie sich gelegentlich bei eben solchen Veranstaltungen wie diese Gewerkschaftsfahrt. Gute Unterhaltungen führte sie mit ihren handverlesenen Freundinnen, die meisten von ihnen Hausfrauen mit einem gut verdienenden Göttergatten an ihrer Seite. Doch musste sie erst kürzlich feststellen, dass einige von ihnen auch nur blödes Zeug laberten und voller Neid auf ihre Unabhängigkeit schielten.

Seufzend trank sie den Wein aus und betete inständig, dass Karl am nächsten Tag wieder auftauchen würde und sich vielleicht nur verlaufen hätte.

Mitten in der Nacht wurde Martin schweißgebadet wach und musste sich erst orientieren, wo er sich befand. Ihm war speiübel. Gewerkschaftsausflug, reichlich Alkohol, Wanderung zum Hundegrab, fielen ihm ein.

Er wollte Gudrun wecken, doch sein Griff auf ihre Bettseite ging ins Leere. Er stand auf und riss voller Panik die Balkontür auf.

Luft, ich brauche Luft, dachte er noch. Er betrat den Balkon. Sein Puls verlangsamte sich. Dann fiel ihm Karl wieder ein. Karl, der tot unter dichten Fichten auf der hohen Hunau lag. Leider kein Traum, sondern grausame Realität.

In weiter Ferne erkannte er das Skigebiet Hunau, das nachts im Spätsommer nur spärlich beleuchtet war. Die Lifte waren verwaist. Nur in wenigen Häusern des kleinen Örtchens brannte um Mitternacht noch Licht. Er blickte über die Brüstung in den Innenhof, weil er von dort Geräusche hörte. Zwei Personen standen unten zwischen den Mülltonnen, lagen sich in den Armen und küssten sich. Du meine Güte, die müssen es nötig haben, dachte er noch, als er wenige Sekunden später die Stimme seiner Gudrun vernahm. Die ist zu dumm zu flüstern, ging ihm durch den Kopf, bevor er realisierte, was da unten vor sich ging. Seine Frau in den Armen eines anderen Mannes?

»Du meinst echt, es war Martin? Eine Verwechslung? Er wollte dich töten? Nein, das traue ich ihm einfach nicht zu. Blöd ist er ja, aber so blöd nun auch wieder nicht.«

Die soeben gehörten Worte trafen Martin tief. Sein Herz blieb fast stehen. Gudrun hatte ein Verhältnis mit einem anderen Mann? Und dann ausgerechnet Piotr? Er ließ sich auf den Balkonsessel fallen. Er konnte es einfach nicht begreifen. Filme zogen an ihm vorbei. Gudrun und er bei der Hochzeit vor 20 Jahren, Gudrun und er auf Mallorca, Gudrun und er beim Arzt, der ihnen eröffnete, sie würden niemals Kinder haben, Gudrun und er, als sie Samanta beim Züchter abholten. Bilder aus glücklichen Tagen in seinem Kopfkino.

Piotr hatte die tolle Kathrin. Wieso hatte er ein Verhältnis mit seiner Gudrun? Wie lange ging das schon? Unbändige Wut kochte in ihm hoch.

Kathrin musste es erfahren. Ich werde sie sofort anrufen und es ihr erzählen. Den beiden werde ich den Spaß gründlich verderben. Der Polizei werde ich erzählen, dass ich von dem Verhältnis wusste und ihn deshalb ausschalten wollte. Na ja, und dann habe ich eben den Falschen erwischt. Wieso mussten beide ein rotes Poloshirt tragen? Das würde hoffentlich mildernde Umstände geben.

Er ließ sein Handy so lange klingeln, bis die verschlafene Kathrin am anderen Ende der Leitung war. Sie möge doch bitte mal auf den Balkon gehen und in den Hof hinunterschauen, bat er sie, wusste er doch, dass die Nazwiskos das Zimmer genau über dem ihren hatten.

Er selbst suchte ebenfalls wieder den Balkon auf und beugte sich tief hinunter. Innerlich so erregt über diesen Vertrauensbruch seiner Gudrun, schrie er seinen Frust laut herunter.

»Ihr elenden Schweine! Ihr solltet euch schämen!« Rotz und Wasser heulte Martin nun und schrie seine ganze Enttäuschung in den Hof herunter.

Erschrocken starrten Gudrun und Piotr zum Balkon in der ersten Etage hinauf, konnten nicht fassen, welch einen Tanz Martin dort aufführte.

Die beiden passten als Liebespärchen absolut nicht zusammen. Allein vom Äußeren her trennten sie Welten. Letztendlich wussten sie selbst nicht, was sie vor drei Jahren zusammengebracht hatte.

Gudrun gefiel Piotrs äußere Erscheinung, die ganze Aura, die diesen schönen Mann umgab.

Piotr hingegen hatte Spaß an Gudruns losem Mundwerk. Obendrein verschaffte es ihm Genugtuung, mit der Frau seines Stellvertreters Sex zu haben. Gleich einem Rüden, der aus purer Dominanz sein Revier markierte und sämtliche Hündinnen in seinem Umfeld am liebsten täglich begattete. Dachte er noch, nachdem er Gudruns überdrüssig geworden war, sie schnell wieder loszuwerden, hatte er sich geschnitten. Sie klebte an ihm wie zäher Schleim.

Dass man sich nicht zu weit aus dem Fenster, beziehungsweise über ein Balkongitter, lehnen sollte, bekam Martin sehr bald zu spüren. Er verlor das Gleichgewicht und fiel kopfüber in den betonierten Innenhof. Wimmernd blieb er fast vor den Füßen des Liebespärchens liegen.

Gudrun, die sofort helfend eingreifen wollte, wurde von Piotr am Arm zurückgehalten.

»Lass nur, vielleicht erledigt sich unser Problem gleich von selbst. Du hast doch gesagt, am liebsten würdest du ihn loswerden.«

Mit weit aufgerissenen Augen, die im Schein der einzigen Laterne im Hof gespenstisch wirkten, starrte Gudrun ihr Gegenüber an. »Das kann nicht dein Ernst sein. Ich soll ihn krepieren lassen?«

Piotr gab ihr keine Antwort, ging zu Martin, stieß ihm mit seiner Schuhspitze in die Seite, woraufhin Martin aufstöhnte.

»Du hast Karl umgebracht, nicht wahr? Eine Verwechslung, gib es zu. Mir galt der Anschlag. Hast du ihn erwürgt?«

Martin blutete aus einer Wunde am Hinterkopf. Ein kleiner See hatte sich bereits unter seinem Kopf gebildet. »Ja, ich wollte … dich … niederstechen. Schade, … dass … es nicht …geklappt … hat«, kam es fast flüsternd aus Martins blutleeren Lippen. »Holt … einen … Arzt«, waren die letzten Worte, bevor er das Bewusstsein verlor.

Gudrun holte ihr Handy aus der Hosentasche und wählte bereits den Notruf. Bevor jedoch die Verbindung hergestellt war, schlug Piotr ihr das Teil aus der Hand. Er öffnete den Müllbehälter gleich neben sich und wühlte wie ein Irrer darin herum.

»Was suchst du da?« Piotr wurde Gudrun mehr und mehr unheimlich.

Piotr gab keine Antwort, fand aber anscheinend, was er gesucht hatte. Er fischte eine gusseiserne Pfanne mit verkohltem undefinierbarem Inhalt aus dem Müll. Wahrscheinlich hatte der Koch sie bei einem mißlungenen Versuch ruiniert und gleich entsorgt.

Martin kam wieder zu sich und stöhnte. Ein Wort kam ihm nicht mehr über die Lippen, denn die schwere Pfanne, die Piotr auf ihn niedersausen ließ, zerschmetterte ihm soeben seinen ohnehin schon lädierten Kopf gänzlich.

Gudrun liefen Tränen über die Wangen. Sie starrte Piotr mit offenem Mund an.

Piotr grinste nur. »Glaub mir, es ist besser so. Er hat es verdient. Er wäre sowieso ins Gefängnis gegangen, falls er überlebt hätte. Wie hättest du dann dagestanden? Ohne einen Cent Geld? So bekommst du eine schöne Rente.«

»Sag jetzt nichts. Geh ins Bett«, rief Piotr seiner Frau zu, die diesem Horrorszenario von der zweiten Etage vom Balkon aus beiwohnte. Hier und da ging in dem

Gebäude schon das Licht an. Aufsehen war das Letzte, was Piotr gebrauchen konnte.

Piotrs Posten als Gewerkschaftsortsgruppenvorsitzender war ihm weiterhin sicher, davon war er überzeugt. Wozu brauchte er einen Stellvertreter?

49 Hotel Albers: Ein seit 1827 familiär geführtes beliebtes Urlaubs- und Tagungshotel in Bödefeld. Trotz ständiger Modernisierungen und Erweiterungen herrscht das besondere Flair eines Sauerländer Gasthofs vor.

50 Bödefeld: Der Urlaubsort ist ein Ortsteil von Schmallenberg und liegt in 480 bis 818 Metern Höhe. Richtung Süden steigen die bewaldeten Berge des Höhenzugs Hunau bis zu 818 Metern an. Schwarz-weißes Fachwerk, liebevoll gestaltete Gärten, ein Kleinod fernab von Stress und Hektik.

51 Hundegrab: Auf 811 Metern Höhe liegt idyllisch das Grab der Schweißhündin Isolde von der Hunau. Im Jahre 1936 hatte an dieser Stelle Revierförster Dickel aus Rehsiepen seine treue Jagdhündin begraben. Die Schweißhündin war von 1928 bis 1936 seine treue Jagdbegleiterin.

52 Bödefelder Kreuzweg: Er soll alle ansprechen, die in meditativer Weise ihren Weg gehen und dabei ihre Anliegen und Sorgen in 715 Metern Höhe zum Kreuzberg bringen wollen. Es ist ein echter Pilgerweg, mit circa 200 Metern Höhenunterschied auf 2,5 Kilometern Länge.

53 Kreuzkapelle: Sie ist das Werk des Pfarrers Johann Heinrich Montanus, der im Jahre 1721 nach Bödefeld kam. Nachdem er die zerfallene Pfarrkirche im

Jahre 1728 neu erbaut hatte, errichtete er auf dem steilen Berg ein Kreuz oberhalb der Kirche.

54 Nasse Wiese: Das 8.000 Jahre alte und 750 Meter hoch gelegene Hochmoor befindet sich auf der Hunau.

55 Hunaugipfel: Die Hunau im Hochsauerland ist ein 818,5 Meter hoher Bergrücken. Ausläufer reichen bis Winterberg. Der Hunaugipfel liegt knapp zehn Kilometer vom Schmallenberger Zentrum entfernt und sechs Kilometer östlich von Bad Fredeburg. Eine Wanderung zum Hunaugipfel lohnt sich besonders im verschneiten Winter. Bei Sonnenschein erlebt man einzigartige Schattenspiele der Natur. Von Bödefeld über den Hardtweg zum Hunau-Turm, dann nach links auf dem Kammweg Richtung Irreplatz erreicht man in circa 50 Minuten den Hunaugipfelstein.

56 Der Große Hastenberg: Liegt oberhalb von Bödefeld zwischen den Wanderwegen B 4 und X 10. Vom Skihang Bödefeld hat man einen tollen Blick auf den Berg.

57 Wildgehege: Zu den Fütterungszeiten, in den Sommermonaten am Abend und in den Wintermonaten am späten Nachmittag, kann man im Rotwildgehege Bödefeld, an der Hunaustraße gelegen, die Tiere ganz nah erleben.

58 Dorlar: Das Örtchen ist ein Ortsteil der Stadt Schmallenberg. Neben Einzelhandelsgeschäften sind Banken, ein Kindergarten und eine Grundschule am Ort. Vier Gasthöfe und einige Pensionen bilden die touristische Infrastruktur.

7. HÜTTENSCHMAUS

Auf dem Herhagen, Waldgebiet zwischen Nordenau, Rehsiepen und Nesselbach

Anton betrat die Toilette im Erdgeschoss der Duisburger Hütte 59, öffnete das winzige Fenster über dem Klotopf, während er fast gleichzeitig dem Druck seiner Blase nachgab und sich in einem nicht enden wollenden Strahl erleichterte. Nachdem er zu Ende gepullert und ordentlich abgeschüttelt hatte, steckte er seinen Kopf aus dem Fenster und traute seinen Augen nicht.

Lag da nicht August? Mit dem Kopf in den Ascheresten des ausgebrannten Lagerfeuers? Du hast zu viel getrunken, beruhigte er sich. Das sind die Nerven, Halluzinationen, kommt bestimmt vom Alkohol. Und den hatte er am gestrigen Abend nicht zu knapp konsumiert.

Es war kein schöner Anblick, musste er wenig später feststellen, als er nur in Unterhose gekleidet aus der Hütte trat und zum Feuerplatz ging. August, den er aus dem Klofenster allein schon an den extrem langen Beinen erkannte hatte, lag auf dem Rücken in seiner Knappentracht am Lagerfeuer, mit dem Kopf in den Holzkohle- und Ascheresten.

Anton war geschockt. Sein Schrei durchdrang die morgendliche Stille des tiefen Waldes auf dem Herhagen und man konnte ihn bestimmt bis zum Großen Bildchen und vielleicht sogar bis Altastenberg 60 hören.

Unter dem selbst gebastelten Schwenkgrillrost, auf dem gestern noch Koteletts, Würstchen und Bauchscheiben knusprig gegart wurden, lag nun der erste Vorsitzende, kaum wiederzuerkennen. War es ein Unfall? Oder hatte gar jemand nachgeholfen? Er musste an den Streit vor drei Tagen denken.

Schon im Bus während der Hinfahrt ging es los.

Zunächst war die Stimmung noch lustig gewesen, als der Kleinbus am Freitagmorgen auf der A 43 mit den elf Männern an Bord dem Sauerland entgegensteuerte. Dieses verlängerte Wochenende in der wildromantischen Duisburger Hütte sollte alle Sangesfreunde des Knappenchors »Unser Karl e. V.« aus Bochum nach den vielen Querelen der letzten Wochen wieder näher zusammenrücken lassen. Einige hatten aus Protest gar nicht erst teilgenommen, hatten naserümpfend die Fotos der Hütte angesehen, an allem herumgemäkelt und so blieb es bei den elf Sängern. Die Knappentrachten samt Hüte wurden deshalb mitgeschleppt, weil die Truppe am Samstag beim Sommerfest an der Schiefergrube Sperlingslust 61 am Rande des kleinen Örtchens Lengenbeck auftreten wollte, um die Vereinskasse ein wenig aufzubessern. August kannte Theo Grobe, den Vorsitzenden des Festausschusses, der ihnen wiederum die Hütte als Unterkunft zum Schnäppchenpreis zur Verfügung stellte.

»Aber über den Streit werden wir nicht reden«, meinte Anton noch. »Lasst uns die paar Tage genießen und alles vergessen, was gewesen ist.«

»Recht hat der Anton. Irgendwann muss Schluss sein. Lasst und das Kriegsbeil endlich begraben«, gackerte August, der schon leicht einen sitzen hatte und sich alle naselang einen Schluck von dem Bergarbeiter Trinkklaren genehmigte.

Kassenwart Michael schwieg und starrte aus dem Fenster. Er war in letzter Zeit genug von August gedemütigt worden und hatte schon überlegt, seinen Posten niederzulegen. Doch da war noch Beisitzer Manuel, der kleine zarte Blondschopf, mit seinen 43 Jahren der Jüngste der Truppe, und ein Engel vor dem Herrn. Michael, 57 Jahre alt, Frührentner, ein liebenswerter Bär mit braunen Augen, fühlte sich von Anfang an als sein Beschützer. Aus dieser Papa-Kind-Beziehung wurde irgendwann Liebe.

Alle Männer im Bus schauten äußerst skeptisch drein. Tatsächlich hatte keiner von ihnen Lust, sich schon wieder mit August anzulegen. Weder Paul, 60 Jahre alt, schulterlange graue Spaghettilocken, der nach vier Herzinfarkten aussah wie lebendig aufgebahrt, noch Joseph, mit seinen 80 Jahren der Älteste in der Runde. August hatte nämlich immer recht, egal, was er sagte. August war ein Ekel. Ein Ekel mit schlohweißen Haaren und Kasperle-Nase, dem niemand zu widersprechen wagte, weil das sowieso nichts brachte. Schon mehrmals hatte man versucht, ihn vom hohen Thron des Vorsitzendenpostens zu stoßen, was jedoch bisher niemandem gelungen war. Also versuchte man, sich mit ihm zu arrangieren, indem man ihm kilometerweit in den Hintern kroch. August machte also aus allen Mitgliedern regelrechte Arschkriecher.

»Stimmt ihr dem Anton etwa nicht zu?«, schrie er nach hinten in den Bus und wartete die Antworten gar nicht erst ab, begann sofort ein Lied anzustimmen. »Glückauf« wurde gesungen, immer wieder, alle Strophen hintereinander.

Als der Bus knapp zwei Stunden später 300 Meter vor der Hütte hielt – weil der Zufahrtsweg zu schmal war, musste der Rest des Weges zu Fuß zurückgelegt werden –, kippte die fröhliche Stimmung jedoch schnell wieder.

Wahrlich ein traumhafter Anblick, diese eineinhalbgeschossige Holzbohlenhütte. Das erste Stockwerk des Walmdachhäuschens war mit grünen Holzlatten verkleidet. Die Zwischenräume waren weiß gestrichen. Die Sprossenfenster, drei unten in der Vorderfront, im Obergeschoss zwei, zierten grün-weiß gestrichene Blendläden. Das Dach war mit Schieferschindeln gedeckt. An der rechten Hausseite befand sich eine halb überdachte Holzterrasse. Hohe Tannen rahmten das Häuschen und sein Grundstück ein. Man konnte sich von diesem Anblick kaum loseisen, zumal auch noch das Wetter mitspielte. Sonne pur, blauer Himmel.

Dass dieses Kleinod nicht die komfortabelste Ausstattung besaß, hatten die Männer ignoriert, nicht kapiert, verdrängt oder sonst was. Kaum hatten sie ihre Klamotten den steilen Weg vom Bus bis zur Hütte hinaufgeschleppt – am beschwerlichsten waren die Kisten mit Lebensmitteln und Getränken –, ging das Gemeckere auch schon los.

Als Anton dann noch erwähnte, dass das Haus nur über neun Betten verfügen würde und zwei von ihnen auf Matratzen am Boden nächtigen müssten, gab es richtig Theater.

Der zarte Joseph presste sich die Lippen vor Wut blutleer. Ein unschöner Anblick, da angesichts seiner zu Hause vergessenen Zahnprothesen diese auch noch fast ganz in den Hals zu rutschen drohten. »Also ich krauche da nicht am Boden rum. Da komme ich ja nie wieder hoch, in meinem Alter«, nuschelte er entrüstet.

Der übergewichtige Paul lugte ängstlich aus seinen Schweinsäugelchen und presste sich Hilfe suchend wie ein verlassener Hundewelpe an August. »Ich bin schwer herzkrank. Ich müsste auch Hilfe beim Aufstehen haben.«

August klopfte Paul beruhigend auf die Schulter und

wackelte dabei nervös mit seinem Kopf hin und her. »Das brauchst du auch nicht, Paul. Michael und Manuel werden auf dem Boden schlafen. Die sind noch fit genug.«

Manuel kniff die Augen zusammen und sah August wütend an. Von wegen, sie wären noch fit genug. Seine Entscheidung beruhte einzig und allein auf der Tatsache, dass die beiden homosexuell veranlagt waren und eine Beziehung hatten. So viel zu Toleranz in der Gruppe.

Als Michael in dem größeren der beiden Schlafräume sein Bettenlager aufbauen wollte, protestierten einige der Männer. Hatten sie womöglich Angst, die beiden würden in der Nacht ihr Sexualleben vor den anderen ausleben?

»Nicht hier bei uns, macht euch vom Acker. Wir wollen nachts unsere Ruhe haben. Ihr könnt auf dem Flur schlafen«, sagte August und lachte hämisch, wobei er seine gelben Riesenzähne zeigte.

Michael standen Tränen in den Augen. Noch nie hatten Manuel und er in Gegenwart anderer ihre Neigung nach außen getragen oder sich daneben benommen. Nun wurden sie ausgeschlossen und sollten im dunklen Flur übernachten.

Manuel packte den um einen Kopf größeren August an dem speckigen Kragen seines Hemdes und zog ihn zu sich herunter. »Was bildest du dir eigentlich ein? Schlaf du doch auf dem Boden! Bist doch auch noch fit. Jedenfalls körperlich.«

Einige der Männer lachten schallend, woraufhin August wütend den zarten Mann gegen die holzvertäfelte Wand stieß.

»Ich habe hier das Sagen. Ihr schlaft im Flur und basta.«

Am Nachmittag flogen dann massenhaft Verbalpfeile durch die Luft und sämtliche Augen warfen Messer. Die

Stimmung wurde auch durch einen Hektoliter Alkohol nicht besser. August saß dämlich grinsend da wie ein Buddha, in seinem billigen lila Polyester-Jogginganzug, den irgendwelche Kinder in China mit der Hand genäht hatten. Jetzt kratzte er sich auch noch ausgiebig an seinem Gemächt und blickte zu Michael.

»Nun, seid ihr sauer, dass ihr auf dem Boden schlafen müsst? Und auch noch auf dem Flur?« Ein dreckiges Lachen verließ seinen frechen Mund.

Michael und Manuel schauten sich nur an und schwiegen.

Anton wurde das alles zu viel, hatte er sich doch von dem Wochenende mehr erhofft. Fliehen war nicht möglich, der nächste Ort war ungefähr fünf Kilometer entfernt und nur zu Fuß zu erreichen. Er war gefangen. Gefangen in einer einsamen Ski- und Wanderhütte mitten im Wald.

Joseph und Paul standen in der sich an den Wohnraum anschließenden Küche an dem riesigen Herd, der mit Holz und Kohle mühsam angeheizt worden war, und versuchten zu kochen. Der kleine Raum war genau so dunkel wie das karg eingerichtete Wohnzimmer. Schränke und Kochutensilien aus dem Mittelalter erzeugten Angstgefühle. Ein Haus im dunklen Wald eben.

Manuel räumte mit Antons Hilfe die restlichen Lebensmittel aus den Plastikkörben in die Wandregale und in den Kühlschrank. Wenigstens verfügte das Häuschen über einen Stromanschluss. Einen Wasseranschluss hatte es nicht. Regenwasser wurde aufgefangen und zum Waschen und Duschen genutzt. Ein Erwärmen war jedoch nicht möglich, höchstens mit einem Topf auf dem Ofen. Frischwasser zum Kochen stand in einem Plastikbehälter zur Verfügung.

Als Manuel nach einem Kaffeepaket griff, hielt August ihn am Arm fest.

»Sag mal, bist du eigentlich bekloppt? Jacobs Krönung? Der ist doch höllisch teuer. Hättest du nicht irgendeine Hausmarke aus dem Supermarkt nehmen können?«

»So einen Scheiß kannst du alleine trinken. Schließlich soll er schmecken«, gab Manuel ihm zur Antwort.

»Und hier. Erdnüsse von Ültje. So teuer. Bei Aldi sind die viel billiger.« Anton riss die Verpackung auf und schob sich eine Handvoll Nüsse in den ohnehin schon besabberten Mund.

»Wir haben wie vereinbart bei Metro eingekauft, weil es dort alles unter einem Dach gab. Du hättest ja einzelne Läden abklappern und die Preise vorher vergleichen können«, wehrte sich Manuel. »Hast ja Zeit genug.«

August war Frührentner, wohingegen Manuel noch Vollzeit beschäftigt war.

»Pass auf, was du sagst, du alte …«

Bevor August mit seinen Äußerungen unter die Gürtellinie gehen konnte, griff Anton ein. »Es reicht jetzt, August. Die beiden haben ihre Sache gut gemacht. Stänkere hier nicht rum.«

»Ach, ich stänkere herum? Ja? *Ihr* habt doch dauernd was zu meckern. Kein Wasser, zu weit weg, zu dunkel, zu wenig Betten. Reißt euch mal zusammen, wenn gleich unser Besuch kommt. Was sollen die beiden sonst denken?« August stand auf und taumelte in die Küche. »Und ihr beiden Kappesköppe, was kocht ihr da eigentlich? Bei der Hitze den Ofen anheizen? Wir grillen doch nachher.«

Paul und Joseph sagten nichts. Was hätten sie auch sagen sollen? Dass sie, statt sich den Kopf mit Schnaps vollzuhauen, lieber eine Kleinigkeiten essen würden?

August schüttelte mit dem Kopf und wankte nach draußen auf die Terrasse. »Eine herrliche Gegend hier«, sprach er zu sich selbst, fläzte sich in den Holzliegestuhl und schlief alsbald ein.

Joseph rührte in seinen Bratkartoffeln, gab einen Stich Butter hinzu, heizte eine weitere Pfanne ein, um Eier darin zu braten. Michael und Manuel holten Teller und Besteck, deckten möglichst geräuschlos den derben Holztisch, um den Stinkstiefel auf der Terrasse nicht zu wecken. Von wegen angespannte Lage verbessern. Die zehn Männer am Tisch waren sich einig, dass die Differenzen, die in der letzten Zeit an der Tagesordnung waren, die Gruppe immer mehr spaltete und dass so ein Wochenende überhaupt nichts brachte.

Also weckten sie August nicht zum Essen, ließen ihn schlafen, in der Hoffnung, dass sich seine Laune danach bessern würde.

»Wie es seine Brigitte bloß mit ihm aushält.« Michael nahm Augusts Grubenlampe vom Tisch. »Sie hätte ihm längst eins mit diesem Ding hier auf die Birne geben sollen. Wozu nimmt er die bloß immer mit?« Grinsend schwenkte er die schwere Lampe hin und her, ging damit auf die Terrasse, wo sich August noch immer wie der gefesselte Riese aus Gullivers Reisen in dem Liegestuhl fläzte, und hielt die schwere Messinglampe über seinen Kopf.

»Die hat er noch von seinem Opa, ist aus dem Erzgebirge, eine echte Karbidlampe. Stell' sie lieber weg. Da versteht August keinen Spaß«, meinte Paul ängstlich, der Michael auf die Terrasse gefolgt war.

Michaels Augen leuchteten. »Wieso? Dann haben wir endlich Ruhe. Eins auf die Birne und Brigitte wird mir ewig dankbar sein.«

Wenige Sekunden später ließ Michael die Arme seufzend sinken. »Ich werd' mir doch die Hände an dem nicht schmutzig machen.«

Wie vom Blitz getroffen, wachte August plötzlich auf und starrte Michael erschrocken an. »Was machst du mit meiner Lampe? Stell' sie sofort weg!«

»Du und deine blöde Lampe. Die werfe ich den Abhang hinunter und dich gleich hinterher.« Doch die im Spaß gesagten Worte – die anderen Männer, die sich inzwischen auf der Terrasse versammelt hatten, um dem Schauspiel beizuwohnen, lachten laut – sollte Michael, der die Lampe über die Brüstung schwenkte, bitter bereuen.

August stand aus seinem Liegestuhl auf, griff sich einen Knüppel von dem aufgestapelten Kaminholz in der Ecke und schlug, ohne groß zu überlegen, Michael damit auf die Schulter.

Dieser schrie auf, entriss August den Stock, stieß ihn unsanft zurück und schlug ihm den Knüppel mit voller Wucht mitten auf den Kopf. »Wer austeilt, muss auch einstecken können, du alter Stinkstiefel«, meinte der sonst stets sanftmütige Michael, zog sich sein Hemd aus und besah sich seine Wunde.

August hatte es schlimmer getroffen. Er wurde kreidebleich, setzte sich wieder in den Liegestuhl und befühlte seine Wunde. Blut rann ihm über seine hohe Stirn, lief die große Nase herunter und tropfte auf seinen lila Anzug.

»Du hast sie nicht mehr alle. Ihr seid meine Zeugen. Er hat mich angegriffen«, schrie August den vor Schreck starren Männern entgegen.

Die Knappen murmelten sich etwas in den Bart und huschten wieder ins Haus. Als Zeugen *gegen* Michael würden sie niemals aussagen.

»Wer hat denn angefangen?«, fragte Michael den blutenden August. Zur Krönung riss er ihm seine geliebte Grubenlampe aus der Hand und warf sie im weiten Bogen über das Terrassengeländer in den großen Garten. Scheppernd prallte sie gegen den Zaun am Ende des Grundstücks. »Und nun such', Fiffi! Such' die Lampe!«

Lachend ging Michael zu den Kollegen.

August hörte das Grölen der Männer aus dem Wohnzimmer und fing an zu weinen wie ein kleines Kind. Niemand bemitleidete ihn, niemand brachte ihm ein Pflaster. Was waren das bloß für Kumpel?, fragte er sich.

Theo Grobe, 58 Jahre alt, erster Fähnrich der Schützenbruderschaft 1855 e.V. Lengenbeck, roch nach nassem Hund und sah auch ähnlich aus. Fettige, dunkle Haare, die ihm tief ins Gesicht hingen, ein Mondgesicht mit grünen Froschaugen und zerfurchter Knollennase. Der Hals darunter fehlte gänzlich. Gegen 17 Uhr waren er und seine Schwester Martina, 55 Jahre alt, unverheiratet, in dem roten Passat, Baujahr 1986, aus Lengenbeck vorgefahren und hatten sich mühsam aus dem Wagen geschält. Bruder und Schwester hatten identische Figuren, waren ungefähr einen Meter fünfundachtzig groß und wogen zusammen mindestens fünf Zentner.

Forsch ging Martina auf August zu und legte ihm zur Begrüßung ihre fleischige Hand auf den Arm. »Du musst der August aus Bochum sein, woll? Theo hat mir ja schon so viel von dir erzählt, woll?«

August schaute nervös in den Ausschnitt ihres riesigen, ärmellosen Gewandes, das orange leuchtete und in seinen Augen brannte.

Nun kam auch Theo auf ihn zu und drückte den Sangesbruder aus Bochum an seine Trachtenjanker-Brust. »Ja das ist schön, dass wir uns mal wieder treffen, woll? Meine Frau konnte leider nicht, da dachte ich mir, bringe ich die Martina mit, meine liebe Schwester. Die kommt ja auch so wenig raus, woll? Und die freut sich schon so auf dich und deine Kollegen morgen beim Sommerfest am Vereinsheim an der Grube Sperlingslust. Mann, das wird ein Fest, woll?«

August, inzwischen schon fast wieder nüchtern, blickte Martina mit gequältem Blick an. Die hatte ihm gerade noch gefehlt. So eine Alleinstehende würde Unruhe in die Gruppe bringen, befürchtete er. Und Unruhe hatten sie schließlich schon genug.

Endlich wurde das schnatternde Geschwisterpaar von August auf die Terrasse gebeten, wo Stühle, ein Tisch mit Getränken und Kuchen aus dem Paket bereitstanden. Nur Anton, Joseph und Paul wohnten diesem Treffen bei, die anderen hatten sich hinter das Haus verzogen. Man hörte ihr Lachen und Scherzen. Sie hatten genug von August und Lust auf diese Paradiesvögel, die Anton eingeladen hatte, verspürten sie absolut keine. Ihnen war schon dieser morgige Auftritt bei diesem Schützensommerfest ein Dorn im Auge. Doch da Anton es so bestimmt hatte, würden sie sich in ihre Bergmannstrachten schmeißen und singen, was das Zeug hielt. Immerhin hatten sie gegen den Fußmarsch nach Lengenbeck protestiert, schließlich waren die meisten von ihnen nicht mehr gut auf den Beinen. So hatte Theo es eingerichtet, dass man die Männer von der Hütte mit dem Auto abholen und auch wieder zurückbringen würde.

Martina Grobe saß auf dem Holzstuhl, schlürfte aus ihrer Kaffeetasse und starrte August in einem fort an. Sie glühte nicht nur, weil es draußen heiß war. Nein, sie war von diesem großen, stattlichen Mann beeindruckt. Nachdem sie in ihrem Leben so viel Pech mit den Männern gehabt hatte, schien das Schicksal es noch einmal gut mit ihr zu meinem, wenn es ihr nun diesen Kerl sandte. Auch vom Alter her würde er gut zu ihr passen, stellte sie erfreut fest. Sein graues volles Haar fand sie ebenfalls mehr als attraktiv und sie musste sich beherrschen, es nicht mit ihrer Hand zu berühren. Sie gab ihrem neben sich sitzenden Bruder einen kräftigen Tritt mit ihrer rechten Waldläufersandale in die linke Wade, was so viel heißen sollte wie: »Gute Idee, mich mitzunehmen, Bruderherz.«

August fühlt sich mehr als unwohl. Diese riesige unansehnliche Frau machte ihm Angst. Er konnte den Ärger schon spüren, den sie ihm bereiten würde.

Ihr Blick klebte an seinem Körper, wanderte ständig von unten nach oben und von oben nach unten. Sie leckte sich die Lippen, redete lauter Unsinn, lachte wie ein wieherndes Pferd.

August konnte bereits ihren Leib auf seinem spüren. Immer wieder erzählte er von seiner Brigitte und wie glücklich er doch wäre, nach immerhin 30 Jahren Ehe.

Auf dem Ohr schien Martina taub zu sein. Den wollte sie und keinen anderen, hatte sie sich in den Kopf gesetzt.

Auch Theo, der angebliche gute Freund aus Jugendtagen, pries ihm seine Schwester an wie ein Tier auf dem Viehmarkt, erzählte von ihrer Tätigkeit als Köchin in Oberkirchen 62.

Obwohl August mehrmals verlauten ließ, wie spät es schon sei und dem Geschwisterpaar keinen Wein mehr einschenkte, hatten die beiden Sitzfleisch.

»Ach, geh, komm schon August. So jung kommen wir nie mehr zusammen, woll?«, gluckste Theo. »Schütte uns noch einen Schoppen ein, mein Freund.«

Anton, Joseph und Paul hatten die Terrasse inzwischen verlassen. Anton hatte sich zu den anderen nach hinten in den Garten gesellt, Joseph und Paul schnarchten bereits auf ihren Nachtlagern.

Als Theo augenzwinkernd zur Toilette ging, startete Martina ihren ersten Angriff. Mit ihrem linken Fuß, sie hatte sich ihrer mausgrauen Sandale Größe 42 entledigt, strich sie an Augusts Wade entlang, höher und höher. »Du gefällst mir, August. Magst du mich auch ein bisschen?« Ihre ölige Haut glänzte im Schein seiner alten Grubenlampe, die er am Nachmittag noch repariert hatte.

Er sagte nichts, stand nur auf, schüttelte den Kopf und wünschte Martina eine gute Nacht.

Das Schützensommerfest am nächsten Tag war den Chorbrüdern ein wenig peinlich. Theo Grobe, der die Moderation übernommen hatte, kündigte den Knappenchor an, als handelte es sich um Megastars, die eigens aus den USA eingeflogen worden waren. Während die Jungens aus Bochum auf der wackeligen Holzbühne ihr »Glück auf, der Steiger kommt« sangen, jubelten die Schützenschwestern und -brüder ihnen in ihren grünen Trachten eifrig zu. Ganz vorne an der Bühne: Martina Grobe in ihrer XXL-Jacke zu einem weißen Rock, den völlig verzweifelten August anschmachtend.

Ganz zahm war er geworden, lieb und nett zu seinen Mannen, alles aus Angst vor dieser Frau.

Wahrlich ein gediegenes Fleckchen Erde, die Hütte und der Platz vor der ehemaligen Schiefergrube Sperlingslust, unweit der Klause 63, einem wunderschönen Wanderziel. Eingebettet in einem engen Tal, rundherum Tannenwälder und Berge. Ein echtes Paradies. Das Wetter meinte es wieder gut. Wolkenloser Himmel und Sonnenschein.

Unter normalen Umständen hätte August den Auftritt genossen, nicht jedoch unter den Augen dieses Ungeheuers, das auf ihn wartete, um sich an seine Fersen zu heften.

Und so war es auch. Kaum hatten die Männer die Bühne verlassen, hakte sie sich bei August unter und ließ ihn nicht mehr los. Lotste ihn zum Weinstand, anschließend zum Schwenkgrill, danach zwang sie ihn, seine Trachtenjacke an den erstbesten Baum zu hängen und zog ihn hinauf in den Wald, zu einer Bank direkt an einer Futterkrippe.

An erster Stelle war es seinem guten Benehmen geschuldet, dass er es zuließ, sich so zu benehmen, wie sie sich benahm. Später half der Alkohol – ständig füllte sie ihn mit klarem Schnaps ab –, und wiederum später hatte er einfach resigniert. Er ließ sich von ihr mit ihren speckigen Lippen den Mund, den Hals und sonst was küssen, ließ es zu, dass sie an seinem Hosenschlitz herumfriemelte und auch noch versuchte, ihm das weiße Oberhemd vom Leib zu reißen. Er saß da, die Arme herunterhängend, wie eine Marionette.

Immer wieder beteuerte sie ihm ihre große Liebe, sprach von Wunder und Schicksal.

Als er schon dachte, noch zudringlicher ging nicht, legte sie erst richtig los: »Wenn wir uns vereinigen, wird es nicht nur billiger Sex sein. Ekstase pur werden wir beide erleben. Komm endlich, ich wohne unten an der Ecke, in dem ersten Haus, oben bei meinem Bruder.«

Immer wieder versuchte er ihr klarzumachen, dass er ein verheirateter Mann sei und nicht gedenke, seine Brigitte zu betrügen. Doch wie gesagt – auf diesem Ohr war Martina taub.

»Du gehörst mir. Keiner wird dich mir wegnehmen. Das werde ich zu verhindern wissen. Notfalls mit Gewalt.«

August hatte sich noch nie so verzweifelt gefühlt. ›Ich will diese Frau nicht, so helft mir doch!‹, schrie alles in ihm.

Gerade wollte er sich aufrichten und ein ernstes Wort mit dieser durchgeknallten Schützenschwester sprechen, da kam der verschwitzte Theo den Hügel hinaufgerannt, dass seine Orden auf der Brust nur so wippten.

»Ja, hier seid ihr. Ich suche euch schon.« Mit einem Blick auf den ramponierten August, der mit offenem Hemd und aufstehender Hose aussah, als hätte die von Martina angedrohte Vereinigung schon stattgefunden, grinste er ihm warnend zu. Martina hatte bereits ihren großen Schützenrock ausgezogen und ihn sorgsam an die Futterkrippe gehängt, registrierte der Bruder.

»Das eine sag ich dir, August. Meine Schwester ist kein Spielzeug. Wenn da einer herkommt, sie nur benutzt, falsche Hoffnungen in ihr weckt und sie dann fallen lässt, dem zeig ich es aber. Das mag bei euch im Kohlenpott vielleicht sehr locker sein, hier im Sauerland gelten andere Gesetze. Sei gewarnt, mein Freund.«

Und schon war er auch wieder fort, Martina gluckste und August hätte sich am liebsten am nächsten Baum aufgehängt.

Seine Chorbrüder retteten ihn davor, mit zu Martina gehen zu müssen, in ihr Altjungfer-Mädchenzimmer, um das zu vollenden, was er ihr überhaupt nicht versprochen hatte, indem sie ihn mit in den Bully zogen, der die Männer zurück zur Duisburger Hütte bringen sollte.

Am nächsten Morgen beim Frühstück auf der Terrasse war August so klein, dass er unter der Fußmatte hätte herlaufen können.

»Mensch, wie kann man so blöd sein«, fauchte Anton ihn an. »Dich mit dieser Walküre einzulassen. Erstens bist du verheiratet und zweitens versteht dieser Grobe da keinen Spaß. Der hat allen erzählt, du wirst bald sein Schwager, du würdest dich scheiden lassen.«

»Die wirst du nie wieder los, das sag ich dir«, meinte nun Michael. »Was habt ihr da auf der Bank eigentlich getrieben?«

»Gar nichts«, schrie August, »nichts habe ich mit der gemacht. Die hat mich bedrängt, immer wieder. Ich hatte echt Angst. Blech hat die gelabert. Ich will doch nichts von dieser alten Ziege.« Anton legte den Kopf auf den Holztisch und fing an zu weinen. »Wie werde ich die bloß wieder los? Ich habe Theo schon angerufen und versucht, den Grillabend heute abzusagen. Doch die beiden kommen trotzdem, hat er gesagt.«

Einige der Männer weideten sich an Augusts Verzweiflung, lachten und machten Scherze, gaben ihm den Ratschlag, die Alte umzubringen und im Wald zu verscharren. Andere freuten sich über den Denkzettel, den August erhalten und zweifellos verdient hatte.

Zurück zur Realität. Fassungslos standen sie im Kreis um den Toten und bestaunten seinen braunen, glänzend verschmorten Kopf. Der zart besaitete Manuel erbrach sich in den Komposthaufen. Gar nicht schön sah August aus. Aus einer der Augenhöhlen kroch soeben ein Hirschkäfer.

»Wieso hat er seine Tracht an? Was soll das?« Anton kratzte sich am Kopf und konnte den Blick nicht von dem grausam zugerichteten August wenden.

»Wir müssen die Polizei verständigen«, meinte Paul, der in seinem bodenlangen Nachthemd keine gute Figur machte.

»Wozu?«, wollte Michael wissen. »Die beiden Geschwister werden sowieso alles abstreiten.«

»Wer sagt denn überhaupt, dass die beiden es gewesen sind?«, wollte Joseph wissen. »Vielleicht war es auch einer, der zufällig vorbeikam und mit August in Streit geriet.«

»Du spinnst, Joseph. Das wird schon einer von den Grobes gewesen sein«, meinte Anton. »Als ich ins Bett ging, saß er jedenfalls noch mit beiden auf der Terrasse. Alle drei waren völlig abgefüllt. Die Frau hat gequiekt wie eine Verrückte. Dann wollte sie ein Foto mit ihrem Handy machen und verlangte, dass August die Tracht noch mal anzieht. Mehr weiß ich nicht.«

»Bevor sie sich betrunken haben, gab es schon richtig Zoff. Das habt ihr doch alle gehört.« Manuel hatte sich kreideweiß an Michael gelehnt.

Der idyllische Ort, der die Knappen wieder zusammenführen sollte, war zum Ort des Schreckens geworden.

August überlegte, wie er das Gespräch beginnen sollte. Er musste endlich für Klarheit sorgen, den beiden erzählen, dass er überhaupt kein Interesse an Martina hatte und es sich um ein Missverständnis handelte. Doch so weit sollte es gar nicht erst kommen.

Die Grobes waren schon mit hängenden Kinnladen aus dem Auto gestiegen. Martina beachtete August gar nicht, spielte, wieso auch immer, die beleidigte Leberwurst. Theo hingegen giftete August sofort an und meinte, er müsse mal ein ernstes Wörtchen mit ihm reden, von Mann zu Mann, schließlich hätte Martina die ganze Nacht geweint.

August konnte sich überhaupt nicht erklären, was Martina für einen Grund gehabt hätte zu weinen. Das würde doch wohl eher auf ihn zutreffen.

Theo ließ ihn jedoch nicht zu Wort kommen, fuhr ihm immer wieder über den Mund, beleidigte ihn, behauptete ständig das Gegenteil.

Den anderen Knappen war diese Vorstellung mehr als peinlich, fremdschämen war angesagt. Außerdem hatten sie sich für den letzten Abend so viel Mühe gegeben. Eine lange Tafel war im Garten liebevoll gedeckt worden. Joseph und Paul hatten Nudel- und Kartoffelsalat gemacht. Der Grill war schon angeheizt. Michael hatte eigens für den hohen Besuch eine Pfirsichbowle gezaubert. Manuel hatte auf der riesigen Wiese vor dem Haus Blumen gepflückt und in kleine Vasen gefüllt.

Martina und ihr Bruder hatten jedoch für all das keinen Blick. Sie gafften nur August an, wollten ihn niedermachen. Keiner wusste so genau, warum eigentlich. Die Männer hatten ihm vorher noch Verhaltensregeln aufgezeigt, ihm den Rücken gestärkt, obwohl auch ein klein wenig Schadenfreude in ihnen schlummerte. Doch er saß nur da auf seinem Stuhl, in sich zusammengesackt und fragte sich, wie er aus dieser Nummer wieder unbeschadet herauskam.

Man trank sich Mut an. August mir Bier, Theo mit Wein und seine Schwester mit Bowle.

»Gar nichts habe ich deiner Schwester versprochen. Und angerührt habe ich sie auch nicht. *Sie* hat mich doch dauernd geküsst und befummelt. Mehr als einmal habe ich ihr gesagt, dass ich verheiratet bin und auch bleiben werde«, versuchte August es zum wiederholten Male, sich zur Wehr zu setzen.

Theos Augen wurden groß wie Wagenräder. Seine Hände zitterten. »Willst du meine Schwester der Lüge bezichtigen? Wir, die Grobes, sind ehrliche Leut'. Wenn sie sagt, dass du Sex mit ihr hattest und ihr anschließend die Ehe versprochen hast, dann wird es so gewesen sein.«

Völlig verzweifelt rannte August auf und ab. »Ja, wo soll denn das gewesen sein? Auf der Bank bei der Futterkrippe? Wo alle uns hätten sehen können?«

»Nein, bei ihr im Zimmer, in meinem Haus. Woll, Martina? Das hast du doch erzählt, dass der August erst gegen Morgen gegangen ist, woll?«

Martina senkte den Blick und flüsterte kaum hörbar. »Ja, er war in meinem Zimmer, die ganze Nacht.«

August sprang auf Martina zu und schrie so laut, dass sie zusammenzuckte. Nicht nur wegen der Lautstärke, sondern auch wegen der Speicheltropfen, die sie trafen. »Ja, bist du jetzt ganz durchgedreht? Ich war nicht bei dir. Das können meine Kollegen bezeugen. Ich bin mit denen im Bus mitgefahren zur Hütte.«

»Also, da muss ich jetzt dem August zustimmen. Er ist am Abend mit uns zusammen zurückgefahren worden. Das können wir alle bezeugen«, mischte sich nun Anton ein.

»Ja, was weiß ich? Da wird er hinterher noch mal losgegangen sein. Meine Schwester lügt nicht.« Theo Grobe glaubte seiner Schwester und zweifelte an Augusts Aussage.

»Jetzt mach' aber mal einen Punkt. August war stramm wie eine Haubitze. In dem Zustand soll er bei einbrechender Dunkelheit zu Fuß nach Lengenbeck gegangen sein? Fünf Kilometer durch den tiefen dunklen Wald? Wer glaubt denn so was?« Anton schüttelte nur mit dem Kopf. Für ihn waren die beiden verrückt.

»Ich weiß gar nicht, wo ihr genau wohnt. Ich kenne weder dein Haus noch Martinas Zimmer. Vielleicht sollte sie mal zum Arzt, wenn sie solche Wahnvorstellungen hat. Wenn sie unbedingt einen Mann braucht, soll sie sich einen von hier suchen. Irgendein einsamer Bauer wird sich doch wohl finden lassen, wenn sie es so nötig hat.« So, jetzt hatte August es denen aber gegeben.

Für eine Weile schienen die Grobes besänftigt, tuschelten miteinander, aßen vom herrlichen Grillfleisch, tranken weiter Wein und Bowle. Es sah echt nach Frieden aus. Doch der Schein trog.

Zu fortgeschrittener Stunde zog August sich sogar extra seine Tracht an, damit Martina ein Erinnerungsfoto schießen konnte. Bis auf Manuel und Michael waren die Knappen zu Bett gegangen. Das Grillfeuer glühte noch und sorgte für eine romantische Stimmung.

Wieso August noch mit dem Geschwisterpaar in den Wald, Richtung Ingrid Kreuz 64 ging, wusste er wohl selbst nicht. Wollte er die beiden bei Laune halten, nachdem sie ihm augenscheinlich wieder gut gesonnen waren? Hatte er vielleicht Angst, sie könnten erneut ausrasten, wenn er ihnen nicht folgen würde? August ahnte wohl tatsächlich nichts Böses, dachte wohl, dass die beiden die frische Nachtluft atmen wollten, wie sie sagten.

Man konnte das Plätschern des unweiten Baches hören und die blinkenden Sterne am klaren Himmel durch die Tannenspitzen sehen. In der Ferne grunzte ein Wildschwein, ein Käuzchen rief. Wollte es August vielleicht warnen? Ein Rauschen ging durch den Tannenhochwald, als Martina von hinten mit einem Knüppel wie eine Irre auf Anton einschlug.

»Du Schuft, du Schwein«, waren noch die harmlosesten Titulierungen, die ihren Mund verließen.

August wusste, dass so Durchgeknallte übermenschliche Kräfte entwickeln konnten und seine Angst wurde stärker. Nun gab es einen Faustschlag von vorn. Theo hatte gut gezielt, denn August ging zu Boden. Jetzt trat Martina mit ihren Waldläufer-Sandalen auf ihn ein. Er konnte ihre Tritte im Bauch, im Unterleib und später sogar auf dem Kopf spüren. Theo stand dabei und feuerte sie grinsend an. »Gib es ihm, diesem elenden Drecksack.«

Als Martina schnaufend von ihm abließ, gab er keinen Laut mehr von sich. Minuten später fuhr der Passat davon.

»Was ist denn noch passiert? Michael und du, ihr seid doch die Letzten gewesen, die August mit den Grobes zusammen gesehen haben.« Anton spürte, dass da etwas nicht stimmte. Lange schaute er Manuel an.

»Ich dachte zuerst, er begleite sie zum Auto, um sich dort zu verabschieden. Dann merkte ich, dass sie wohl in den Wald gegangen sind. August hat plötzlich geschrien wie ein Verrückter. Sie müssen ihn geschlagen haben.« Manuel schaute verschämt zu Boden.

»Das hast du mir gar nicht erzählt. Als ich zu Bett ging, war es draußen friedlich. Ich habe dich doch später noch gefragt, ob alles okay sei. Da hast du genickt. Ich ging davon aus, dass August mit dir zusammen ins Haus gegangen ist.« Michael schaute seinen Freund verwundert an.

»Ist er nicht«, sprach Manuel mit tränenerstickter Stimme. »Ich wollte nachschauen, was da los war, hörte die Grobes laut quatschen und wenig später davonfahren. Zuerst wollte ich die Lampe holen und nachsehen, was mit August ist. Da kam er jedoch schon blutüberströmt auf allen Vieren zur Hütte gekrochen. Und wisst ihr, was er mir da zugerufen hat? ›Ruf die Polizei, du alte Schwuchtel!‹.«

Manuel wischte sich den Rotz und die Tränen mit seinem Ärmel ab. »Da bin ich ausgerastet. Ständig hat er mich nur gedemütigt. Ich hatte genug von ihm und seiner unverschämten Art. Ich half ihm auf und zerrte ihn in den Garten. Er konnte sich kaum auf den Beinen halten. ›Die Schwuchtel wird's dir jetzt zeigen‹, habe ich zu ihm gesagt und stieß ihn ins Grillfeuer. Zuerst schepperte sein Kopf gegen den Grillrost, dann schwang dieser zur Seite und seine Rübe fiel direkt in die Glut. Er jaulte noch kurz auf, dann hielt er endlich die Klappe. Ich bin ins Bett gegangen. Ich habe noch gedacht, dass er nie wieder seine große Fresse aufreißen wird.«

Die Knappen schauten Manuel erschüttert an. Mit diesem Geständnis hatte keiner gerechnet. Irgendwie konnten sie ihr jüngstes Chormitglied jedoch verstehen. August – Gott hab ihn selig – war schließlich nicht der Friedlichste gewesen.

»Was machen wir jetzt?«, fragte Paul nach gefühlten Stunden in die Runde.

Beisitzer und Kassenwart standen da, als würden sie gleich zum Schafott geführt. Wenn Manuel ins Gefängnis ging, war das Leben für Michael ebenfalls so gut wie zu Ende. Aus großen Kuhaugen schaute er Manuel an.

Der stets neutrale und ausgeglichene Anton übernahm die Führung. »Wir werden keine Polizei holen. Michael und Manuel, ihr geht nach oben, packt Augusts Klamotten, alles, auch seine Sachen im Bad, wir anderen graben unten am Grundstücksende, dort wo der Wald anfängt, ein tiefes Loch. Im Schuppen habe ich Spaten und Rechen gesehen. Los, flink. Vergesst seine blöde Lampe nicht, schließlich geht er nie ohne sie auf Reisen.«

20 Augen starrten Anton ungläubig an. »August verreist?«, fragte Joseph ungläubig.

»Ja, August hat gestern beim Sommerfest eine Tussi aus dem Kloster Grafschaft 65 kennengelernt. Die große Liebe. Mit der ist er verschwunden. Mit Sack und Pack. Und Lampe natürlich. Er wollte ein neues Leben anfangen.« Anton grinste. »So können am nächsten Sonntag bei uns daheim schon Neuwahlen stattfinden. Ich denke, dass ich vom zweiten zum ersten Vorsitzenden nachrücken werde. Oder ist da jemand anderer Meinung?«

Alle nickten zustimmend und murmelten ein Nein.

»Aber wenn die Grobes dumme Fragen stellen? Ich denke mal, die Polizei wird sie irgendwann befragen«, warf Paul ein.

»Die werden sich hüten und froh sein, dass er verschwunden ist. Sie müssen ja vermuten, dass August auf ihr Konto geht«, war Anton überzeugt.

»Was sagen wir Brigitte, wenn die nachher in Bochum am Bus steht und August steigt nicht aus? Die wird doch einen Riesenaufstand machen und sofort zur Polizei rennen. Ob die das glaubt, dass er mit 'ner anderen durchgebrannt ist?« Michael kratzte sich gedankenverloren sein Kinn.

»Die macht keinen Aufstand«, meinte Anton grinsend. »Nicht wahr, Paul? Du wirst schon dafür sorgen, dass Brigitte nichts unternimmt.«

Paul strich sich seine grauen Haare aus dem Gesicht und verschwand mit einem schelmischen Lächeln auf den Lippen ins Haus, um zu packen.

FREIZEITTIPPS:

59 Duisburger Hütte: Die wunderschön anzusehende Hütte ist eine ehemalige Jagdhütte, die heute Privateigentum des Vereins »Duisburger Hütte auf dem Herhagen e.V.« ist. Sie liegt mitten im Wald auf 730 Metern Höhe, zwischen Nordenau und Rehsiepen, bietet Platz für gut zehn Personen und wird noch mit Kohle beheizt. Gekocht wird auf einem Kohleherd, geduscht mit Regenwasser.

60 Altastenberg: Der heilklimatische Kurort ist mit seinen 740-790 Höhenmetern das höchstgelegene Dorf des Sauerlandes. Ein Ort zum Wandern, für Nordic-Walking bis hin zum Mountainbiking. Ebenfalls ein idealer Wintersportort: vom Wandern auf geräumten Wegen, Schneeschuhwandern, über Rodeln, Langlauf auf gespurten Loipen bis hin zum Alpinski. Gemütliche Pensionen, Hotels und Ferienwohnungen sind reichlich vorhanden.

61 Schiefergrube Sperlingslust: Die von außen mystisch anmutende Grube, die im Jahre 1965 geschlossen wurde, liegt einen Kilometer von Lengenbeck entfernt. Von den Ortsbewohnern wurde in einem gut erhaltenen Betriebsgebäude ein Treffpunkt für die Dorfgemeinschaft angelegt. Gegen Ende des Zweiten Weltkriegs begann in der Nacht vom 1. auf den 2. April 1945 der Beschuss des Dorfes Lengenbeck durch US-Truppen. Die Bewohner des Dorfes flohen in den Stollen der Schiefergrube.

62 Oberkirchen: Der Urlaubsort mit seinen 829 Einwohnern liegt acht Kilometer von Schmallenberg entfernt. Er verfügt über einen historischen Ortskern, einen Waldskulpturenweg und eine Wassermühle aus dem Jahre 1726. Umgeben von imposanten Bergen und einzigartiger Fachwerkgemütlichkeit bietet Oberkirchen Unterkünfte von der Ferienwohnung bis zum 4-Sterne-Hotel.

63 Klause: Die nicht mehr öffentlich bewirtschaftete Klause liegt oberhalb von Lengenbeck, mitten im Wald, in herrlich verwunschener Lage. Zur Klause gehörte eine kleine Waldkapelle. Nach dem Ableben der letzten »Klausen-Mutter«, die noch in den 70er-Jahren ohne fließendes Wasser und Strom einsam im Wald lebte und dort Wanderer mit kalten Getränken, Kaffee und Kuchen verwöhnte, verfiel die Klause. Sie wird heute von einem Skiverein genutzt und ist noch immer ein attraktives Wanderziel. Etliche Wege führen an ihr vorbei. Hier kann man eine Rast einlegen und sich von dem einmaligen Anblick der Kapelle und der Klause verzaubern lassen.

64 Ingrid Kreuz: Ist ein auf 700 Metern Höhe gelegenes Wanderziel und befindet sich zwischen dem Großen und dem Kleinen Bildchen unweit der Duisburger Hütte oberhalb von Nordenau mitten im Wald.

65 Kloster Grafschaft: Der große barocke Klosterkomplex mit seinen Erweiterungsbauten, herrlich gelegen in einem weitläufigen und großzügig bepflanzten Park, beherbergt seit 1948 das Generalmutterhaus

der Barmherzigen Schwestern vom hl. Karl Borromäus. Im Jahre 1072 wurde das Kloster als Benediktinerabtei gegründet. Das Fachkrankenhaus dient der Behandlung von Erkrankungen der Atemwege, des Herzens sowie des Kreislaufsystems.

8. MORD IN DER SCHIEFERGRUBE MAGOG

Huxel, Holthausen, Fredeburg

Müde ging Toni Kuhlmann die Hauptstrecke der Schiefergrube Magog 66 in Huxel 67 entlang. Sein letzter Kontrollgang für heute. Gleich hatte er Feierabend. Er überlegte, was seine Babsi ihm wohl zum Abendessen bereiten würde. Wahrscheinlich gar nichts, nach dem heftigen Streit heute Morgen. Er musste grinsen. Wie die sich aber auch wieder aufgeführt hatte. Getobt wie eine Irre hatte sie. Ein wahres Neuronen-Gewitter war über ihr Hirn hereingebrochen. Und wieso das alles? Weil er sich am goldfarbenen Geländer festgehalten hatte, als er ins Obergeschoss gegangen war und dabei angeblich hässliche Flecken hinterlassen hatte. Daraufhin hatte er sie hysterische Putzkuh genannt, woraus er nun schloss, dass er nichts Warmes zu essen nach der anstrengenden Schicht bekommen würde. Insgeheim hoffte er aber, dass sie sich in der Zwischenzeit wieder beruhigt hatte. Kurz vorm Letzten, wenn das Geld knapp wurde, drehte sie regelmäßig durch. Da konnte er ein Lied von singen. Da reichte schon eine einzige Kopfschuppe auf dem Ledersofa und sie tickte völlig aus, drohte ihm, sie würde zu ihrer Schwester nach Latrop 68 ziehen. Was wäre so dramatisch daran?, fragte er sich oft. Reisende sollte man eigentlich nicht aufhalten.

Ruhig war die heutige Schicht gewesen. Er passierte die heilige Barbara 69 und rief ihr einen dummen Spruch zu.

Ein paar Meter weiter entschied er sich, in den Schrägschacht zu seiner Rechten abzubiegen, als zöge dieser ihn magisch an. Hier war es schummerig, nicht jede Lampe brannte. Nachdem er ein Stück hinuntergestiegen war, konnte er an den Seiten die dicken Grubenstempel erahnen, die die Firste und Stöße stützten.

Der Schrägschacht schien kein Ende zu nehmen. Schon ewig war Toni nicht mehr hier unten gewesen. Feuchte Kälte schlug ihm entgegen. Gerade wollte er, nach einem Blick auf seine Uhr, den Rückweg antreten, da entdeckte er unter einer hervorstehenden Schieferplatte einen Lederbeutel. Nanu, dachte er, wie kam der denn hierhin? Neugierig griff er danach. Trotz der Dunkelheit – für etwas Licht sorgte hier unten nur seine Stirn- und Taschenlampe – war ihm nach einem Blick in den alten Lederbeutel sofort klar, dass er eine Kostbarkeit entdeckt hatte. Die Münzen in dem Beutel blitzten und blinkten ihm, trotz der schlechten Lichtverhältnisse, entgegen. Gold! Er hatte Goldmünzen gefunden, freute Toni sich. Er blickte sich hektisch um. Vielleicht doch ›Versteckte Kamera‹ oder ein übler Streich seiner Kollegen? Doch niemand war zu sehen. Eilig trat er den Rückweg an. Sofort wollte er zu seinem Steiger Kunibert Hansen, um ihm seinen Fund zu zeigen.

Als er wieder an der heiligen Barbara vorbei kam, überkam ihn plötzlich der Wunsch, seine Babsi anzurufen und ihr davon zu berichten. Konnte doch nicht schaden, ein wenig schön Wetter zu machen. Sicherlich würde sich ihre Laune schlagartig bessern und sie würde ihm vielleicht etwas Gescheites auf den Tisch bringen, dachte er. Gesagt, getan. Völlig außer sich berichtete er seiner Angetrauten von seinem Fund. Er konnte ihre Augen förmlich leuchten sehen, so euphorisch wie sie auf ihn einplapperte. Nach fünf Minuten brach er das Gespräch ab, weil er andere Sorgen hatte, als sich anzuhören, welche Neuerungen im Haushalt sie bereits von dem Gegenwert des Goldfundes plante. Ganz kurz streifte ihn der Gedanke, den gefunden Schatz in eine Scheidung zu investieren. Mit Sicherheit gut angelegtes Geld. Er wusste jedoch, dass er zu schwach war, sich jemals aus Babsis Fängen zu befreien.

Völlig außer Atem kam er über Tage im Büro an, wo sich nur noch Steiger Kunibert aufhielt. Er hatte seine Jacke bereits übergezogen und wollte gerade nach seiner Tasche greifen.

Der riesige Mann, Mitte 50, ähnelte einem übergroßen hölzernen Nussknacker. Seine graue Föhnfrisur und der abstehende Schnauzbart perfektionierten dieses Aussehen. Genervt schaute er auf seinen Schützling herab. Toni kam einem Küken gleich, das ständig hinter ihm, seiner Glucke, herlief. Ewig fragte er ihn Löcher in den Bauch.

»Ich dachte, du bist längst zu Hause. Was grinst du denn so blöd?«, fauchte er Toni an.

»Schau mal, Chef, was ich unten im letzten Schrägschacht gefunden habe.«

Freudig erregt warf Toni den Lederbeutel auf den Schreibtisch, öffnete ihn umständlich und schüttete die Goldmünzen auf die Unterlage.

Kunibert blieb die Spucke weg. Er musste mehrmals schlucken, bevor er seine Sprache wiederfand. Mit seinen großen Händen fuhr er durch die Münzen, bestaunte sie immer wieder.

»Wo genau hast du den Beutel gefunden? Ob die echt sind?«

Seine furchige Nussknackerstirn legte sich in Falten. Sein Hirn arbeitete auf Hochtouren.

»Ganz unten im letzten Schrägschacht unter einer hervorstehenden Schieferplatte lag der Beutel. Und ob die echt sind.« Toni war hin und weg, stolz, auch mal etwas Positives vorweisen zu können. »Da gibt es doch sicherlich Finderlohn, oder nicht?«

Kunibert kratzte sich sein langes Kinn und schaute genervt in Tonis heiteres Gesicht. »Was hattest du überhaupt dort verloren? Und wieso hat vorher niemand den Beutel gefunden? Vielleicht will man uns eine Falle stellen.«

»Eine innere Stimme befahl mir, dort runterzugehen. Ich weiß auch nicht, wo der Beutel so plötzlich herkam.«

Dieser Vollidiot, dachte Kunibert. Machte einem nur Probleme. Wieder und wieder ließ er die Goldmünzen durch seine Hände gleiten. Das hier wurde mir vom lieben Gott gesandt, war er überzeugt. Damit würden sich seine Probleme in Luft auflösen. Doch was mache ich mit meinem einfältigen Küken? Er brauchte Bedenkzeit, um auch ja die richtige Entscheidung zu treffen. Eine Stunde nur. Zuerst musste er jedoch Toni loswerden.

»Pass auf, Toni. Wir legen den Beutel in den Tresor und melden den Fund morgen, woll? Heute ist da in der Verwaltung eh keiner mehr.« Nervös schob er Toni zur Tür hinaus. »Geh erst mal nach Hause und erzähle niemandem davon. Hast du verstanden?«

Mit offenem Mund, völlig verdattert, verließ der kleine blonde Toni Kuhlmann das Steigerbüro.

Kunibert musste sich erst einmal setzen. Wieder und wieder spielte er mit den blinkenden Münzen. Er hoffte, dass Toni die Klappe halten würde und überlegte, was er mit dem Gold alles anfangen könnte. Zuerst würde er seine Schulden abbezahlen, die Kredite bei seiner Bank ablösen. Dann könnte er wieder besser schlafen. Die anstehende Lohnpfändung wäre Geschichte. Ja, und endlich würde er sich seinen Herzenswunsch erfüllen können. Der Traum, den er schon seit zwei Jahrzehnten träumte, würde Wirklichkeit werden. Er würde sich eine Harley-Davidson 883 Roadster in Schwarz kaufen. Mit ein paar tollen Lederklamotten dazu musste er sicherlich 13.000 Euro berappen. Wie ein Irrer würde er die Sauerländer Höhenstraße 70 entlangbrausen und sich vorkommen, als beführe er die Route 66. Endlich wäre er auch für die Weiber interessant, wenn er in seinem neuen Lederoutfit vor seiner Stammkneipe die Harley parken und lässig absteigen würde. Seine braunen Stummelzähne wären unwichtig, die Frauen würden darüber hinwegsehen. Auf die Idee, sich von dem Gold die Zähne machen zu lassen, kam er nicht. Die Harley hatte oberste Priorität.

Dann fiel ihm jedoch Toni Kuhlmann wieder ein. Sollte er mit ihm teilen? Blöd wie der war, würde er es überall herumposaunen. Seine Alte würde schon dafür sorgen, dass es jeder im Dorf erführe. Er kratzte die Münzen wieder in den Beutel und steckte ihn in seine Hosentasche. ›Was mache ich bloß?‹, fragte er sich wieder und wieder, bevor er sein Büro verließ.

Babsi sah nervös auf die Uhr. Seit zwei Stunden hätte Toni hier sein müssen. Was war in der Schiefergrube los? Hatte er seinen Fund etwa ordnungsgemäß abgeliefert? Blieb ihm vielleicht nicht einmal ein Finderlohn? So blöd konnte er nicht sein. Toni wusste doch, wie nötig eine neue Einbauküche wäre. An der alten fielen inzwischen schon die Griffe ab. Unruhig lief Babsi auf und ab, versuchte wieder und wieder, ihren Mann auf dem Handy zu erreichen. Irgendwann hielt sie es nicht mehr aus, zog sich ihre Strickjacke über, verließ das Haus und fuhr mit dem Wagen, der vor dem schmucken Einfamilienhaus oberhalb Huxel parkte, zur Schiefergrube herüber. Auf dem Parkplatz standen nur noch zwei PKW. Einer davon, ein uralter roter Daimler, gehörte dem Steiger Kunibert, wusste Barbara. Tonis Fahrrad stand an die Wand des Verwaltungsgebäudes gelehnt.

Gerade als Barbara aus ihrem Golf stieg, lief ihr Kunibert in die Arme. Soeben war er im Begriff, mit seinem Wagen davonzufahren.

»Ach, hallo Barbara, willst du Toni abholen? Ich glaube, der ist schon weg.« Völlig nervös, da er nicht damit gerechnet hatte, hier und jetzt auf Tonis Frau zu stoßen, konnte er ihr nicht in die Augen schauen.

»Rede keinen Unsinn! Sein Fahrrad steht noch da vorne. Also, wo ist er? Was hast du mit ihm gemacht?«

»Nichts, er ist schon vor einer Stunde heim.«

»Wahrscheinlich hat er dir von seinem Fund erzählt und du hast ihm was angetan. Wo hast du den Beutel mit dem Gold? Nun sag schon!«

Barbara, Handballspielerin, groß und kräftig, ging auf den Steiger zu, um ihn ein wenig in die Enge zu treiben. Sie spürte, dass hier etwas nicht stimmen konnte.

»Ich weiß nicht, wovon du sprichst. Was für Gold?« Feuerrot war Kunibert im Gesicht und wusste nicht, wie er Babsi wieder loswurde.

»Was hast du mit Toni gemacht? Ich werde die Polizei rufen.« Aufgeregt zog sie ihr Handy aus der Tasche. Noch bevor sie die Notrufnummer wählen konnte, schlug ihr Kunibert das Handy aus der Hand. Als er sich danach bücken wollte, stieß Babsi ihm ihr kräftiges Knie ins Gesicht, woraufhin er strauchelte und mit dem Hinterkopf gegen seine Autotür schlug. Seine kurze Bewusstlosigkeit nutzte die starke Frau aus, nahm ihm den Autoschlüssel aus der rechten Hand und öffnete damit den Kofferraum des Daimlers. Mit wenigen geschickten Handgriffen hievte sie den fast zwei Meter großen Kerl in seinen Kofferraum und schloss ihn ab – nachdem sie den kleinen Lederbeutel aus seiner Hosentasche entwendet hatte. Hektisch sah sie sich um. Niemand schien die beiden beobachtet zu haben.

Nun hieß es nur noch, Toni zu finden.

Das Büro war mit dem Steiger der Spätschicht besetzt. Aufgeregt berichtete sie dem Kollegen, dass ihr Mann noch in der Grube sein musste, da er nicht heimgekommen wäre. Von Kunibert Hansen erwähnte sie nichts.

»Komisch, der Kollege hat mir nichts bei der Schichtübergabe gesagt«, meinte der Mann und bat Babsi, sich zu setzen. Er würde nachschauen, was los sei.

Doch so leicht ließ sich Babsi nicht abwimmeln. Sie heftete sich an die Fersen des Mannes, der mit schnellen Schritten den Hauptgang der Grube entlangschritt.

Die Schiefergruben Magog GmbH & Co. KG war das einzige Schieferverbundbergwerk in ganz Nordrhein-Westfalen. Da die Arbeit unter Tage durch hochtechnologische, leistungsfähige Sägemaschinen und Abspaltgeräte bestimmt wurde, waren vor Ort selten mehr als drei oder vier Bergleute beschäftigt.

Ungefähr 500 Meter vom Grubeneingang entfernt stießen sie auf einen Schaufellader mit laufendem Motor, der gegen die Wand gefahren worden war. Als der Steiger sich der Schaufel näherte, konnte er den Kopf des Bergmanns Toni Kuhlmann erkennen, der über dem Greifmesser herausschaute. Sein Körper wurde mit der ganzen Kraft der riesigen Schaufel gegen die Wand gepresst. Blut sickerte aus Tonis Mund, die Augen waren weit aufgerissen, der Blick war jedoch gebrochen. Es war eindeutig, der Mann war tot.

Barbara fing hysterisch an zu schreien. »Nun tun Sie doch was. Fahren Sie das Ding zurück.«

Der Steiger hielt die Frau fest und versuchte, sie zu beruhigen. »Der ist tot. Nichts anfassen. Ich fordere Hilfe an.« Er griff nach seinem Handy und rief die Feuerwehrleitstelle in Fredeburg 71 an, da die dafür zuständige Grubenwehr in Hamm viel zu weit entfernt war.

Nur wenige Minuten später trafen die Feuerwehr, ein Notärzteteam, die Polizei und wenig später die Kripo ein. In der Grube sowie davor wimmelte es nur so von Fahrzeugen und herumeilenden Menschen.

Der Notarzt konnte nur noch Tonis Tod feststellen.

»Der Steiger Kunibert hat ihn gegen die Wand gefahren. Er hat ihn ermordet. Er hat meinen Mann nur schikaniert.« Barbara Kuhlmann wiederholte immer wieder diese Sätze. Vom Goldfund und von Steiger Kuniberts Gefängnis in seinem Kofferraum erwähnte sie nichts.

Kommissar Bernhard Nowicki blickte mitfühlend auf die Frau mit dem verweinten Gesicht. Er fragte sich wieder und wieder, was für ein Motiv der Steiger Kunibert Hansen gehabt haben sollte, den Bergmann Toni umzubringen. Nicht, dass er der verzweifelten Frau nicht glaubte. Irgendwie klang das, was sie sagte, schon plausibel. Und dennoch blieben ihm große Zweifel. Er hatte eine Großfahndung nach Steiger Kunibert herausgegeben. Seinen Wagen hatte man mit offenem Kofferraum auf dem Firmenparkplatz entdeckt. Es sah so aus als hätte er sich, nachdem er in den Kofferraum gesperrt worden war, selbst befreien können. Man fand jedoch seinen rechten Schuh. Nowickis Blick blieb immer wieder an den Oberarmen der Frau hängen. Hatte sie ihn etwa in den Kofferraum gesperrt?, fragte er sich. Kräftig genug schien sie ja zu sein.

»Das will mir einfach nicht in den Kopf, wieso der Steiger urplötzlich Ihren Mann umgebracht haben sollte. Dazu gehört schon etwas, jemandem mit dem Schaufellader das Leben auszuhauchen. Was könnte ihn dazu veranlasst haben?«

Babsi Kuhlmann zog die breiten Schultern hoch. Sie wollte weg, einfach nur nach Hause. Traurig genug, dass ihr Toni tot war. Sich jedoch jetzt noch diesem nicht enden wollenden Verhör auszusetzen, ging über ihre Kräfte. Und da war ja auch noch der Beutel mit dem Gold, der in ihrer Tasche brannte wie Feuer. Außerdem beschäftigte sie die Frage, wo Kunibert war. Wie hatte er es bloß geschafft, sich so schnell aus dem Kofferraum zu befreien? Eine weitere Frage, die sie nicht mehr losließ: Wie war das Gold überhaupt in die Schiefergrube gelangt? Erst in der letzten Woche, als sie bei entspannendem Lichterspiel in einem Liegestuhl des Abela-Heilstollens 72 lag, träumte sie davon, mal einen Schatz zu finden. Der ehemalige Schieferheilstollen in Bad Fredeburg mitten im Herzen von Mutter Erde wurde von Urlaubern, Kurgästen und Wellnessbegeisterten gern und oft besucht. Und nun befand sich tatsächlich ein solcher Schatz in ihrer Tasche.

»Ich weiß es nicht«, antwortete sie dem Kommissar. »Es gab immer mal wieder Streit. Doch wieso es heute eskaliert ist, kann ich nicht sagen. Ich war nicht dabei.

Als Toni mich kurz vor Feierabend anrief, erzählte er nur, dass sein Chef ihn wieder drangsaliert hätte. Als er dann nicht heimkam, bin ich hergefahren.«

»Sie haben den Steiger aber nicht mehr angetroffen? Obwohl Sie direkt neben seinem Fahrzeug geparkt haben? Wie ist er wohl in seinen eigenen Kofferraum geraten? Haben Sie dafür eine Erklärung?« Nowicki wusste nicht, was er von der Frau halten sollte. Ihm kam kurz der Gedanke, ob sie vielleicht mit dem Steiger ein Verhältnis hatte und die beiden den Ehemann hatten loswerden wollen. Doch nach einem weiteren Blick auf ihr burschikoses maskulines Äußeres, mit den raspelkurzen schwarzen Haaren, verwarf er den Gedanken ganz schnell wieder. Wer sollte außerdem den Steiger in den Kofferraum gepackt haben, wenn nicht diese Frau?

»Was weiß ich, wie der Kerl da hineinkam. Ich will nach Hause. Mein Mann ist tot. Haben Sie gar kein Verständnis?«, blaffte sie den Kommissar an.

»Ich will den Mörder finden, Frau Kuhlmann, und das möglichst schnell. Wenn es Hansen war, wer weiß, was er noch vorhat.«

Die Goldmünzen will er, mehr nicht, hätte Babsi ihm am liebsten an den Kopf geworfen. Sie würde ihren Schatz verteidigen, so viel stand fest.

Kunibert musste untertauchen. Babsi konnte von ihrem Haus zu seinem herüberschauen. Außerdem war er überzeugt, dass es bald in der Straße nur so von Polizei wimmeln würde. Hätte er den Autoschlüssel gehabt, wäre er schon längst weg. Bis nach Tonis Beisetzung. Dann würde er sich seinen Schatz holen. Und sei es mit Gewalt.

Von hinten schlich er sich an sein Grundstück heran, holte einige Klamotten aus dem Schuppen und verschwand wieder über das Wiesengelände, von wo er gekommen war.

Am Rande des Fredeburger Waldes [73] versteckte er sich hinter einem Holzstapel. In der Ferne konnte er die runde Spitze der Holthauser Kirche [74] erkennen.

Niemand kannte die Höhle so gut wie er. Kaum jemand wusste, dass es auch einen Zugang von hinten durch den Wald gab. Bei einbrechender Dunkelheit kraxelte er die steile Böschung von Huxel aus hinunter, was er sich bei Weitem einfacher vorgestellt hatte. Diese vielen Grashuckel und die winzigen Tannen erschwerten ihm das Vorwärtskommen. Endlich hatte er den Wanderweg erreicht, überquerte ihn und schlug den Weg in den Wald ein. Weg war zu viel gesagt, es handelte sich mehr um einen Trampelpfad, der durch den dichten Tannenwald führte. Nur hin und wieder fiel ein Lichtstrahl durch die dicht stehenden Bäume. Außer Vogelgezwitscher war nichts zu hören und die Redewendung ›Das Schweigen im Walde‹ bekam für ihn eine negative Bedeutung. Nach gut 200 Metern führte der Weg ihn aus dem Wald hinaus auf eine Weide. Einige Kühe stillten ihren Durst an einem plätschernden Bach. Das musste der Westernahbach [75] sein, sagte ihm ein Blick auf seine Wanderkarte. Dieser Trampelpfad, der übrigens nicht in der Karte eingezeichnet war, führte auf der anderen Seite des Baches wieder in den Wald hinein. Er zog sich Schuhe und Strümpfe aus und watete, beobachtet von großen Kuhaugenpaaren, durch das Gewässer. Nachdem er beides wieder angezogen hatte, ging er den Weg weiter, hinein in den dunklen Wald. Nach etwa 100 Metern war der Weg plötzlich zu Ende, löste sich ganz einfach in nichts auf. Er konnte allerdings in dem Geäst am Boden Fußtritte erkennen, denen er nun folgte. Die dichtstehenden Tannen ließen hier nicht einen einzigen Lichtstrahl hindurch. Immer wieder blieb er mit seiner Jacke an den nadellosen Zweigen hängen, ein Durchkommen wurde immer schwieriger. Geh zurück, mahnte seine Vernunftstimme, stelle dich der Polizei. Das hat doch alles keinen Zweck, was du vorhast. Geh zurück. Neugier und Abenteuerlust zwangen ihn jedoch weiterzugehen. Weiter, immer weiter in den dichten Wald hinein. Nach gefühlten drei Kilometern überkam ihn plötzlich Angst. ›Du wirst nie mehr zurückfinden.‹ Vor Ewigkeiten war er mal hier gewesen und konnte sich kaum mehr erinnern. Wie war das noch mit Hänsel und Gretel? Die verirrten sich auch. Immerhin stießen sie irgendwann auf das Knusperhäuschen.

Der Geruch von vermoderndem Laub und Harz stieg ihm in die Nase. Plötzlich entdeckte er halb im Boden eingelassen die Tür. Mit angehaltenem Atem bewegte er die Türklinke. Und tatsächlich, die Tür ließ sich öffnen. Er blickte in einen dunklen Rundbogengang. Von hier aus gelangte er zu dem versteckten Stollen, von dem kaum einer wusste. Die meisten hielten ihn für ein Gerücht. Er schaltete die Taschenlampe an und leuchtete in den Gang hinein. Kalte Feuchtigkeit schlug ihm entgegen. Der Boden war mit Gesteinsstücken übersät und uneben. Aus den Wänden ragten grobe Schieferbrocken. Zweifelsohne war dieser Stollengang, der Nebenstrecke genannt wurde, vor langer Zeit angelegt worden und wohl in Vergessenheit geraten und gehörte zu den Schiefergruben Magog in Huxel. Von der Decke tropfte Wasser. Kunibert schloss die Tür hinter sich, die gespenstisch knarrte und wagte sich mutig ein paar Meter vor. Die Strecke führte ihn bergab und er musste aufpassen, auf dem holperigen Boden nicht hinzufallen. Je tiefer der Weg ihn führte, desto enger und niedriger wurde es. Eine eisige Kälte schlug ihm entgegen. Wie gut, dass er seine Jacke trug. Die Schieferbrocken am Boden gerieten unter seinen Schritten immer mehr ins Rutschen. Die Strecke, die stetig nach unten führte, wurde immer steiler. ›Hoffentlich komme ich hier wieder raus.‹ Wie lange mochte die Batterie der Taschenlampe halten? Fragen über Fragen gingen ihm durch den Kopf. Nachdem er ungefähr 200 Meter zurückgelegt hatte, musste er immer mehr den Kopf einziehen und sich ducken. Aus der anfangs noch problemlos zu beschreitenden Nebenstrecke war ein enger Schacht geworden, mit nur noch einer Höhe von ungefähr 1,20 Metern und einer Breite von kaum mehr als 60 Zentimetern. Wasser plätscherte von der Gesteinsdecke auf den Boden und Kunibert geriet immer mehr ins Rutschen. Je steiler es bergab ging, desto öfter landete er auf seinem Hosenboden.

Nach einer guten halben Stunde sah er am Ende der fürchterlichen Nebenstrecke ein Gewölbe. Das konnte nur Gutes bedeuten, freute er sich und kroch aus der dunklen Strecke in einen Stollen. Es gab ihn also noch.

Kunibert sah sich staunend um und konnte nicht fassen, was er sah. So hatte er den Stollen gar nicht in Erinnerung. Eine richtige kleine Grotte. Bizarre Schieferwände, an denen stetig Wasser herunterlief. Er starrte nach oben an die Decke und war von den zerklüfteten Gesteinsfelsen beeindruckt. Dagegen konnte die Dechenhöhle in Letmathe 76, die er früher mehrmals mit der Schulklasse besucht hatte, einpacken. In der Ecke des halbrunden Stollens, der etwa drei mal vier Meter groß war, errichtete er sein Lager, das lediglich aus zwei alten Wolldecken bestand.

Ungefähr einen Kilometer bergauf durch eine weitere Nebenstrecke gab es eine Art engen Gang, der zu dem Teil der Schiefergrube führte, die noch bewirtschaftet wurde. Hier war er also sicher. Nach Tonis Beerdigung würde er Babsi besuchen und seinen Schatz endlich an sich nehmen. Er hoffte, dass die wenigen Lebensmittel, die er auf die Schnelle in seinen Rucksack gepackt hatte, so lange reichen würden.

Babsi hielt es kaum aus, als sie am frühen Morgen auf dem kleinen Friedhof in Holthausen 77 stand, wo man ihren geliebten Toni zu Grabe trug. Dicht gedrängt standen Familie, Dorfbewohner, Kollegen und Nachbarn zusammen, schnieften und weinten, erwiesen Toni Kuhlmann die letzte Ehre. Babsis Mutter aus Siedlinghausen 78 war extra angereist, um ihrer Tochter beizustehen. Materialistisch eingestellt, wie Babsi nun mal war, war das Einzige, was sie noch aufrecht hielt, die Gewissheit, einen Schatz zu besitzen. An Kunibert verschwendete sie kaum mehr einen Gedanken. Die Angst, dass er kommen würde, um ihr den Schatz wegzunehmen, hielt sich in Grenzen. Sie war überzeugt, dass er sich längst vom Acker gemacht hatte, irgendwo untergetaucht war, sich vielleicht schon im Ausland befand. Abends, bei Dunkelheit, schaute sie aus ihrem Dachfenster hinüber zu seinem Haus. Doch nichts regte sich dort. Die Polizei hatte die Beamten vor seinem Haus längst abgezogen, fuhr nur noch hin und wieder Streife.

Die Sonne schien. Gerade wurde der Sarg in die Grube gelassen. Ein letztes Aufschluchzen, dann folgten rührende Worte des Pfarrers. Wenig später nahm Babsi die Beileidsbekundungen entgegen, ließ sich trösten und drücken. Ihre direkten Nachbarn, die Talkötters, versicherten ihr immer wieder, dass sie mit allem, was sie bedrückte, bei Tag und Nacht zu ihnen kommen könnte, obwohl sie gerade mitten im Umbau wären. Ja, und dann noch die Beerdigung und der 70. Geburtstag von Großvater Talkötter am Abend in Winkhausen, welch ein Stress.

Der anschließende Leichenschmaus im Landcafé Birkenhof 79 in Holthausen ließ die Witwe an sich vorüberziehen wie einen schlechten Film. Das Gold und die Frage, wo sie es zu Geld machen könnte, ließ sie das ganze Procedere überstehen.

Völlig erschöpft schloss Babsi Kuhlmann gegen 20 Uhr die Haustür ihres Anwesens auf. Das sogenannte ›Fell versaufen‹ ihres Göttergatten hatte sich doch sehr in die Länge gezogen. Zum Schluss saßen nur noch vier einsame Schnapsdrosseln herum und lallten dummes Zeug.

Ihre Mutter hatte ihr Gepäck schon im Auto verstaut und war, nachdem sie Babsi zu Hause abgesetzt hatte, gleich weiter nach Siedlinghausen gefahren.

Plötzlich kam Babsi sich beobachtet vor. Ein Panikgefühl machte sich in ihr breit. Sie war nie ein ängstlicher Typ gewesen und konnte sich dieses Unwohlsein gar nicht erklären. Sie versuchte, sich so normal wie möglich in ihren eigenen vier Wänden zu bewegen, zog ihre schwarze Trauerkleidung aus, ging in die Küche und brühte sich einen Tee auf. Sie wurde jedoch das Gefühl nicht los, es befände sich jemand im Haus. Nachdem sie die Terrasse betreten und einige Male tief durchgeatmet hatte, blickte sie zum Haus der Talkötters herüber. Da alle Fenster verschlossen und kein Lichtschein zu sehen war, ging sie davon aus, dass sie bereits auf dem Weg nach Winkhausen waren. Eine einzige Großbaustelle war das Nachbargrundstück. Ein prunkvoller Anbau sowie eine neue Terrasse waren geplant, morgen sollte der Beton gegossen werden. Die Verschalung war fertig, alles gut vorbereitet. Der Kies in der Mitte war ordentlich glatt gezogen, darüber lagen Bewehrungsstahlmatten.

Ihre Mutter fehlte ihr plötzlich. Nun war sie ganz allein. Oder vielleicht doch nicht? Es roch irgendwie anders. Sie ging zurück ins Wohnzimmer und wurde den Gedanken einfach nicht los, dass irgendjemand in ihrer Nähe war. Das Odeur eines schmutzigen alten Mannes umgab sie.

Kunibert Hansen schoss ihr in den Kopf. Was, wenn er sich bereits im Haus befand? Doch wie sollte er hineingekommen sein? Vielleicht durch den Keller? Wollte der elende Mörder etwa die Goldmünzen holen? Reichte es nicht schon, dass er ihr ihren Ehemann genommen hatte?

Mehr und mehr fühlte sie sich beobachtet, traute sich nicht auf die Toilette, ganz zu schweigen, sich zu duschen. Sie setzte sich in ihrem Jogginganzug auf ihr Bett, schaltete den Fernseher ein und harrte der Dinge, die da kommen würden. Sie konnte Kuniberts Blicke förmlich spüren. Wo war er? Was würde er mit ihr machen?

Wahrscheinlich ergötzte er sich daran, sie so in Angst zu versetzen. Sie würde das Gold verteidigen, so viel war sicher.

»Ich weiß, dass du hier bist, Kunibert. So wie du riechst, erkennt man dich sechs Meilen gegen den Wind. Zeig dich endlich, du feiger Hund.« Babsi wusste, dass sie eine ziemlich dicke Lippe riskierte. Ihr war klar, dass sie sich ihm gegenüber zur Wehr setzen musste. Doch womit? Sie zog ihre Nachttischschublade auf und wühlte darin herum. Bis auf die große Mag-Lite-Taschenlampe war nichts

Brauchbares zu finden. Sie wog sie in der Hand hin und her, legte sie dann neben sich. Ihr blieb keine andere Wahl. Sie musste ihn beseitigen, wenn sie endlich wieder ein normales, angstfreies Leben führen wollte. Außerdem war sie das ihrem Toni einfach schuldig, redete sie sich ein.

Man konnte Kunibert einiges nachsagen, nicht jedoch, dass er feige war. Urplötzlich stand er im Türrahmen, wie ein Geist. Ein Anblick des Grauens. Blutunterlaufene Augen, fettige, herabhängende Haare, nasse verdreckte Klamotten am Leib.

»Da komme ich ja gerade recht. War heute die Beerdigung?« Er sah sie abfällig an.

»Was willst du? Etwa das Gold? Da kommst du vergebens. Es ist an einem sicheren Ort. Wegen so ein paar blöder Münzen hast du Toni umgebracht?«

Jetzt lachte die große, verkommene Gestalt herzhaft auf. »Das musst du gerade sagen. Du gehst genauso über Leichen. Wieso hast du der Polizei nichts von dem Gold erzählt? Geldgierig bist du. Genau wie ich.«

Babsi wurde immer mulmiger zumute. Der ist total durchgeknallt, wurde ihr klar. Auf einen Toten mehr oder weniger kam es ihm nicht mehr an. Sie beantworte seine Frage nicht.

Kunibert kam näher, setzte sich zu ihr auf die Bettkante und grinste dämlich. »Was rümpfst du so die Nase? Eine Dusche gab es in meinem Versteck leider nicht. Toni war selbst schuld. Wäre er nach Hause gegangen und hätte den Schatz Schatz sein lassen, würde er noch leben. Keine Ruhe hat er gegeben, wollte nicht, dass ich ihn im Tresor einschließe. Lästig wie eine Schmeißfliege wurde er. Was blieb mir anderes übrig?«

»Was hätte er denn tun sollen? Dir das Gold überlassen

und verschwinden?« Babsi beobachtete die fiese Gestalt ganz genau.

»Zum Beispiel«, meinte Kunibert.

»Wo warst du überhaupt? Wo hast du dich versteckt?«, wollte Babsi wissen.

»In der Schiefergrube. Da gibt es einen versteckten Stollen, von dem niemand weiß.« Völlig entkräftet fielen ihm nun andauernd die Augen zu. »Steh auf, mach mir einen Kaffee und brate mir ein paar Eier. Danach dusche ich bei dir. Du gibst mir ein paar saubere Klamotten von deinem Alten. Irgendwas wird schon dabei sein, was mir halbwegs passt. Dann noch das Säckchen und schon bin ich fort.« Er grinste weiter, als wäre er sich seiner Sache ziemlich sicher. »Vielleicht könntest du mir noch die Haare schneiden.«

»Sonst geht es dir gut? Du verschwindest jetzt sofort oder ich rufe die Polizei.«

Kunibert beugte sich über das breite Bett, ergriff Babsis linken Arm und hielt ihn fest. »Niemanden wirst du anrufen.«

Mit aller Kraft holte Babsi aus und knallte die schwere Taschenlampe gegen Kuniberts Kopf. Er schrie auf und ließ ihren Arm los. Sie sprang aus dem Bett, stellte sich hinter den jammernden Ex-Steiger, um ihm nun von hinten noch mehrmals kräftig auf den Kopf zu schlagen. Wieder und wieder krachte das schwere Teil auf Kuniberts Rübe. Furchtbare Geräusche folgten den Schlägen, so, als zerschlüge jemand mit einem Beil Kohlköpfe. Irgendwann ließ Babsi die Lampe fallen. Sie fühlte sich befreit. Nachdem sie sich davon überzeugt hatte, dass er nicht mehr atmete, kam richtig Leben in ihren Körper. Alles musste jetzt schnell gehen. Spätestens gegen Mitternacht würden die Talkötters wieder nach Hause kommen. Bis dahin musste Kunibert bereits in der Erde schlummern.

Babsi nahm all ihre Kraft zusammen, um den nicht gerade leichten Kunibert aus dem Schlafzimmer die Treppe hinunter zu schleifen und quer durchs Wohnzimmer nach draußen zu ziehen. Gut, dass sie so durchtrainiert war. Dort ließ sie ihn erst einmal liegen. Hier oben am Waldesrand musste sie nicht so schnell damit rechnen, gesehen zu werden.

Kuniberts Haus, schräg gegenüber, war ja nun verwaist und würde es für längere Zeit bleiben. Seit seine Mutter vor einem Jahr gestorben war, hatte er dort allein gelebt.

Babsi stieg mit ihrem Spaten über die winzige Hecke, die das Nachbargrundstück von ihrem trennte. Zum Glück wurden *zwei* Stahlmatten auf der Terrasse verwendet. Trotzdem schaffte sie es nur mit größter Kraftanstrengung, die schmalere davon ein Stück zur Seite zu ziehen. Eifrig begann sie zu graben. Der Schweiß lief in Strömen an ihr herunter. Nach gut einer Stunde war sie mit ihrer Arbeit zufrieden und hielt das Erdloch für tief genug. Sie holte Kunibert, der noch genau so dalag, wie sie ihn verlassen hatte. Noch einmal musste sie ihn acht Meter über den Boden ziehen, um ihn anschließend mit dem Kopf zuerst in das vorbereitete Loch plumpsen zu lassen.

»Tschüss, du Mörder«, rief sie ihm noch zu und beeilte sich, das Loch wieder zu verschließen. Licht bekam sie nur von ihrer Wohnzimmerbeleuchtung und einer winzigen Gartenlampe der Talkötters. Die Erde wieder schön glatt gezogen, Kies ordentlich drauf und zum guten Schluss die Bewehrungsstahlmatte. Perfekt. Mit der Taschenlampe leuchtete sie noch einmal alles ab. Glück gehabt, nirgendwo entdeckte sie etwas, was verdächtig erscheinen konnte. Anschließend verschwand sie durch die Terrassentür in ihr Haus, kochte sich einen Kaffee und begann mit dem Hausputz. Nichts sollte sie, und natürlich auch jeden anderen, mehr an Kunibert und diesen unschönen Vorfall erinnern. Gegen drei Uhr in der Nacht duftete es aprilfrisch im ganzen Haus. Erschöpft fiel Babsi ins Bett. Sie verschwendete keinen Gedanken daran, nun auch eine Mörderin zu sein.

Erst gegen zehn Uhr morgens wurde sie durch ein monotones Motorbrummen geweckt, lief wie in Trance zum Schlafzimmerfenster und öffnete es. Erleichtert sah sie, wie der Fertigbeton aus einem Rohr, welches ein Arbeiter hielt, auf die Terrasse des Nachbargrundstücks spritzte. Der Betonmischer, der in der Auffahrt stand, leistete ganze Arbeit. Die freudig erregten Talkötters, die den Vorgang bewachten, winkten ihr zu, nachdem sie Babsi erblickt hatten.

»Schau mal, Babsi, ist das nicht eine feine Sache mit diesem Fertigbeton?«, schrie Frau Talkötter ihr zu.

»Ja, ja«, meinte Babsi nur und wankte ins Bad.

Nach drei Stunden verstummte das Rattern des Betonmischers. Himmlische Ruhe machte sich breit. Glatt und eben erstrahlte die Betonfläche der neuen Terrasse. Herr Talkötter sprang vor Freude aufgeregt umher und konnte sich an dem Anblick einfach nicht sattsehen.

Babsi beobachtete die Aktion vom Liegestuhl ihrer Terrasse aus. In wenigen Stunden schon würde alles um Kunibert herum hart und fest sein. Sie fragte sich, ob er in seinem Betonbett vielleicht gar nicht verwesen und nach Jahrzehnten noch taufrisch aussehen würde. Ein schrecklicher Gedanke für Babsi, dass er ihr so nah war.

Bevor sie am Abend zu den Nachbarn auf ein Glas Wein und eine Bratwurst aufbrach, um die neue Terrasse zu feiern, wollte sie noch rasch einen Blick auf ihren Goldschatz werfen. Sie musste die herrlichen Münzen einfach noch einmal durch ihre Finger gleiten lassen. Sie stieg hinunter in den Keller und stellte verwundert fest, dass die Tür zum Arbeitszimmer weit offen stand. Schnurstracks ging sie auf den Tresor der gegenüberliegenden Wand zu, der mit einem Bild verdeckt war. Das Segelschiffmotiv wirkte plötzlich bedrohlich auf sie. Es stand ein wenig von der Wand ab. Sie klappte das Bild mit klopfendem Herzen zurück. Die Tresortür war nur angelehnt. Sie ahnte Schreckliches. Ein Griff in den kleinen Tresor verriet ihr, dass nicht nur der Lederbeutel mit den Münzen verschwunden war, sondern auch ihre armselige Barschaft. Jetzt wurde ihr schlagartig klar, wieso Kuniberts rechte Hosentasche so ausgebeult gewesen war. Sie hatte sich noch darüber gewundert, als sie ihn zum Nachbargrundstück herübergezogen hatte. Wieso hatte sie ihm nicht in die Tasche gefasst und nachgesehen? Nun war es zu spät. Warum hatte Toni, dieses Plappermaul, seinem Chef bloß von dem Tresor erzählt?

Ade, Goldschatz!

Ade, neue Einbauküche!

66 Schiefergrube Magog: Ist ein Verbundbergwerk im Ortsteil Huxel bei Bad Fredeburg. Von vormals über 100 Schiefergruben in Nordrhein-Westfalen ist sie die einzige noch produzierende mit insgesamt 30 Mitarbeitern, davon 4 unter Tage. In einer Tiefe bis zu 120 Metern wird Dach- und Fassadenschiefer abgebaut. Heute verfügt das Unternehmen über eine der modernsten Produktionen für Dachschiefer und Naturwerksteinplatten.

67 Huxel: Huxel mit seiner St. Elisabeth Kapelle aus dem Jahre 1858 liegt am südlichen Rand des Hunaumassivs und hat nur 147 Einwohner. Hier ist man weit von Industriebetrieben und Durchgangsverkehr entfernt und Erholung pur ist angesagt. Rund um Huxel befinden sich zahlreiche Wanderwege, die sie zu traumhaften Zielen bringen. Die »Wanderfreunde Holthausen-Huxel 1979 e.V.« laden sie ein, diese herrliche Landschaft auf ihrem zeitlich unabhängigen Permanentwanderweg zu erwandern.

68 Latrop: Das Dorf mit seinen 162 Einwohnern liegt 6 Kilometer südöstlich von Schmallenberg auf rund 430 Metern Höhe. Für jeden Anspruch gibt es den richtigen Weg, ob Spazierweg oder Wanderweg zu Nah- oder auch Fernzielen, Rundwanderwege und als direkter Einstieg in den Rothaarsteig. Viele wanderfreundliche Unterkünfte. Das Flüsschen Latrop, ein südöstlicher Zufluss des Ruhr-Zuflusses Lenne, fließt durch den Ort.

69 Heilige Barbara: Draußen vor dem Eingang der Schiefergrube Magog ist sie postiert, aber auch in der Grube im kleinen Aufenthaltsraum. Die Schutzpatronin der Männer und Aufsichtsinstanz wird morgens erst einmal mit einem Gebet bedacht. Am 4. Dezember wird alljährlich der Sankt-Barbara-Tag gefeiert, das traditionelle Fest der Bergleute. Der Festtag wird durch die edle Uniform der Bergmänner und besonders durch die Federbüsche geprägt.

70 Sauerländer Höhenstraße: Traumhafte Panoramastraße, 102 Kilometer lang, mit weiten Blicken in das »Land der 1.000 Berge«, erschließt eine der schönsten und interessantesten Regionen des Hochsauerlandkreises. Erleben Sie die landschaftlichen, sportlichen und geschichtlichen Sehenswürdigkeiten entlang der Strecke durch die drei Städte Winterberg, Schmallenberg und Medebach. Egal, ob Sie mit dem Auto, mit dem Bus, auf dem Fahrrad oder sogar zu Fuß unterwegs sind.

71 Bad Fredeburg: Liegt mit seinen 450-818 Höhenmetern am Fuße der Hunau und darf sich seit 2011 Ort mit »Heilstollenkurbetrieb« nennen. Kunstvolle Fachwerkhäuser und stilvolle Architektur verbinden Tradition und Moderne. Ein Altstadtbummel, ein historischer Stadtrundgang oder eine Führung durch das Gerichtsmuseum bieten ausreichend Abwechslung. Einladend warten die urigen und sympathischen Gaststätten, Cafés, traditionellen Kneipen und Eisdielen auf Gäste. Auf vielen gut markierten Wanderwegen in den weitläufigen Wäldern rund um den Ort kann man Sport und Erholung perfekt verbinden.

72 Abela Heilstollen: Im Stollen kann man den eigenen Körper neu entdecken, das Bewusstsein für seine Gesundheit stärken und damit auch die Prävention fördern. Der ehemalige Schieferstollen heißt Urlauber, Kurgäste und Wellnessbegeisterte herzlich willkommen. Das besondere Luftklima und die beruhigende Aura des Schieferstollens erzeugen eine einzigartige Atmosphäre, die zum Relaxen einlädt. Auf speziellen Entspannungs-Liegen und von warmen Schlafsäcken umhüllt, kann man die wohltuende Luft spüren und für kurze Zeit dem Stress entfliehen. Bei Menschen mit Erkrankungen der Atemwege kann der Aufenthalt im Zuge einer Höhlentherapie zu einer Linderung der Beschwerden führen.

73 Fredeburger Wald: Er schließt sich Bad Fredeburg in nördlicher Richtung an. Durchwandert man ihn, trifft man am Westrand der Hunau auf den 713 Meter hohen Kahlenberg. An seiner Nordostflanke entspringt die Henne, die auf knapp 23 Kilometern der Ruhr zufließt, in die sie bei Meschede mündet. Auch die Leiße entspringt hier. Sie fließt nach 14 Kilometern in den Sunderner Wäldern der Wenne zu.

74 Holthauser Kirche: Die 1928 gebaute St. Michael Kirche hat einen Rundturm, der an einen Leuchtturm erinnert. Er wird durch eine achtseitige welsche Haube gekrönt.
Schmuckstücke der Chorwand sind die in den 1980er Jahren entstandenen Holzplastiken, die rund um die Emmausszene (Das Abendmahl in Emmaus stammt aus dem Lukas-Evangelium und findet am Tag nach

Christi Auferstehung statt) im Tabernakel die Werke der Barmherzigkeit darstellen.

75 Westernahbach: Der Bach, der auf seinem 7,1 Kilometer langen Weg einen Höhenunterschied von 276 Metern überwindet, entspringt im Fredeburger Wald auf 675 Höhenmetern. Anschließend passiert er die Ortschaft Huxel und die Holthauser Mühle. Unterhalb der Mühle wird der Bach Gleierbach genannt. In Gleidorf mündet er in die Lenne. Eine schöne Wanderung entlang des Westernahbachs mit herrlichen Ausblicken auf das noch natürliche Gewässer ist die Golddörfer-Route Holthausen. Startpunkt ist die Schützenhalle in Holthausen. Von hier geht es zunächst Richtung Bad Fredeburg. Man wandert am Schieferbergwerk Magog vorbei, später kommt man nach Huxel. Von dort geht es südwärts bis kurz vor das Sorpetal und zurück nach Holthausen.

76 Dechenhöhle: Sie befindet sich in Iserlohn, im nördlichen Sauerland, und ist eine der meistbesuchten Schauhöhlen Deutschlands. 360 von 870 Metern der Höhle sind für Besucher ausgebaut. 1868 wurde die Höhle von zwei Eisenbahnarbeitern entdeckt, denen ein Hammer in einen Felsspalt fiel, welcher sich bei der Suche nach dem Werkzeug als Zugang zu einer Tropfsteinhöhle entpuppte.

77 Holthausen: Ein kleines idyllisches Bauerndorf mit 574 Einwohnern. Holthausen nennt sich auch das Panoramadorf am Sauerland-Höhenflug. Wer das live und in Farbe erleben möchte, der kann z. B.

auf dem Ohlberg (681m) einen herrlichen Ausblick über Holthausen und Bad Fredeburg genießen oder über den Jüberg (739m) hinauf zum Hunaukamm klettern. Bekanntheit erlangte der Ort durch das Westfälische Schieferbergbau- und Heimatmuseum.

78 Siedlinghausen: Der idyllischer Ferienort mit 2.050 Einwohnern im Tal des Flusses Neger liegt 7,5 Kilometer Luftlinie von der Kernstadt Winterberg entfernt. Wenn man für ein paar Tage in schöner Umgebung abschalten und entspannen möchte, ist man in Siedlinghausen richtig. Beeindruckend ist das Bergpanorama. Die abwechslungsreiche Mittelgebirgslandschaft und das gesunde Klima machen den Ort zu einem der beliebtesten Ferienziele. Das Dorf verfügt neben Tennisplätzen, einer Sportschießanlage und einem Hallen- und Freibad auch über viele Spazier- und Wanderwege sowie einige kleine, aber feine kulturelle Kleinode.

79 Birkenhof: »Ankommen und Wohlfühlen!« ist das Motto des Birkenhofs. In gemütlich eingerichteten Ferienwohnungen mit herrlichem Fernblick wohnen, entspannt auf der Terrasse sitzen und den Kindern beim Spielen zugucken. Reiten, Trecker fahren, Tiere füttern. Auch Hunde sind hier willkommen und fühlen sich wohl. Im Landcafé mit Kaffeespezialitäten, Kuchen aus Meisterhand und deftigen Snacks kann man sich herrlich verwöhnen lassen. Die »Fewos« sind ebenerdig begehbar und hervorragend ausgestattet. Frühstücksbuffet im Landcafé ist zubuchbar und in den Ferienzeiten bietet der Birkenhof auch Grill- und Flammkuchenabende sowie Themenbuffets.

9. LIEBE IN WINTERBERG

Winterberg

Gegen 14 Uhr fuhr der Kleinbus vor dem Hotel Engemann Kurve 80 in Winterberg 81 vor. Missmutig schaute Rita auf das einladend aussehende Hotel. Urlaubsstimmung wollte jedoch bei ihr nicht aufkommen. Noch vor drei Tagen, als sie die Reise bei der alten Frau Rachgil in ihrer Lottoannahmestelle an der Ecke gebucht hatte, war sie voller Optimismus gewesen. Wie hätte sie sonst den Jahresurlaub verbringen sollen? Wieder mit Büchern und Knabbereien auf ihrem Balkon, wie jedes Jahr? Wenn sie es dort nicht mehr aushielt, gab es da noch ihre nörgelnden Eltern, ihre senile Tante oder den Zoo, gleich um die Ecke. Eine Reise wäre allemal besser, dachte sie, als sie dieses Hotel Engemann Kurve, im herrlichen Winterberg gelegen, in dem Prospekt entdeckte. Auch der Preis für die zwei Wochen schien ihr gerechtfertigt.

Das Hotel erinnerte sie ein wenig an eine bayerische Pension, mit den Balkonen davor, an denen kunstvoll bepflanzte Blumenkästen hingen. In der ersten Etage beugte sich ein älterer wohlbeleibter Herr über die Balkonbrüstung und starrte auf die Leute, die dem Bus entstiegen.

Rita hätte ihm am liebsten die Zunge herausgestreckt, so verärgert war sie über sein dreistes Verhalten. War er etwa auf der Suche nach einem Urlaubsflirt? Da war er bei ihr an der falschen Adresse. Rita war zwar einer männlichen

Bekanntschaft nicht abgeneigt, doch sollte diese schon tageslichttauglich sein. Und einen alten Knacker suchte sie schon gar nicht. Wenn, dann sollte der Mann jünger sein als sie selbst mit ihren 45 Jahren. Was hatte sie schließlich von einem älteren Kerl? Wenn sie da an ihren Bekanntenkreis dachte, fielen ihr die müden Krieger ein, über die sich die dazugehörigen Ehefrauen beklagten, dass den Männern die Ohren klingelten. Sie bekämen nichts mehr auf die Kette, wären allesamt Schlaftabletten und im Bett würde sich schon gar nichts mehr abspielen. Also beschloss Rita, sich nach einem jüngeren abenteuerlustigen Mann umzuschauen. Internetplattformen lehnte sie allerdings rigoros ab, sie besaß ja nicht einmal einen Computer.

Im Bus war nichts Gescheites dabei gewesen. Nur Ehepaare ab 60 Jahre hatten ihr von Bochum bis Winterberg die Ohren vollgesungen, Sekt getrunken und Würstchen hinuntergeschlungen. Schon auf der Autobahn kamen ihr erste Zweifel, ob das Hochsauerland wirklich die ideale Urlaubsregion für sie wäre. Am reizvollsten erschien ihr die kurze Anreise, denn Stress hatte sie in ihrem Beruf als Bankerin genug.

Die Busladung euphorischer Senioren stürmte zur Rezeption, an der zwei Angestellte höflich und zuvorkommend die Zimmerschlüssel verteilten. Ganz zum Schluss nahm Rita ihren entgegen. Sie zählte nicht zu den Menschen, die ständig nach vorn preschten, stets zu den Ersten gehören wollten. Müde nahm sie ihre Reisetasche in die Hand – den Koffer würde man ihr nach oben bringen – und stieg die wenigen Stufen in die erste Etage hinauf.

Das Einzelzimmer, das sie gebucht hatte, war gemütlich und von ausreichender Größe. Was hatte sie da schon erlebt? Kleine traurige Löcher mit unmöglichem Mobiliar wurden ihr als Komfort-Zimmer vermietet. Klar, ein Doppelzimmer brachte mehr Geld, da konnte man die Einzelzimmer schon mal vernachlässigen.

Ein klein wenig besserte sich ihre Laune, als sie sich in dem Zimmer umsah, welches den Namen Komfort-Zimmer zu Recht trug. Helles Holz, tolle Möbel, ein roter Teppichboden, TV, Balkon und schöne Beleuchtung. Vom Balkon aus konnte sie den nur wenige hundert Meter entfernten Ortskern erahnen. Außerdem hatte sie einen tollen Blick auf die hauseigene Terrasse, die noch nicht von den anderen Gästen übervölkert wurde. Spontan beschloss sie, bevor sie einen Abstecher in die City unternehmen wollte, ein Kännchen Kaffee dort unten zu trinken.

Kaum hatte sie an dem schönen Ecktisch Platz genommen, ging ihr Blick wie magisch angezogen zu dem Herrn zwei Tische weiter. Na ja, jünger als Rita war er nicht gerade. Sie schätzte ihn auf Ende 40. Er schien das Grinsen gepachtet zu haben. Nachdem er freundlich zu ihr herübergegrüßt hatte, grinste er spitzbübisch weiter vor sich hin. Eine wahre Augenweide, musste sie zugeben. Groß, breitschultrig, dunkles Haar, markantes Gesicht. So einen Dressman vermutete man eher in südlichen Gefilden, an einem weißen Strand, und nicht hier in der Provinz. Zur Jeans trug er ein blaues Markenhemd mit passender Krawatte. Er spielte mit seiner Sonnenbrille und nahm hin und wieder einen Schluck von seinem Latte macchiato.

Zweifelsohne entsprach er Ritas Beuteschema, ob er nun jünger oder älter war als sie.

Er machte kein langes Federlesen, stand auf, ging zu ihrem Tisch, als hätte er nur auf sie gewartet, streckte ihr seine rechte Hand entgegen und sagte: »Darf ich mich vorstellen? Mein Name ist Richard Thormann. Ich freue mich, endlich mal ein jüngeres Gesicht hier zu sehen. Darf ich mich zu Ihnen setzen?«

Rita erwiderte seinen kräftigen Händedruck der braun gebrannten, sehnigen Hand. »Rita Sauerbier. Gern, so setzen Sie sich doch!«

Er ließ es sich nicht zweimal sagen, fläzte sich auf den bequemen Stuhl und starrte Rita begeistert an, so als handelte es sich um eine Märchenprinzessin, die er soeben entdeckt hatte.

»Was verschlägt eine so reizende Dame hier in dieses Hotel, das doch überwiegend von Ehepaaren besucht wird?«, wollte er von ihr wissen.

»Dasselbe könnte ich auch Sie fragen. Oder hockt Ihre Frau oben auf dem Zimmer und hält ihren Schönheitsschlaf?«

Jetzt musste er lachen. Er mochte wortwitzige Frauen.

»Um Himmels willen. Ich bin Single. Habe die Richtige noch nicht gefunden. Ich spanne ein paar Tage aus. Da ich als Handelsvertreter täglich auf der Autobahn bin, wollte ich nicht auch noch wer weiß wie weit fahren, um ein paar Tage Urlaub zu machen. Außerdem gefällt es mir hier.«

»Sehen Sie, so geht es mir auch. Ich scheue lange Anreisen.« Dass sie überhaupt kein Auto besaß, verschwieg sie ihm.

Rita konnte ihren Blick nicht von seinen schönen Händen lösen. Sie spürte diese bereits überall auf ihrem Körper und musste sich immer wieder zur Räson rufen. Dieser Richard Thormann war in der Lage, ein verheerendes Kopfkino bei ihr in Gang zu setzen.

»Lassen Sie uns in den Ort gehen, bevor die ganzen Alten wach werden und losrennen«, schlug er vor.

»Eigentlich wollte ich mich noch umziehen und frisch machen«, warf Rita ein und fasste sich in ihr strohblondes Haar.

»Was wollen Sie denn an dem perfekten Aussehen noch verbessern?«, schmeichelte er ihr, als wäre er sich bewusst, wie er mit Frauen wie Rita umzugehen hatte.

So hakte sie sich bei ihm unter und die beiden liefen los, Richtung Ortsmitte 82. Unterwegs erfuhr Rita, was der schöne Richard beruflich machte, wo er wohnte und was seine Hobbys waren. Im Gegenzug erzählte sie ihm von ihrem Posten als Zweigstellenleiterin der großen Sparkassenfiliale ihrer Heimatstadt Bochum und von ihrem eher trostlosen Privatleben. Wie selbstverständlich waren sie zum Du übergegangen.

Richard spürte, dass er es hier mit einer echt harten Nuss zu tun hatte, die schwer zu knacken war. Er konnte sich das Leben an ihrer Seite bildlich vorstellen. Im Sitzen pinkeln, Schuhe auf der Matte ausziehen, Flecken an Möbeln waren absolut tabu. Bestimmt hätte er sich an einen Haushaltsplan zu halten. Verfehlungen würden mit Sexentzug geahndet. Amüsiere dich ein paar Tage mit ihr, hole raus, was rauszuholen ist, und schieße sie anschließend ab, sagte er sich. So setzte er sein künstliches Grinsen auf, gab ihr, noch bevor sie die City erreicht hatten, einen Kuss auf die Wange und zog sie zärtlich an sich.

Auf dem Rückweg machten sie einen Abstecher zur Bobbahn 83 und beschlossen, am nächsten Tag an einer Führung 84 teilzunehmen. Von der Panorama Erlebnis Brücke 85 aus beobachteten sie die Sportstätten aus der Vogelperspektive: Den Bikepark Winterberg 86, die Bobbahn, das Skigebiet Kappe 87, die Sommerrodelbahn 88 und die berühmte St. Georg-Sprungschanze 89.

Rita war von dem atemberaubenden Blick begeistert, wohingegen Richard nur grinste. Auf der Terrasse des Bobhauses 90 versuchte Rita, in ihn zu dringen, um mehr über seine Vergangenheit in Sachen Liebe zu erfahren.

Doch Richard blockte ab. Was ging es sie schließlich an, mit wem er wann und wo ins Bett stieg? Die Frauen waren nun mal dumm und machten es ihm leicht. War das sein Fehler? Er spielte den Zurückhaltenden und sie schien es ihm abzunehmen.

Bei Rita biss sich der Gedanke fest, diesen Kerl zu erobern und für immer an sich binden zu wollen. So ein vorzeigbares Sahneschnittchen durfte sie sich nicht entgehen lassen. Ihre Eltern, ihre Tante und ihre Kollegen in der Bank würden Bauklötze staunen, wenn sie mit Richard aufkreuzen würde.

Das Paar nahm das Abendessen gemeinsam auf der Hotelterrasse ein und wurde von den Gästen der Nachbartische bewundernd beobachtet, da sie sehr vertraut wirkten.

Während sich Rita an ihrem Steak erfreute, erzählte sie Richard von besonders lukrativen Geldanlagen ihrer Bank und welche sie persönlich für die geeignetsten hielt. Nach dem zweiten Glas Grauburgunder begann sie, Familiengeheimnisse auszuplaudern. So erfuhr Richard, dass die gesamte Familie Sauerbier recht wohlhabend war und Rita damit eine gute Partie.

Ein armer Schlucker käme für sie nie infrage, betonte sie immer wieder, und wollte von Richard wissen, ob er auch ordentlich was im Sparstrumpf habe. Mit einer so direkten Frage hatte er nicht gerechnet und verschluckte sich an seinem Rotwein aufs Allergemeinste. Er erzählte ihr, dass er einer alten Kaufmannsfamilie entstammte und sein Geld in Schiffsbeteiligungen und Immobilienfonds angelegt hätte. Innerlich hätte er sich dabei totlachen können, wenn er an seinen saufenden Vater und die kränkelnde Mutter dachte. Bis zum Zehnten des Monats war die karge Rente verbraucht und ständig wurde er angebettelt, weswegen er den Kontakt auf das Nötigste beschränkte. Von wegen Ersparnisse. Seine Konten waren überzogen, er lebte von der Hand in den Mund, ständig auf der Suche nach einem weiblichen Wesen mit Kohle an den Füßen. Die meisten, die was in der Richtung vorzuweisen hatten, sahen erbärmlich aus. Rita Sauerbier war die rühmliche Ausnahme.

Am anderen Morgen saßen sie voller Harmonie wie ein altes Ehepaar im Frühstücksraum des Hotels und unterhielten sich großartig. »Liebling« hin, »Schätzchen« her – so ging es die ganze Zeit über. Kein Wunder, nach dieser Nacht.

Wie selbstverständlich war Rita dem tollen Richard auf sein Zimmer gefolgt und hatte den Sex mit ihm genossen wie eine Verdurstende den erlösenden Schluck Wasser. Für sie stand felsenfest: Das ist der Richtige!

Er war anscheinend der gleichen Meinung und machte ihr bereits nach dem Rührei mit Bacon einen Heiratsantrag.

»Ich weiß, mein Schatz, dass es Wahnsinn ist und viel zu früh. Wir kennen uns kaum 24 Stunden. Doch war ich mir noch nie so sicher wie in unserem Fall. Ja, ich will, dass wir für immer zusammenbleiben. Wir sind füreinander geschaffen. Willst du mich heiraten?«

Der Duft von dem herben Jasmin seines Parfum wehte zu ihr herüber, als sie ein leises: »Ja, ich will!« hauchte. Wieso nicht mal was Verrücktes tun und spontan sein?

Das Leben war so kurz und sie wusste eines ganz sicher: Sie wollte diesen tollen Mann für immer an sich binden.

Er nahm ihre Hände in die seinen und küsste sie anschließend zärtlich. »Oh, ich bin so überwältigt«, mimte er den Glücklichen.

Gegen Mittag brachen sie zu einer Wanderung auf. Sie marschierten die Straße Am Waltenberg hoch, die bis zum Wald führte, durch den Wald steuerten sie anschließend den Ferienpark Landal [91] an, um von dort aus zum Golf-Club Winterberg [92] weiterzuziehen. Immer Hand in Hand, verliebt bis über beide Ohren.

Am späten Nachmittag fanden sie sich in Richards breitem Bett wieder. Sie liebten sich bis in den frühen Abend, stellten immer wieder fest, wie gut sie in jeder Hinsicht harmonierten.

Rita konnte kaum fassen, dass das Schicksal ihr noch einmal so eine Chance bot. Sie wollte sie nutzen, nichts verpatzen, wie beim letzten Mal bei Toni, den sie mit ihrer Putzwut aus dem Haus getrieben hatte.

Den nächsten Morgen verbrachten die beiden im Wellnessbereich des Hotels. Zuerst zogen sie ihre Bahnen in dem Schwimmbad, anschließend unterzogen sie sich einer Reikibehandlung, um sich zum guten Schluss noch Ohrkerzen in die Lauscher stopfen zu lassen.

Auf die Klangschalenmassage verzichtete Richard. Ihm klingelten schon genug die Ohren von seinem Tinnitus, meinte er und zog sich auf sein Zimmer zurück, um vorgeblich wichtige Telefonate zu führen.

Beim Abendessen vermisste Rita Richards permanentes Grinsen. Er wirkte verstört, fahrig, seufzte dauernd vor sich hin.

»Was quält dich, Liebling?«, fragte sie ihn mitfühlend, da sie sich sein Verhalten überhaupt nicht erklären konnte.

»Nichts, wobei du mir helfen könntest, Schatz. Ein wenig Ärger. Tut mir leid, wenn ich dir mit meiner schlechten Laune den Abend verderbe. Das war nicht meine Absicht.« Mit einem Dackelblick nahm er ihre rechte Hand und hauchte einen Kuss darauf.

»Ich dachte, wir wären verlobt. Wieso lässt du mich nicht an deinem Kummer teilhaben?«, fragte sie ihn mit warmherziger Stimme.

»Du sollst dich erholen und dich nicht mit meinen Sorgen belasten.« Er kippte den Wein regelrecht in sich hinein und starrte aus dem Fenster.

Rita bohrte hartnäckig weiter, sodass Richard ihr schlussendlich von seinem Problem erzählte. Das Grundstück neben dem Anwesen seiner Eltern stünde zum Verkauf. Da diese nicht wollten, dass es in falsche Hände geriet und sie selbst zurzeit finanziell nicht flüssig wären, hatten sie ihn gebeten, das Grundstück zu kaufen. Da es noch weitere Interessenten gäbe, müsste er sich jedoch schnell entscheiden. Doch auch er verfüge kurzfristig nicht über so viel Geld. Erst in der nächsten Woche könnte er die erforderliche Summe locker machen. Dann würde es vielleicht jedoch zu spät sein. Irgendwelche Hottentotten wären im Besitz des Nachbargrundstücks und seine Eltern einem Herzinfarkt nahe.

»Aber ich könnte dir doch helfen. Wie viel brauchst du denn?« Was rede ich da?, schalt Rita sich im selben Augenblick und fragte sich, ob er hier schauspielerte oder ob seine Verzweiflung echt war. Hatte sie nicht durch ihren Beruf schon genug Geschichten mit sogenannten Heiratsschwindlern hautnah mitbekommen? Die Frauen für total bescheuert erklärt, Männern so blind zu vertrauen? Und nun fiel sie vielleicht selbst auf einen herein? Auf einen gut aussehenden Mann, der ihr Liebe vorheuchelte und sie schon nach zwei Tagen anbettelte? Er hat nicht gebettelt, hielt sie der Vernunftstimme entgegen, die lautstark in ihr protestierte. Sie selbst hatte es ihm angeboten. Außerdem sollte man nicht gleich immer das Schlechte in einem Menschen sehen, rief sie der noch immer aufbegehrenden Vernunft innerlich zu.

Wie verwandelt strahlte Richard plötzlich übers ganze Gesicht. »Das würdest du wirklich tun? Obwohl wir uns erst so kurz kennen? Es wäre ja nur bis Anfang nächster Woche. Bis ich wieder flüssig bin.« Richards Hände zitterten vor Aufregung. Schweiß trat auf seine Stirn.

»Wie viel?«, fragte Rita in rauem geschäftsmäßigem Ton.

»200.000 Euro«, kam es kleinlaut aus seinen wohlgeformten Lippen.

»Ganz schön«, meinte Rita und schluckte. ›Gleich erzählt er dir, er brauche das Geld in bar‹, vermutete die Bankerin in ihr. Leise Zweifel kamen ihr an ihrem Verlobten Richard und seiner angeblich großen Liebe.

»Ich müsste es in bar haben. Übermorgen Nachmittag würde ich mich mit dem Makler in Marburg treffen.«

Obwohl alle Warnleuchten in ihrem Hirn gleichzeitig ansprangen und ihre Runden drehten, stimmte sie zu und nickte, woraufhin Richard regelrecht ausrastete vor Freude.

Rita hingegen überlegte krampfhaft, wie sie es morgen schaffen könnte, das Geld hier in der Sparkasse Hochsauerland ausgezahlt zu bekommen. Wer wickelte heute noch solche Geschäfte, bei denen es um so hohe Summen ging, in bar ab? Da war doch etwas faul.

Ihre Zweifel wurden stärker, als sie wenig später ein Gespräch belauschte, das Richard mit dem Herrn an der Rezeption führte und aus dem hervorging, dass er in zwei Tagen abreisen würde.

In der Nacht war er fahrig und nervös. Nichts mehr mit tollem Liebhaber wie in den Nächten zuvor. Beim Frühstück gab er sich äußerst wortkarg, fragte andauernd, wann sie denn mit ihrem Vorgesetzten in der Bank sprechen würde.

Erstaunlicherweise hatte sie nach nur drei Telefonaten erreicht, dass man ihr das Geld in der Zweigstelle der Sparkasse Hochsauerland in Winterberg am Nachmittag auszahlen würde.

Um die Zeit totzuschlagen – die Stimmung war auf einmal gekippt –, beschloss das Paar zum Astenturm 93 mit dem Auto zu fahren, statt die gut drei Kilometer dorthin zu wandern. Bei Richard war nichts mehr von dem liebenswerten Verlobten zu spüren. Er war mehr als nervös, hatte kaum einen Blick für die Schönheit der Natur, als er oben auf dem Aussichtsturm stand.

Er folgte kaum Ritas begeisterten Monologen, die ihm einen regelrechten Vortrag über den Kahlen Asten, die Lennequelle 94 und die Wetterstation 95 hielt. Sie war von der herrlichen Gegend des Hochsauerlandes überwältigt.

»Hm, hm« kam es immer nur von ihm. Immer wieder blickte er auf seine Armbanduhr, als könne er es gar nicht abwarten, das Geld abzugreifen und das Weite zu suchen.

Rita fragte sich, ob er wirklich eiskalt für immer verschwinden würde, wenn er den Koffer mit dem Geld erst in den Händen hielt. Wieso hatte er den rotbraunen Geldkoffer, den er ihr heute Morgen leer übergeben hatte, überhaupt dabei?, fragte sie sich. Hatte er alles geplant? Geplant, irgendeine Alte aufzureißen, die er um ihr Erspartes bringen würde?

Als sie im Turmrestaurant des Berghotels Kahler Asten 96 saßen, wurde ihm wohl bewusst, dass Rita nicht dumm war und dass das, was er hier abzog, nicht funktionieren würde. Also schaltete er einen Gang zurück, lächelte sie liebevoll an und streichelte ihre Hände.

»Verzeih, Liebling, dass ich so zerstreut bin. Aber du kennst meine Eltern noch nicht. Die sind so grausam. Die Vorstellung, dass sie mir andauernd die Ohren volljammern würden, wenn die neuen Nachbarn nicht nach ihrem Geschmack wären, bereitet mir wahrhaft Unbehagen.«

Er hatte *noch nicht* gesagt, was das Kennen seiner Eltern betraf. Also hatte er vor, sie seinen Eltern vorzustellen? Ein Fünkchen Hoffnung keimte in ihr auf, dass er doch zu den Guten gehörte und sie bald zum Traualtar führen würde.

Am frühen Nachmittag trennten sich die Verliebten. Mit der Besichtigung des Wintersportmuseums 97 in Neuastenberg hatte es nun doch nicht mehr geklappt. Dafür herrschte jedoch wieder eitel Sonnenschein am Liebeshimmel der frisch Verlobten.

Rita eilte zur Sparkasse und war ein wenig geschockt, wie unproblematisch so eine hohe Summe so mir nichts dir nichts ausgezahlt wurde. Okay, sie hatten sich ihren Ausweis zeigen lassen und ein Telefonat geführt, doch schon wenig später verließ sie die Bankfiliale mit dem gefüllten Geldkoffer. Der dickliche Bankberater hatte sie noch nicht einmal gefragt, was sie mit dem Geld vorhatte, was Rita im umgekehrten Fall getan hätte, wenn jemand sich in ihrer

Bankfiliale eine so hohe Summe hätte auszahlen lassen. Eilig lief sie zum Hotel Engemann zurück, stieg die Stufen zur ersten Etage hinauf und steuerte direkt auf Richards Zimmer zu, das dem ihren schräg gegenüber lag. Gerade als sie an die Tür klopfen wollte, stellte sie fest, dass diese nur angelehnt war. Sie vernahm seine sonore Stimme. Vermutlich führte er ein Telefongespräch mit seinen Eltern. Neugier ließ sie die Tür vorsichtig einen Spalt breit öffnen, um zu lauschen. Folgende Satzfetzen flogen ihr entgegen: »Ja, stell dir vor, 200.000 Euro … die Alte ist gerade unterwegs, das Geld holen … dabei sieht sie nicht schlecht aus … hat einen tollen Beruf … wie blöd kann man sein … klar, Schatz … morgen Abend bin ich wieder zu Hause.«

Rita brach der Schweiß aus. Ihre Hand, in der sie den Koffer hielt, begann zu zittern und sie hatte Mühe, ihn festzuhalten. Ihr Herz schlug hart gegen ihre Brust. Dieses Schwein, dachte sie und wollte in sein Zimmer stürzen, um ihm den Koffer um die Ohren zu schlagen. Sie hätte sich ohrfeigen können, auf so einen aalglatten Typen fast hereingefallen zu sein. Doch noch war nicht aller Tage Abend, sagte sie sich, zog die Tür leise wieder zu und klopfte – wie es sich gehörte – an.

Schnell beendete er das Gespräch, kam zur Tür gerannt und öffnete, um Rita hereinzulassen. Er trug nur einen Bademantel, den er nun neckisch öffnete und sie an sich zog.

»Da bist du ja, Liebling. Hat alles geklappt?« Er wartete ihre Antwort gar nicht ab, riss ihr den Koffer förmlich aus der Hand, um ihn in seinem Kleiderschrank zu verstauen.

»Willst du das Geld nicht lieber in den Tresor des Hotels schließen lassen? Bei dieser Summe?«, gab sie zu bedenken.

»Ach, da weiß doch niemand von.«

Er zog sie auf sein Bett und dockte sich an ihren Hals an. Und er schaffte es tatsächlich, dass sie schwach wurde, einknickte und sich ihm bedingungslos hingab.

Als sie nach dem Sex ausgestreckt auf dem Bett lag und ihre Erregungskurve deutlich abgeflacht war, schaltete sich langsam ihr Verstand wieder ein. Sie blickte zur Seite auf den schlafenden Schönling, der mit offenem Mund dalag und unschöne Schnarchgeräusche von sich gab. Was hatte er bloß an sich, dass ihr dermaßen die Knie weich wurden, wenn er sie nur berührte? Sie ging ganz nah an ihn heran. Das Zimmer war durch die zugezogenen Vorhänge abgedunkelt. Von draußen hörte sie das Schnattern der frohgemuten Gäste, die unten auf der Terrasse den Nachmittag verbrachten. So eben war seine Haut gar nicht, musste sie feststellen. Mit dem kleinen Seidenkissen, welches hinter ihr lag, wischte sie ihm vorsichtig über die rechte Wange. Unschöne braune Spuren zierten nun das Kissen. Hatte sie es sich doch gedacht, er benutzte Make-up. Hässliche Pusteln wurden sichtbar. Ein abstoßender Geruch stieg aus seiner Mundhöhle empor. So hatte der Dackel ihres Onkels aus dem Maul gerochen. Sie hätte sich schütteln können.

Das Geld bekommst du nicht, mein Lieber, dachte sie und schaltete den kleinen biegsamen Strahler an seinem Nachttisch an, um ihn genauer betrachten zu können. Er wurde schlagartig wach und starrte sie desorientiert an. »Was ist los? Wieso machst du das Licht an?«

»Damit ich dich besser sehen kann«, erwiderte sie lachend und musste an den bösen Wolf aus *Rotkäppchen* denken.

»Aua«, rief er und fuchtelte mit den Armen. »Schon wieder habe ich mich an der Lampe verbrannt. Die sind verdammt heiß, die Dinger.«

›Eigentlich ist sie gar nicht mein Typ‹, dachte er, als er Rita beim Ankleiden zusah. Okay, ihre langweiligen Klamotten waren nicht billig. Das einzig Interessante an ihr war ihre Kohle. ›Morgen bin ich mit dem Moos verschwunden und Rita kann sich einen anderen suchen, den sie mit ihren dummen Sprüchen beglücken kann. Länger als ein paar Tage kann man es mit der besserwisserischen Frau sowieso nicht aushalten.‹

Beim gemeinsamen Abendessen auf der Hotelterrasse war er bemüht, sich nicht anmerken zu lassen, wie unruhig er war. Am liebsten wäre er mit dem Geld schon am Abend geflüchtet. Von Wein zu Wein wurde er redseliger und ließ sich gehen, erzählte plötzlich von seinen Frauen, die er vor ihr gehabt hätte, von seinen verschiedenen Staubsaugertypen, die er tagaus tagein irgendwelchen Leuten aufzuquatschen versuchte. Er genoss sein Filetsteak, kaute genüsslich und lange auf jeden Bissen herum. Zu Hause bei Elfie gab es fünf Mal die Woche Jägerklößchen aus dem Eisschrank. Er durfte gar nicht daran denken. Doch nun war wieder Geld da und die Bratpfanne konnte sich freuen.

Nach dem vierten Schoppen Rotwein fing er an zu lallen und bekam eine feuchte Aussprache. Eifrig goss er auch Rita immer wieder vom Grauburgunder ein, in der Hoffnung, dass sie sofort einschlafen würde, wenn sie in die Horizontale kommen würde.

Wie ekelhaft er doch war, dachte Rita. Ein Kerl, der sich die Schnute mit Schminke zukleisterte und herumsabberte, sobald er zu viel Alkohol intus hatte. Ein echter Mann würde zu seinen Pickeln stehen, würde sie tragen wie Sterne an einer Polizeiuniform. Sie achtete darauf, sich nicht gänzlich abzuschießen, schließlich hatte sie noch wichtige Dinge zu erledigen. Sie wollte nicht nur ihr Geld zurück. Nein, dieser Kerl sollte seine Strafe bekommen. Eine Rita Sauerbier legte man nicht so mies herein. So hörte sie noch einige Zeit seinen dümmlichen Geistesergüssen zu, innerlich kopfschüttelnd, sich fragend, wie sie auf den nur hereinfallen konnte.

Gegen Mitternacht half sie ihm, indem sie ihn stützte, sein Zimmer aufzusuchen. Wie ein nasser Sack ließ er sich auf sein Bett fallen und war auch sofort eingeschlafen. Sie zog ihm die Schuhe aus und deckte ihn zu. Sein Jackett ignorierte sie, obwohl er stark schwitzte. Allerdings entnahm sie seine Brieftasche. Die Deckenbeleuchtung schaltete sie aus, nachdem sie seinen Strahler am Nachttisch eingeschaltet hatte. Der kleine Lichtkegel fiel auf sein schwarzes Haupthaar und zeigte einen grauen Ansatz am Scheitel. Auch noch gefärbte Haare, registrierte sie. Sie setzte sich auf die Bettkante und durchforstete seine Papiere. Sein Name war korrekt: Richard Thormann. Sie fragte sich, wieso er sich kein Pseudonym zugelegt hatte. Der Name Richard Thormann war doch völlig daneben für einen Heiratsschwindler. Graf Reinhold von Oeynhausen oder so etwas in der Art hätte sie passender gefunden und musste grinsen. Sie notierte seine Anschrift. Anschließend holte sie den Geldkoffer aus dem Kleiderschrank und packte die Barschaft in einen Stoffbeutel. Diesen brachte sie auf ihr Zimmer. Bewaffnet mit einer Nagelschere tauchte sie wenig später wieder bei Richard auf, der laut schnarchend seinen Rausch ausschlief.

Sie stieg auf den Stuhl, den sie vorher unter den Rauchmelder geschoben hatte, und entnahm ihm die Batterie.

Eigentlich hatte sie vor, das Verbindungskabel mit der Schere durchzuschneiden und die Batterie wieder einzusetzen. Doch die Kripo würde so oder so feststellen, dass das Teil manipuliert worden war. Also steckte sie die Nagelschere wieder weg. Das Gleiche erledigte sie an dem Rauchmelder auf dem Flur, der sich direkt vor der Zimmertür befand. Sie blickte den Gang hinunter, an dessen Ende ein weiterer Rauchmelder installiert war. Bis der jedoch anschlagen würde, wäre Richard schon ein wenig angekokelt. Außerdem wollte sie die anderen Gäste nicht unnötig gefährden.

Zurück im Zimmer suchte ihr Blick immer wieder den schnarchenden Richard. Sie öffnete die Balkontür und schaute hinunter. Alles still und friedlich. Sie konnte in der Ferne die beleuchtete St. Jakobus Kirche 98 sehen und wurde ein wenig wehmütig. Wieso war bloß alles so gekommen? Hätte sie nicht ein einziges Mal an einen passenden Mann geraten können? Sie hatte sich schon im Hafen der Ehe gewähnt, aus einer Kirche schreitend, in einem tollen Brautkleid, ein Traum von Mann an ihrer Seite. Sie mahnte sich zur Vernunft, holte weit aus und warf die Batterien in die Büsche, die sich der Terrasse anschlossen. Anschließend verschloss sie die Tür sowie die Fenster im Zimmer und im Bad.

Sie nahm das kleine Seidenkissen in die Hand. Dann ging sie um das Bett herum, bog den Strahler an Richards Nachttisch weit nach unten und klemmte das Kissen darunter ein, sodass der winzige Lampenschirm genau auf dem Kissen abschloss. An der Tür wartete sie zwei Minuten, ob ihr Plan auch aufgehen würde. Es ging schneller, als sie gedacht hatte. Nach kurzer Zeit presste sich eine winzige Qualmwolke zwischen Lämpchen und Kissen hervor.

Ein übler Geruch verteilte sich im Zimmer. Sie verließ den Raum und steuerte auf ihre Unterkunft zu.

In Windeseile packte sie ihre Sachen zusammen und zog sich eine leichte Jacke über. Als würde sie auf den Bus warten, setzte sie sich auf die Bettkante und ließ die letzten Tage noch einmal Revue passieren.

Einige Minuten später wurde es im Hotel unruhig, der Rauchmelder am Ende des Ganges sprang an, Gäste stürmten wenig später aus den Zimmern, schrien laut und hysterisch herum.

Weitere Minuten später hörte sie die Feuerwehrsirenen aufheulen, Bremsen quietschen und Autotüren schlagen. In aller Ruhe betrat Rita ihren Balkon und schaute dem emsigen Treiben zu. Zur Not konnte sie aus dem ersten Stock herunterspringen. Unter ihrem Balkon befanden sich Jasminbüsche, die sie abfedern würden. Den Stoffbeutel mit dem Geld hatte sich sich unter ihren Pulli geklemmt, der von der Windjacke verdeckt wurde. Im Flur, Qualm zog bereits unter ihrer Tür durch, vernahm sie die sonoren Stimmen des Hotelchefs und des Hausmeisters, die die Leute beruhigten und aufforderten, in aller Ruhe die Zimmer zu verlassen und nach draußen in den Garten zu gehen. Sie mögen ihr Gepäck dort belassen, wo es war, und erst einmal nur an sich denken.

Rita spielte die Rolle der Überraschten gut, öffnete entsetzt die Tür und schlich der aufgeregten Gästegruppe, die eilig der Treppe entgegensteuerte, hinterher.

»Nicht den Fahrstuhl benutzen«, schrie der Chef des Hauses immer wieder. Der Qualm im Flur hielt sich noch in Grenzen.

Bevor sie die Treppe hinabstieg – Feuerwehrleute mit Atemmasken kamen ihr bereits entgegen –, riskierte sie einen letzten Blick zurück zu Richards Zimmer.

Mach es gut, mein Lieber!

Die Feuerwehr hatte bereits den Brandherd entdeckt und stürzte mit dem Wasserschlauch zum Zimmer, in das kurz zuvor schon der Hotelchef mit dem Feuerlöscher, den er von der Wand gerissen hatte, verschwunden war.

Rita gesellte sich zu den anderen Gästen, die am Ende des Gartens standen, weinten, laut redeten oder sich einfach freuten, noch am Leben zu sein.

Ein weiterer Löschzug traf ein, aus dem mehrere emsige Feuerwehrleute sprangen.

Es wurde ihr ein Becher Kaffee gereicht und sich erkundigt, ob alles okay sei. Ein toller Service, sogar in Notsituationen, staunte Rita.

»Ja, sagen Sie mal, wo ist denn Ihr Freund? Ist es sein Zimmer, in dem es brennt?«, wurde sie von einer rothaarigen alten Dame gefragt.

»Das war doch nur ein Bekannter, nicht mein Freund. Kann schon sein, dass es in seinem Zimmer brennt. Der war ganz schön betrunken.« Rita hatte langsam genug von der alten Frau.

Diese schüttelte nur den Kopf und betrachtete sie äußerst skeptisch. »Sah aber so aus, als wenn er Ihr Freund wäre.«

Zwei weitere alte Damen nickten gehässig zustimmend.

Nun wurde es Rita aber wirklich zu bunt. »Herr Thormann war nicht mein Freund!«, schrie sie in die dunkle Nacht.

»Wieso sind Sie komplett angezogen? Wir alle sind im Schlaf vom Feuer überrascht worden und tragen unsere Nachthemden. Da stimmt doch was nicht«, meinte die rothaarige Rädelsführerin der Truppe. Ganz nah kroch sie Rita mit ihrem schmuddeligen Nachthemd ins Gesicht.

»Ich war noch gar nicht ausgezogen. Außerdem geht Sie das gar nichts an. Und wenn ich splitternackt schlafen würde.«

»Das werde ich dem Kommissar erzählen. Jawohl! Alle werden von der Kripo verhört. Da hinten steht Kommissar Nowicki. Den kenne ich!«

Wie der Zufall es wollte, war der Kommissar an diesem Abend zu einem Essen unter Kollegen im Hotel Engemann.

»Schön für Sie. Tun Sie, was Sie nicht lassen können«, meinte Rita nur und rümpfte die Nase.

Nach zwei Stunden war der Spuk vorbei. Kriminalbeamte von der Spurensicherung krochen noch immer unter Büsche und über Wiesen. Das Hotel war wieder freigegeben. Die Räume, besonders die der ersten Etage, wurden ordentlich gelüftet. Nur das Zimmer von Richard Thormann war versiegelt worden, nachdem das Feuer gelöscht und die Leiche abtransportiert worden war. Er hätte ausgesehen wie ein kandierter Apfel, nur in braun, erzählten sich die Gäste.

Das Zimmer gegenüber sowie die beiden letzten auf dem Gang waren nicht bewohnt gewesen. Die aufgeregten Gäste wurden in den Speiseraum gebeten, bekamen Getränke und einen kleinen Imbiss serviert. Die herbeibeorderten Putzfrauen sollten inzwischen ein wenig Ordnung schaffen. Der Hotelchef knetete grübelnd sein Kinn und überlegte, Rita umzuquartieren, da ihr Zimmer dem ausgebrannten sehr nahe lag. Und allein das Gefühl, dass ein Mensch darin zu Tode gekommen war, wäre für sie doch sicherlich unerträglich, zumal sie den Herrn doch gut gekannt hätte.

Auf diesen Vorschlag hatte sie nur gewartet. Theatralisch stand sie von ihrem Stuhl auf. »Nein, geben Sie sich keine Mühe. Ich könnte es auch in einem anderen Zimmer nicht aushalten. Darum halte ich es für das Beste, wenn ich abreise.« Sie schaute auf die Uhr. »Bestellen Sie mir für drei Uhr ein Taxi.«

Dem Chef war die Angelegenheit peinlich. »Wo wollen Sie denn mitten in der Nacht hin?«

»Das lassen Sie mal meine Sorge sein«, meinte Rita und verließ hocherhobenen Hauptes den Raum, um ihr Gepäck zu holen.

Etwas mulmig war ihr schon zumute, als sie an Richards Zimmer vorbeiging. Schade, dachte sie, alles hätte so schön werden können.

Als sie mit ihren Koffer und der Reisetasche an die Rezeption trat, wunderte die Dame sich schon, wie schnell sie ihre Sachen gepackt hatte. Zwei Damen der Altengang versuchten, sie zum Bleiben zu überreden, da das schlechte Gewissen wohl an ihnen nagte, der armen Rita so zugesetzt zu haben.

Kommissar Bernhard Nowicki trat hinter Rita und stellte sich vor. »Sie wollen uns so schnell verlassen?«

»Ja, ich kann es nicht ertragen, länger hierzubleiben. Ich hatte mich mit Herrn Thormann angefreundet und der Gedanke, dass er eine Tür weiter zu Tode gekommen ist, ist für mich unerträglich.«

Nowicki betrachte Rita wohlwollend von oben bis unten und dachte nach.

»Wo kann ich Sie erreichen, falls ich noch Fragen habe?« Mit seinen listigen Augen, die hinter den Brillengläsern von links nach rechts flitzten, begutachtete er ihre Reaktionen ganz genau.

»Wieso, was sollte denn noch sein? Er ist doch nicht ermordet worden? Er war betrunken und wird im Bett geraucht haben.«

»Hat er nicht. Aller Wahrscheinlichkeit nach war ein technischer Defekt in der Nachttischlampe der Auslöser für das Feuer. Doch genau können wir das momentan noch nicht sagen. Es sind noch weitere Untersuchungen erforderlich. Eigenartig ist auch, dass der Rauchmelder im Zimmer nicht ansprang. Der auf dem Gang vor seinem Zimmer übrigens auch nicht.«

»Ja, so ist das mit der Technik. Oder meinen Sie vielleicht, ich hätte ihn umgebracht?« Rita begann zu zittern. Ihre Augen füllten sich mit Tränen. Wie der Kommissar sie anschaute, machte sie verrückt. Sie war kurz davor, ihm alles zu gestehen.

»Außerdem waren Sie komplett angezogen, als das Feuer ausbrach, wurde mir berichtet.«

»Ach, haben die alten Weiber Ihnen das erzählt? Macht mich das schon zur Mörderin, weil ich nicht im muffigen Nachthemd im Garten herumgesprungen bin? Ich war noch gar nicht *aus*gezogen, so einfach ist das.«

Sie konnte Nowickis strafendem Blick nicht standhalten, wühlte in ihrer Tasche nach ihrer Visitenkarte und reichte sie ihm.

»Wo soll es jetzt hingehen?«, fragte er sie, als täte es ihm tatsächlich leid, dass sie das Hotel verlassen wollte.

»Zum Bahnhof und dann mit dem Zug nach Hause, denke ich.«

»Aber Ihre Reise endet doch erst nächste Woche. Ist das nicht zu schade?«

Rita zuckte mit den Schultern. Irgendwie erinnerte sie der korpulente Mann an ihren stets gütigen Vater. Einem plötzlichen Impuls folgend hätte sie sich am liebsten an seine breite Brust geworfen und sich bei ihm ausgeweint.

»Ich wüsste hier in der Nähe eine kleine gediegene Pension. Die haben bestimmt noch ein Zimmer frei. Soll ich Sie dahin bringen?« Was rede ich da, fragte er sich im gleichen Moment. Dafür bin ich doch gar nicht zuständig.

Der zärtliche Streichler über ihre Wange ließ sie dahinschmelzen und nicken.

Eine Stunde später fuhr sie im BMW des Kommissars der aufgehenden Sonne entgegen. Grinsend schaute Rita aus dem Fenster auf die herrlichen Wälder des Hochsauerlandes. Wieso nicht?, fragte sie sich. Mit dem werde ich auch noch fertig.

80 Hotel Engemann Kurve: Familiengeführtes 4-Sterne-Hotel in Winterberg. Ideale Unterkunft für Skifahrer und Wanderer. Ruhe finden inmitten der endlos grünen Landschaft, dabei stilvoll wohnen und mit allen Sinnen genießen.

81 Winterberg: Kleinstadt im Hochsauerlandkreis, inmitten des Rothaargebirges. Internationaler Wintersportort. Austragungsort von Weltcuprennen des Bob- und Rennrodelsports. Die Kernstadt liegt unweit des Kahlen Astens. Hier entsteht keine Langeweile. Ob Wandern, Nordic-Walking, Speedhiking, Klettern, Mountainbiken oder Radfahren, Golf oder Tennis, Inlinern oder Squashen. Leichte bis anspruchsvolle Wanderrouten.

82 Ortsmitte: Einkaufswelt Winterberg. Den Sauerland Boulevard entlangschlendern oder durch das Einkaufszentrum bummeln, Schaufenster betrachten und in den Auslagen stöbern. Ansprechende Angebote, Kompetenz und Service der inhabergeführten Geschäfte erleben. Shopping-Erlebnis sogar an 40 Sonntagen im Jahr.

83 Bobbahn Winterberg: Ist mit einer Gesamtlänge mit Auslauf von 1609 Metern und 14 Kurven eine der schnellsten Eisbahnen der Welt. Sie ist die viertälteste Kunsteisbahn für den Rodel-, Skeleton- und Bobsport in Deutschland nach Königssee, Oberhof und Innsbruck-Igls. Es wird eine Höchstgeschwin-

digkeit von bis zu 140 Stundenkilometern erreicht. Die Eisoberfläche beträgt 65.000 Quadratmeter.

84 Bobbahnführung: Treffpunkt ist um 14 Uhr der Pavillon an der Sommerrodelbahn am Kapperundweg. Tickets gibt es an der Sommerrodelbahn oder bei der Tourist-Information Winterberg. Gruppenanmeldung ab 10 Personen erforderlich, Ermäßigung 10%. Weitere Infos: www.bobbahn.de

85 Panorama Erlebnis Brücke: Die Brücke mit den fünf Fun-Elementen aus der Vogelperspektive erleben und genießen. Eine fantastische Sicht auf den Bikepark, die Bobbahn, das Skigebiet Kappe, die Sommerrodelbahn und die St.-Georg-Sprungschanze.

86 Bikepark Winterberg: Alles zum Mountainbiken, Fahrtechnik verbessern oder einfach Spaß haben. Mit dem Lift geht es samt Bike hoch hinauf und runter auf neun Kilometer Profi-Abfahrtsstrecken. Bikes und Protektoren kann man sich ausleihen. Auch für Anfänger geeignet. Kurse bei erfahrenen Guides buchbar.

87 Skigebiet Kappe: Bietet eine Vielzahl von Abfahrten für jeden Anspruch, so zum Beispiel einen idealen Anfängerhang mit Skischule, Abfahrten für Fortgeschrittene und auch für Profis. Neu: eine 6er Sesselbahn für drei Skipisten!

88 Sommerrodelbahn: Rodeln mitten im Sommer. Selbst die Geschwindigkeit bestimmen auf der 700 Meter

langen rasanten Abfahrt. Ein Lift zieht die Besucher im Schlitten wieder den Berg hinauf. Infos gibt es unter www.erlebnisbergkappe.de

89 St. Georg-Sprungschanze: Auf der im Jahre 1959 erbauten Schanze wurden bereits Deutsche Meisterschaften und der Sommer-Grand-Prix der Nordischen Kombination ausgetragen. Sie befindet sich im Skiliftkarussell Winterberg, am Herrloh. Den Schanzenrekord hält seit 2000 Manuel Fettner (Österreich) mit 89,5 Metern. Im gleichen Jahr wurde die Schanze zur Mattenschanze umgebaut. 2007 erhielt sie eine neue Eisspur und Schneefangnetze.

90 Bobhaus: Hotel mit Sonnenterrasse und spektakulärem Panoramablick auf die Landschaft des Hochsauerlands. Direkter Zugang zu den Skipisten und die umliegende Region, die zum Wandern und Radfahren geeignet ist.

91 Ferienpark Landal: Außerhalb von Winterberg, direkt am Berghang gelegen. Eine Vielzahl an Freizeitangeboten inmitten der Natur. Komfortable oder luxuriöse Chalets lassen zur Ruhe kommen.

92 Golf-Club Winterberg: Golfplatz inmitten einer fast unberührten Naturlandschaft. 9-Loch-Anlage mit natürlichem Wasserlauf, der an mehreren Löchern spielentscheidend eingreift, sowie sensationellem Blick auf die sauerländische Bergwelt. Gemütliche Clubhausumgebung.

93 Astenturm: Er befindet sich auf dem 842 Meter hohen Kahlen Asten und ist der höchste Aussichtspunkt Westfalens. Von seiner Plattform bietet sich eine Rundumsicht über das Rothaargebirge sowie bei klarem Wetter eine Sicht bis hin zum 163 Kilometer entfernten Brocken im Harz.

94 Lennequelle: Die höchste Quelle des Sauerlandes ist auf einem mehr als 830 Meter hohen Bergmassiv gelegen. Über den Lehrpfad Kahler Asten gelangt man zur Lennequelle. Die Lenne fließt durch das Schmallenberger Sauerland und ist der wasserreichste Nebenfluss der Ruhr.

95 Wetterstation: Der Deutsche Wetterdienst hat dort wegen des von atlantischen Westwinden geprägten Klimas eine ständig besetzte Wetterwarte eingerichtet, die von Besuchern besichtigt werden kann.

96 Berghotel Kahler Asten: Das höchstgelegene Hotel in Nordrhein-Westfalen, angegliedert an den Astenturm, Alleinlage in der einmaligen Hochheide. Panoramablick aus den Zimmern. Auch ein Standesamt für die Trauung mit Feierlichkeit ist geboten.

97 Wintersportmuseum in Neuastenberg: Das Westdeutsche Museum wurde 1998 in Winterberg-Neuastenberg eröffnet. Es befindet sich in der ehemaligen Scheune des Gasthofs Rossel. Rückblick auf 100 Jahre Wintersportgeschichte der Region um den Kah-

len Asten. Einzigartiges Spezialmuseum im Nordwestdeutschen Raum.

98 St. Jakobus Kirche: Katholische Pfarrkirche in Winterberg. Ihre Entstehung reicht bis ins 13. Jahrhundert zurück. In jetziger Form wurde sie nach dem letzten Brand von 1791 wieder aufgebaut. Die Kirche ist Jakobus dem Älteren geweiht, dem Schutzheiligen der Pilger, die nach Santiago de Compostela ziehen.

10. ALTE KAMERADEN

Rehsiepen, In der Rellmecke

Matthias nahm nachdenklich das Telefon in die Hand und drückte die rote Taste, um es dann auf dem Schuhschrank in der Diele abzulegen. Er seufzte, öffnete die Haustür und trat, gefolgt von seiner Berner Sennenhündin Senta, nach draußen. Das hatte ihm gerade noch gefehlt. Torsten und Sebastian wollten kommen, seine damaligen Studienfreunde aus der alten Berliner Zeit. Und das schon morgen! Und ihre Weiber würden sie auch mitbringen. Entsetzlich. Wieder einmal hatte er das Zauberwort »Nein« nicht über seine Lippen bringen können, ihnen auch noch gesagt, dass er sich freuen würde. Doch wo sollten sie schlafen? Gleich vier Personen? So viel Platz bot das Alte Forsthaus 99 nun auch wieder nicht, nur wenn er unten auf der Couch schliefe und seine Gäste mit seinem Schlafzimmer Vorlieb nähmen, was ihm überhaupt nicht behagte. Er hätte ihnen sagen müssen, dass er sich in all den Jahren verändert hatte. Die Sauforgien von früher waren Vergangenheit. Heute lebte er solide. Doch tat er das wirklich? Okay, so gesellig wie früher war er nicht mehr, dem Wein sprach er jedoch immer noch viel zu oft zu.

Er setzte sich auf die Bank vor dem Haus. Es rauschte sacht in den Baumkronen, leise zwitscherten ein paar Vögel und die Sonne, die gerade im Begriff war unterzugehen, ließ ihr Licht gefiltert durch die Tannenspitzen fallen. Senta setzte sich dicht neben ihn und legte den Kopf auf seinen Oberschenkel. Die beiden waren zu einer Symbiose geworden. Kein Wunder, bei der langen Zeit, die sie schon zusammenlebten.

Während Matthias auf der Terrasse vor dem Forsthaus saß, um ihn herum Natur pur, wäre er am liebsten niedergekniet, um für dieses tolle Wunder der Schöpfung, welches ihn umgab, zu danken. Das bedeutete für ihn das wahre Leben! Er fand, dass es das Beste wäre, wenn er die nächsten Tage nur noch draußen verbringen würde, um auch ja nichts in der Natur zu verpassen. Er konnte die Leute nicht verstehen, die dauernd jammerten, wie heiß es sei, denen alles angeblich zu schnell ginge, die einzig und allein die Klimaveränderung für diese Temperaturen Anfang Juni verantwortlich machten. »Mensch, Leute! Genießt doch den Sommer!«, hätte er solchen Unkenrufern herzlich gern zugerufen.

Morgen würde es mit der Ruhe vorbei sein. Die labernden strunzenden Kumpel von früher würden in die Idylle einfallen wie Hyänen. Ob ihre Frauen genauso waren? Immer schön auf den Putz hauen? Oder hatten sich Torsten und Sebastian in der Zwischenzeit ebenfalls verändert? Nichts mehr mit nächtelanger Feierei?

Matthias war irgendwann alles zu viel geworden und er hatte das Ruder herumgerissen. Kurz vor dem Staatsexamen hatte er das Studium geschmissen, da ihm dieses Schickimickitum und seine angeblichen Freunde auf den Keks gingen. Dieses viele Gelaber um Nichts. Außerdem behagte es ihm nicht, noch länger auf der Tasche seiner Eltern zu liegen, die es selbst schwer genug hatten. Als er wieder in seinem Elternhaus in Ohlenbach 100 aufkreuzte und kundtat, dass er das Jurastudium geschmissen hatte, um auch Förster zu werden, genau wie sein Vater, brach es den Alten fast das Herz. Sie waren stolz auf den angehenden Juristen, der es besser haben sollte als sie. So ging er mit 25 Jahren noch einmal auf die FH für Forstwissenschaften, um schon nach nur drei Jahren als Forstassessor im gehobenen Staatsdienst zu beginnen. Die Stelle als Revierförster in Rehsiepen [101] kam ihm wie gerufen, ebenso die Unterkunft im Alten Forsthaus aus dem Jahre 1885, die seinem Vorgänger nicht gut genug war. Gerade dieses Leben fernab der Zivilisation in einem primitiven Häuschen faszinierte ihn immer wieder, denn heutzutage setzte er andere Prioritäten. Modernes Bad, Designerküche, überhaupt so zu leben wie im Schöner-Wohnen-Journal schien für ihn seit damals nicht mehr erstrebenswert.

Seine neue Errungenschaft Annette, die Kellnerin aus der Tapasbar in Hallenberg [102], würde er für dieses Wochenende ausladen. Sie war ihm zu schade, um sie seinen Yuppie-Freunden zu präsentieren, die sich über ihre einfache Art lustig machen würden.

Matthias begann zu rechnen. Wann hatte er die beiden angeblichen Freunde zuletzt gesehen? 15 Jahre musste es her sein. Bei der Vorstellung, dass sie in Designer-Anzügen am nächsten Tag hier aufschlagen und abwertend auf seine Unterkunft starren würden, drehte sich ihm der Magen um. Er goss sich noch einen großzügigen Schluck aus seiner Rotweinflasche ein. Gerade in diesem Moment kam sein Nachbar, der Schreiner Norbert Hansen vorbei, nickte ihm kurz zu, schenkte ihm ansonsten jedoch keine Beachtung. Hansen, ein grobschlächtiger, untersetzter Mann mit roten Haaren, bewohnte das nächste Haus am Ortsrand von Rehsiepen, ungefähr 400 Meter vom Forsthaus entfernt unweit der Sorpequelle im Lennekessel [103]. Die beiden Männer mochten sich nicht, was wahrscheinlich daran lag, dass Matthias Alkohol trank und Hansen nicht mehr. Er war inzwischen Mitglied der Blaukreuzgruppe, klares Zeichen dafür, dass er es irgendwann mit dem Alkohol übertrieben hatte, wie erzählt wurde. Frau und Kinder hätten ihm deswegen den Rücken gekehrt. Er hatte sich zu einem absoluten Gegner des Alkohols gewandelt und hoffte auf die Rückkehr seiner Familie.

Matthias drehte gegen 22 Uhr noch eine letzte Abendrunde mit Senta. Wieder begegnete er Hansen und wunderte sich, dass der Mann so lange unterwegs war, ohne Hund, ganz allein. Grußlos gingen sie aneinander vorbei. Matthias hatte es aufgegeben, ihn anzusprechen. Hansen wollte nichts mit ihm zu tun haben und das hatte er zu akzeptieren.

Oder sollte er Annette nicht ausladen?, überlegte Matthias. Sie könnte ihm beim Bewirten der Gäste behilflich sein. Und wenn ihr jemand Beleidigungen an den Kopf werfen würde, wäre das ein Grund, das Quartett hinauszuwerfen. Kommt Zeit, kommt Rat, sagte er sich. Er war mittlerweile überzeugt, das Wochenende irgendwie zu überstehen. Schließlich war er nicht mehr der dumme Matthias von früher, der sich alles gefallen ließ.

Am anderen Morgen stand Matthias schon um acht Uhr im Supermarkt in Winterberg an der Wursttheke und überlegte, was er einkaufen sollte. Er hasste Besuch genauso wie Familienfeste. Dieses Wettrüsten, dieses einander übertreffen wollen, mit irgendwelchen übertriebenen Gerichten, die alles andere als schmackhaft waren, dafür aber mit kostspieligen Zutaten aufwarten konnten. Er hingegen hatte sich für Kartoffelsalat mit Steaks und Grillwürstchen entschieden. Würstchen und Wurst für das Frühstück am nächsten Morgen orderte er gerade bei der freundlichen Verkäuferin, den Salat würde er kaufen und aufpeppen. Zwei Päckchen davon, fünf Eier und ein halbes Pfund Fleischwurst hinein; schon dachten seine Gäste, Oma habe den Salat gezaubert.

Annette hatte er nach reiflicher Überlegung abgesagt. Sie klang am Telefon etwas verstimmt, zeigte aber doch Verständnis, nachdem er ihr von seinen unmöglichen Freunden berichtet hatte. Annettes Schüchternheit und die Großkotzigkeit der Typen harmonierten einfach nicht. Er kannte Annette erst so kurze Zeit und war froh über diese neue Liebe, nachdem er jahrelang ohne eine Frau an seiner Seite ausgeharrt hatte. Sein Aussehen, die schmale Statur, gepaart mit den wenigen hellblonden Haaren und der weißen Haut waren nicht gerade der Hingucker bei Frauen in seinem Alter. Außerdem trauerte er noch immer seiner Jugendliebe Katja hinterher, mit der er während seiner Studienzeit fast zwei Jahre liiert gewesen war. Als er ihr mitteilte, dass er statt Jurist lieber Revierförster im heimischen Sauerland werden wollte, hatte sie ihn ausgelacht und ihm den Laufpass gegeben. Tags zuvor hatte sie ihm während einer heißen Nacht noch beteuert, wie sehr sie ihn lieben würde. Dabei hatten Katja und er allein vom Äußeren wunderbar zusammen gepasst. Katja war ein echtes Naturkind, mit toller Figur und einem recht hübschen, wenn auch markanten Gesicht. Von Kosmetika hatte sie jedoch überhaupt nichts gehalten und war stolz auf die Zeit, die sie dadurch täglich einsparte. Doch so weit ging ihre Liebe dann doch nicht, mit Matthias ins Sauerland, wo Fuchs und Hase sich gute Nacht sagten, zu ziehen.

Danach kam noch Karola, die Nichte des Schreiner Hansen, die ihm jedoch viel zu prüde war und Sex erst in der Hochzeitsnacht wollte. Auch wenn er kein Dressman war, eine Katze im Sack wollte er auch wieder nicht kaufen.

Matthias hatte gerade zwei Matratzen vom Dachboden geholt und in sein Schlafzimmer gehievt, als er ein Auto hörte, das vor dem Forthaus hielt. Es folgte lautes Türenschlagen und Gelächter. Ein Blick aus dem Fenster verriet ihm, dass sie sich scheinbar nicht groß geändert hatten in all den Jahren. Ein aufgemotzter schwarzer Porsche Cayenne parkte vor dem Haus. Und schon klingelte es an der Haustür.

»Matthes! Alter Junge«, schrie Torsten regelrecht in die Diele, als Matthias die nostalgische Doppelflügeltür öffnete, vor der die vier Menschen mit weit aufgerissenen Augen warteten. Matthias dachte kurz daran, die Tür einfach wieder zu schließen und nach oben zu rennen, doch Senta sprang dem alten Kumpel schon freudig entgegen.

»Hallo«, erwiderte Matthias knapp den Gruß und ließ die vier eintreten, nachdem Torsten ihn an seinen gelben Designerpulli gerissen hatte, um ihn zu herzen.

»Hast dich gar nicht verändert«, kam die obligatorische Floskel, bevor er an ihm vorbeistürmte, um das Forsthaus neugierig zu inspizieren. Auch Torsten hatte sich kaum verändert, stellte Matthias fest. Die gleiche Mähdrescherfrisur, die sonnengebräunte Haut mit unzähligen Leberflecken sowie der tänzelnde Gang, den man eigentlich Homosexuellen nachsagte.

Auch Sebastian begrüßte Matthias unnatürlich freundlich, klopfte ihm auf die Schulter und lachte dämlich. Sein Bauch stand immer noch hervor und auch die Knollennase hatte sich nicht verändert. Das schulterlange Haar war fettig, genau wie früher. Die Frau an seiner Seite, die

Matthias als Nic vorgestellt wurde, war zierlich und dunkelhaarig mit einem schmalen Rehgesicht. Sie reichte ihm mit einem warmen Lächeln zögernd die Hand. Matthias fand sie sympathisch.

Zuletzt betrat Torstens Frau das Forsthaus und Matthias gefror das Blut in den Adern. Es handelte sich um keine andere als seine Jugendliebe Katja. Seine Hände begannen zu zittern und er war nicht in der Lage, ihr zur Begrüßung die Hand zu reichen. Ein wenig verlegen schaute die blonde Katja, die ihre Haare zu einem Pferdeschwanz gebunden trug, zu Boden, als sei ihr das Wiedersehen peinlich.

»Ja, da staunst du, was?«, rief Torsten ihm entgegen. »Katja und ich sind seit vier Jahren verheiratet und haben sogar eine kleine Tochter.« Torsten genoss es sichtlich, seinen Kumpel damit bis aufs Mark zu ärgern. Zu sehen, wie Schweiß auf seine Stirn trat und er am liebsten in das nächste Mauseloch verschwunden wäre.

Auch Katja, die sich, wie Matthias feststellen konnte, zu ihrem Nachteil verändert hatte, schien die Situation nun keineswegs mehr peinlich zu finden. Frech lachte sie, als ergötze sie sich daran, Matthias so in Verlegenheit zu bringen.

Torsten und Sebastian waren kaum gealtert, musste Matthias zugeben, während er sie, nachdem sein Besuch sich ins Wohnzimmer gesetzt hatte und wild drauflos plapperte, genau beobachtete. Er konnte immer noch nicht fassen, dass Torsten sich mit Katja zusammengerottet hatte. Schon rein äußerlich passten die beiden überhaupt nicht zusammen. Was er ihm allerdings nicht verzeihen konnte, war die Tatsache, dass er am Telefon kein Sterbenswörtchen davon erwähnt hatte. Sie wären auf der Durchreise, wollten für ein paar Tage nach Italien, und wären deshalb auf die Idee gekommen, den lieben Matthias zu besuchen, verkündeten die Männer stolz. Während die beiden und Katja Juristen mit gut gehender Gemeinschaftskanzlei in Berlin geworden waren, verdingte sich Nic – die einzige Person im Raum, die Matthias als angenehmen empfand – als Krankenschwester.

»Du hast dich echt überhaupt nicht verändert«, äußerte sich Torsten in seiner versnobten Art ein weiteres Mal und blickte ihn abfällig an. »Wie kamst du bloß auf die Idee, Förster in dieser Einöde zu werden?« Missbilligend sah er sich im alten Forsthaus um. »Bekommst du in dieser Hütte keine Platzangst?«

»Ich habe mich sehr wohl verändert. Diese ganzen Äußerlichkeiten bedeuten mir nichts mehr. Ich konzentriere mich auf das Wesentliche. Bin endlich angekommen. Ein Leben in und mit der Natur füllt mich aus. Nein, ich bekomme hier keine Platzangst. Ich fühle mich wohl. Das idyllische Forsthaus in dieser einzigartigen Lage ist einfach ein Traum.«

Katja, Torsten und Sebastian lachten, klopften sich vor Vergnügen auf die Schenkel. Es schien ihnen Spaß zu machen, den angeblichen Freund von früher zu kränken.

»Du hast keine Frau an deiner Seite?«, wollte Sebastian wissen. »Oder hat sie sich versteckt? Füttert sie vielleicht gerade das Vieh?«

»Ich habe eine Freundin«, antwortete Matthias so ruhig wie möglich. Innerlich kochte er vor Wut, drehte den Flaschenöffner nervös in seinen Händen.

»Wo ist sie? Wieso stellst du sie uns nicht vor?«, wollte Katja wissen.

»Weil ich das für keine gute Idee halte.«

»Was macht sie beruflich?«, kam von Torsten.

Die Frage blieb jedoch unbeantwortet.

»Ist sie vielleicht so hässlich, dass du sie vor uns verstecken musst?«, wollte Katja ihn aus der Reserve locken.

Matthias zitterte vor Zorn. Lange sah er Katja an und fragte sich, wie er sie einmal attraktiv finden konnte, diese Bauerntrine, die nichts Schönes an sich hatte.

»Im Gegensatz zu dir ist sie durchaus vorzeigbar. Du hast wohl einen schönen Spiegel zu Hause, was?«

Matthias war kurz davor, seine unliebsamen Gäste aus dem Haus zu schmeißen.

Zwei Stunden später überlegte Matthias noch immer krampfhaft, wie er das Quartett schnellstens loswerden konnte. Ihm kam die Idee, sie für die Nacht in eines der umliegenden Hotels unterzubringen, weil er es unerträglich fand, mit diesem Pack unter einem Dach zu nächtigen. Vielleicht im Hotel Astenkrone 104 in Altastenberg. Die hatten bestimmt noch Zimmer frei.

Während er den Grill im Garten entzündete, schlenderten Torsten, Sebastian und Katja umher, wobei sie alles genauestens inspizierten und niedermachten. Einzig Nic gesellte sich zu ihm, peinlich berührt von dem unmöglichen Benehmen der anderen.

Bereits zwei Flaschen seines besten Rotweins hatten sie wie Wasser in sich hineingeschüttet, was Matthias ärgerte. Selbst Senta hatte sich von den drei Rädelsführern abgewandt.

»Zeigst du uns morgen mal etwas von der schönen Gegend?«, wollte Nic wissen. »Ich würde mir gerne einmal den Fernsehsender auf der Hunau 105 ansehen.«

Matthias zuckte nur mit den Schultern. Er war felsenfest davon überzeugt, dass es kein Morgen mit den vieren geben würde.

Regelrechte Hassgefühle, besonders für Torsten, machten sich in Matthias breit. Am liebsten hätte er ihm mit der Grillzange eins über den Kopf gezogen, um mit seiner grenzenlosen Wut fertigzuwerden. Er fragte sich wieder und wieder, was sie hier wollten, wieso sie überhaupt gekommen waren.

Sebastian stampfte wie ein Elefant durch seinen liebevoll angelegten Bauerngarten, trampelte seine Zwiebeln und Kräuter nieder, Torsten riss einige von den Erbsenschoten ab, aß den Inhalt auf und warf den Rest achtlos zu Boden, köpfte auch noch zwei seiner Kletterrosen. Katja riss die noch winzigen unreifen Äpfel vom Baum und zielte damit kichernd auf Torsten. Über alles wurde sich lustig gemacht.

Beim Grillen ging es weiter. Die Würstchen wären popelig, bei den Steaks würde man sofort schmecken, dass sie aus dem Päckchen stammten, der Salat ginge gar nicht. Wo denn weitere Beilagen blieben?, wollten die versnobten Städter wissen.

Dafür ließen sie sich, bis auf Nic, den Alkohol in Form von Wein und Bier durch die Kehle rinnen, um danach immer mehr dummes Zeug zu quatschen. Beleidigung reihte sich an Beleidigung und Matthias war einmal mehr froh, Annette nicht eingeladen zu haben. Die Ärmste hätte wahrscheinlich schon das Weite gesucht.

»Sag mal, was ist eigentlich mit Musik?«, fragte Torsten gegen 22 Uhr mit belegter Zunge.

»Was soll damit sein? Gibt es hier draußen natürlich nicht. Das Gezwitscher der Vögel ist für mich Gesang genug. Außerdem würde es die Rehe verschrecken.« Matthias nahm seufzend einen Schluck aus seinem Weinglas und schaute zu dem gegenüberliegenden Gehege, in dem seine Ricke mit den drei Kitzen lebte.

»Ja, da schau her, die armen Rehe … Wieso gab es heute Abend keinen Rehbraten?« Sebastian lachte sich über seinen vermeintlichen Witz einen ab.

Matthias hingegen trieb dieses Geschwafel Tränen in den Augen.

»Sag mal, seid ihr nur hergekommen, um mich fertig zu machen?« Ernst sah er Sebastian an.

»Ja, sowas, unser Jüngelchen ist beleidigt. Haben wir ihn gekränkt?« Torsten kroch ganz nah in Matthias Gesicht und strich ihm über seinen Kopf. Katja lachte wie eine Irre und warf sich nach hinten in den Stuhl, dass er nur so ächzte.

Wütend sprang Matthias auf und schrie: »Fass mich nicht an! Es reicht mir!« Zur Bestätigung, dass er es ernst meinte, kippte er Torsten den Inhalt seines Weinglases ins Gesicht.

Das fand dieser gar nicht lustig, sprang ebenfalls auf und griff Matthias an den Kragen seines Polohemdes, was er besser nicht hätte tun sollen. Senta drängte sich nah an Matthias und zeigte eindeutige Drohgebärden, wollte Torsten an die Wäsche. Ein Wort von Matthias hätte genügt und der treue Hund hätte sein Herrchen bis aufs Letzte verteidigt.

»Schon gut, schon gut«, sagte Torsten beschwichtigend, löste seine Hände von Matthias und machte einige Schritte zurück. An Sebastian gewandt meinte er: »Ich habe dir gleich gesagt, dass es eine beschissene Idee ist, diesen Trottel zu besuchen. Der ist doch nur eifersüchtig, dass ich mit Katja zusammen bin. Mit *seiner* Katja!«

Matthias fing laut an zu lachen. »Ich werde Gott in Zukunft jeden Tag danken, dass ich diese hohle Nuss rechtzeitig losgeworden bin. Du meine Güte, muss ich damals blöd gewesen sein. Zwei verschenkte Jahre waren das. *Meine* Katja ist nicht nur hässlich wie die Nacht, sie hat auch noch einen fiesen Charakter. Jede Dorfschlampe hier im Umkreis hat ein angenehmeres Wesen als deine Alte!« So, das musste raus. Matthias atmete tief durch und machte sich auf den Weg zu seiner Gassirunde mit Senta. »Wenn ich zurück bin, seid ihr verschwunden.«

Er reichte Nic, der einzig Vernünftigen des Quartetts, die gegen die anderen jedoch nicht ankam, die Hand und sagte in freundlichem Tonfall: »Tut mir echt leid für dich, doch das geht zu weit.«

Nic hatte Tränen in den Augen und nickte nur peinlich berührt. »Ist schon okay. Ich kann dich verstehen.«

Er drehte sich nicht mehr um, als er auf das Tor zuging.

Die Zeit verstrich, während Matthias langsam den Waldweg entlangschlenderte, um herunterzukommen. Wieder hatte er seinen Nachbarn Hansen getroffen, der im düsteren Zwielicht wohl seine letzte Runde drehte. Unheimlicher Kauz, dachte Matthias, der ein abwertendes Kopfschütteln wahrnehmen konnte, als er an ihm vorbeiging. Am liebsten hätte er ihn zur Rede gestellt, doch er konnte sich gerade noch beherrschen. Was sollte Matthias sich unnütz aufregen? Hatte er nicht schon Ärger genug? Er betete, dass bei seiner Rückkehr wieder Ruhe ums Forsthaus eingekehrt und das Quartett fortgefahren war. Nic war so gut wie nüchtern und war somit noch fahrtüchtig. Zu dem Zeitpunkt wusste er noch nicht, dass Nic gar keinen Führerschein besaß.

Immerhin herrschte friedliche Ruhe, als er sein Grundstück betrat. Das protzige Auto, welches angeblich knapp

200.000 Euro gekostet hatte, stand noch in der Auffahrt. Die Laterne am Eingang zum Forsthaus verbreitete ein wohlig gelbliches Licht. Die Windlichter auf dem Tisch flackerten sachte. Das Feuer im Grill war verloschen, die gemütliche Sitzecke verwaist.

Ein Käuzchen rief. Plötzlich vernahm er das aufgeregte Schrecken der Rehe. Als er zum Zaun des Geheges ging, sah er Torsten davor im Gras liegen. Sein Polohemd war mit Erbrochenem verunziert, seine Designerjeans vorne durchnässt. Wie tot lag er da. Trinken und nichts vertragen können. Matthias schnaubte wütend und machte sich auf den Weg zu den anderen. Senta lief ihm voraus zum Haus. Die Tür stand offen, was er zuvor gar nicht bemerkt hatte. Sie hatten es doch nicht gewagt und es sich oben in seinem Schlafzimmer gemütlich gemacht? Oben lag jedoch nur Nic friedlich schlafend in seinem Bett.

Letztendlich fand er Sebastian und Katja im Stall, wo sie, bevor sie wohl vom Schlaf übermannt worden waren, Sex gehabt haben mussten. Beide waren unten herum nackt, ein eindeutiges Indiz. In der Hand hielt Sebastian eine halbleere Flasche seines selbstaufgesetzten Holunderbeerlikörs. Was für eine Frechheit, sich an fremdem Eigentum zu vergreifen und dann auch noch Sex mit der Frau des angeblich besten Freundes zu haben. Vor Ekel und Abscheu wandte Matthias sich ab.

Er hörte ein herannahendes Auto. Das musste Micha sein. Matthias wusste sich keinen anderen Rat und hatte vor wenigen Minuten seinen besten Freund, der in Selkentrop 106 wohnte und dort Landwirtschaft betrieb, angerufen, um ihm sein Leid zu klagen. Dieser erklärte sich sofort bereit zu kommen, um ihm, falls die Meute noch nicht das Weite gesucht hatte, beizustehen und nach einer Lösung zu suchen.

Zuerst schnappten sie sich Torsten, hievten ihn in den Kofferraum seines Wagens, der zum Glück unverschlossen war. Matthias' Rehe sollten endlich wieder Ruhe haben. Katja und Sebastian schleppten sie aus dem Stall ebenfalls zu der Nobelkarosse und platzierten die beiden auf der Rückbank.

»Vielleicht solltest du sie erst ihren Rausch ausschlafen lassen. Morgen früh hauen die dann wahrscheinlich von alleine ab«, meinte Micha.

»Und wenn nicht? Nein, keine Sekunde länger will ich dieses Volk um mich haben«, zischte Matthias, kramte die Klamotten der vier zusammen und warf sie in den Kofferraum.

Dann weckte er Nic, die taumelnd mit ihm ging, um sich, wie von Matthias befohlen, auf den Beifahrersitz des Porsches zu setzen. Völlig schlaftrunken starrte sie Matthias an und konnte nicht begreifen, was er vorhatte. Immerhin hatte sie ihm noch verraten, wo sich der Wagenschlüssel befand.

Und schon konnte die Fahrt losgehen. Matthias wollte schon immer mal so einen tollen Wagen fahren und startete Richtung Schmallenberg. Auf der kurvenreichen schmalen Straße durchs romantische Sorpetal gab er richtig Gas. Jetzt gegen Mitternacht war die Wahrscheinlichkeit eines entgegenkommenden Fahrzeugs gering. Micha hatte Schwierigkeiten, mit seinem kleinen Vitara an Matthias' Fahrzeug dranzubleiben, der ihm noch nicht einmal verraten hatte, wo die Fahrt hingehen sollte. Sie schossen durch die kleinen Orte Rehsiepen, Obersorpe und Mittelsorpe. In dem Weiler Rellmecke 107 kurz vor Niedersorpe bremste Matthias plötzlich ab. Fast wäre ihm Micha hinten aufgefahren. Kurz entschlossen fuhr er die Auffahrt, die zum Wanderparkplatz führte, hinauf, schaltete den Motor aus und entstieg dem Wagen. Den Schlüssel steckte er in seine Hosentasche. In einiger Entfernung war ein spärlich beleuchtetes Haus zu erkennen. Völlige Einsamkeit, keine Straßenbeleuchtung, nichts.

»Was sollen wir hier? Das kannst du doch nicht machen. Ich habe dir nichts getan!«, rief Nic völlig verzweifelt.

»Wenn die anderen ihren Rausch ausgeschlafen haben, könnt ihr die Heimfahrt antreten. Du hast ja leider keinen Führerschein, wie du mir erzählt hast. Nein, stimmt, du hast mir nichts getan. Aber allein schon solche Freunde zu haben, ist Verbrechen genug. Wusstest du eigentlich, dass dein Sebastian ein Verhältnis mit Katja hat?«

Nics Augen wurden feucht. »Was soll ich daran ändern?«

Matthias schüttelte seinen Kopf. »Ja, wenn du es nicht weißt, wer dann?«

Er stieg zu seinem Freund ins Auto und ließ sich zum Forsthaus zurückfahren.

»Mensch, so kenne ich dich gar nicht. Die kennen sich doch hier gar nicht aus. Diese Strecke ist doch nur was für Ortskundige.« Micha schaute seinen Freund vorwurfsvoll an.

Matthias schmunzelte nur und zeigte ihm den Schlüssel der Nobelkarosse. »Ohne Schlüssel können sie auch morgen früh nicht weg, wenn es hell ist. Und die beiden auf dem Rücksitz auch noch ohne Hosen. Trinken wir noch einen Schluck zusammen? Es ist noch so mild draußen.«

Micha gähnte geräuschvoll. »Sei mir nicht böse. Es ist immerhin schon Mitternacht. Ich muss früh raus. Ein anderes Mal, okay?«

Und schon war der gute Michael davongefahren. Senta, die schon auf ihr Herrchen gewartet hatte, sprang ihm am Forsthaus freudig entgegen.

»Komm, Senta, wir beiden setzen uns noch auf die Terrasse.« Zufrieden, den unliebsamen Besuch los zu sein, goss sich Matthias noch einen Schluck von seinem Rotwein ein, um ihn sich genussvoll einzuverleiben. Er würde nach diesem Albtraum noch keinen Schlaf finden und brauchte diese himmlische Ruhe in der freien Natur jetzt einfach. Die Rehe hatten sich wieder beruhigt. Er musste schmunzeln, wenn er daran dachte, wie die verkaterten Freunde am anderen Morgen zuerst einmal orientierungslos aus dem Wagen steigen und herumirren würden.

Bernhard Nowicki kratzte sich sein Kinn und schaute fassungslos aus dem Wohnzimmerfenster seines herrlichen Anwesens. Während er telefonierte, beobachtete er ein Fahrzeug, das auf dem knapp hundert Meter entferntem Wanderparkplatz parkte.

Mord im Alten Forsthaus Rehsiepen, er möge sofort kommen. Mord im idyllischen Sorpetal kam selten vor. Er konnte sich nicht erinnern, in seiner langen Laufbahn als Kommissar jemals damit konfrontiert worden zu sein. In Fredeburg, Schmallenberg und in Winterberg gab es schon hin und wieder mal Morde, aber nicht in einem romantischen Forsthaus und einem noch romantischeren Tal. Seine Frau Elli, mit weißer Kittelschürze, weil Wochenende, lief aufgeregt von Fenster zu Fenster und lamentierte lautstark herum: unerhört, vier obskure Gestalten, zwei davon ohne Hose, ein protziges Zuhälter-Auto, was die wohl hier zu suchen hatten.

Nowicki kippte seinen Kaffee herunter, biss noch einmal in sein Honigbrötchen und war auch schon zur Tür hinaus. Bevor er jedoch in seinen BMW stieg, der in der Garagenauffahrt parkte, bemühte er sich noch zu den Leuten, die wenige Meter von seinem Haus entfernt um den Cayenne herumliefen und sich die Haare rauften. Selbst die hellbraune Kuhfamilie auf der Weide direkt dahinter riss die Augen groß auf.

»Guten Morgen, kann ich Ihnen helfen?« Nowicki schaute auf das Berliner Autokennzeichen. »Haben Sie sich verfahren?«

Na ja, immerhin hatten jetzt alle vier Personen ihre Hosen an. Trotzdem kamen sie Nowicki höchst verdächtig vor.

»Der Autoschlüssel ist uns abhanden gekommen. Wir haben gestern Abend hier eine Rast eingelegt, sind wohl eingeschlafen und nun suchen wir den Schlüssel.« Torsten lächelte Nowicki übertrieben freundlich an. Er fuhr sich dabei durch sein wirres Haar und zog sein mit Rotwein und Erbrochenem verunziertes Shirt gerade.

Nowickis Blick blieb an seiner befleckten Jeans hängen. So jung und schon Blasenschwäche, dachte er.

»Wieso haben Sie ausgerechnet hier eine Rast eingelegt?« So ein dicker Schlitten und kein Geld für ein Hotelzimmer, dachte der Kommissar noch.

»Wir haben einen alten Freund in der Gegend besucht. Er ist Förster und wohnt in Rehsiepen im Alten Forsthaus.«

Nun klingelten bei Nowicki sämtliche Alarmglocken. Diese vier suspekten Personen, die hier orientierungslos und total verkatert herumirrten, wollten den Mann besucht haben, der vor einer halben Stunde tot aufgefunden wurde? Da war doch etwas faul.

»Haben Sie Alkohol getrunken?«, fragte er Torsten und trat ganz nah an ihn heran.

»Ich wüsste nicht, was Sie das angeht«, regte sich Torsten auf.

Nowicki zog die Mundwinkel herunter und zückte seinen Dienstausweis. »Nowicki, Hauptkommissar Bernhard Nowicki.«

»Gestern Abend, ja, da haben wir Wein getrunken, bei unserem Freund auf der Terrasse«, sagte Torsten und bereute seine Worte sofort.

»Und sind noch hierher gefahren?«

»Nein, ich bin nicht gefahren«, erwiderte Torsten.

»Wie dem auch sei, ich muss zu einem Einsatzort. In einer Stunde bin ich wieder hier. Ich möchte Sie bitten, auf mich zu warten. Dann sehen wir weiter.«

Bei dem Wort Hauptkommissar hatte das Quartett Augen groß wie Tomaten bekommen.

Torsten nickte Nowicki kurz zu und setzte sich auf die in der Nähe stehende Bank. Wie sollten sie auch von hier wegkommen? Ohne Autoschlüssel. Okay, sie hätten sich per Handy ein Taxi rufen können. Doch seinen Wagen würde Torsten niemals zurücklassen.

Auf der Strecke zum Forsthaus informierte Nowicki die Polizeidienststelle Fredeburg und bat darum, einen Einsatzwagen zu schicken, der die Leute erst einmal festsetzte. Er wollte sicher gehen, dass sie nicht eventuell mit einem Taxi türmen würden. Dass das nicht rechtens war, war ihm bewusst, doch hoffte er, dass das Quartett es nicht wusste.

Am Forsthaus angekommen, fuhr Nowicki mitten in ein Tohuwabohu. Der Gerichtsmediziner Frank Voß blähte seine Nüstern, schaltete sein Diktiergerät aus und begrüßte Nowicki freudig. Nowickis Kollege Helmut Henneke, der in Oberrarbach 108 wohnte, traf ebenfalls gerade ein. Die Spusi-Männer in ihren weißen Anzügen krochen auf dem Boden herum, um Spuren zu sichern. Zwei uniformierte

Polizisten schirmten den Tatort vor Schaulustigen ab, die am liebsten mit ihren Wanderrucksäcken bis ins Forsthaus marschiert wären. Ein weiterer kümmerte sich gerade um die winselnde Senta, die einfach nicht verstehen konnte, dass sie nicht an Herrchen kleben bleiben konnte.

»Na, Frank, was haben wir denn hier?«, fragte Nowicki mit einem Blick auf den Toten seinen Kollegen.

»Er hat mit einem Stanley Schreinerhammer einen gezielten Schlag gegen die Schläfe bekommen. Schätze mal, dass er betrunken war und sich deshalb nicht gewehrt hat. Ungefähr vor sechs Stunden muss es gewesen sein. Genauer kann ich es erst nach der Obduktion sagen.«

Ein schrecklicher Anblick, der so gar nicht in diese verträumte Wald- und Wiesenlandschaft passte. Nowicki war froh, schon etwas im Magen zu haben. Der Tote hing quasi über der alten Holzbank, die Arme ausgebreitet, den Kopf weit nach hinten gebeugt. Aus dem Mund flog surrend eine Fliege. Das Blut, das ihm übers Gesicht gelaufen war, war bereits getrocknet. Auch sein Haar war blutverklebt.

»Hier in der Hosentasche hatte er einen Porsche-Schlüssel. Ich weiß nicht, ob das was zu bedeuten hat«, meinte Voß mit einem Blick auf dem vor dem Forsthaus stehenden kleinen Geländewagen und reichte Nowicki einen Asservatenbeutel.

»Und ob das was zu bedeuten hat«, meinte Nowicki und musste an die illustre Gesellschaft denken, die vor seinem Haus kauerte. Doch wenn tatsächlich einer von denen den Förster umgebracht haben sollte, wie kamen sie dann ohne Autoschlüssel mit der Karosse bis in die Rellmecke?

»Matthias Schütte heißt der Tote. Er war hier der Revierförster. Ein Jogger hat ihn entdeckt. Er wurde durch das laute Bellen des Hundes auf den Mann aufmerksam.« Sein Kollege, Kommissar Helmut Henneke, war sichtlich stolz, in so kurzer Zeit schon so viel in Erfahrung gebracht zu haben.

Nowicki reichte Henneke den Autoschlüssel, dessen Blick an dem ledernen Porsche-Anhänger kleben blieb. »Das passende Auto dazu steht bei mir zu Hause vor der Tür. Schick die SpuSi dorthin und lass die Herrschaften, die dort auf mich warten, auf die Wache nach Fredeburg bringen.«

Er wusste, dass er sich auf Henneke verlassen konnte. Er selbst wollte noch warten, bis man die Leiche abtransportiert hatte. Der arme Hund, dachte er noch und hoffte, dass es schnell gehen würde, bis man Angehörige gefunden hatte, die sich wenigstens vorerst um Senta kümmern konnten.

»Ich weiß wirklich nicht, was das alles hier soll.« Torsten schnaufte vor Wut.

Nur wenig Tageslicht erreichte den Raum mit dem winzigen Fenster, in den man ihn gebracht hatte. Das Licht der Neonröhren an der Decke ließ die Gesichter der anwesenden Personen ungewöhnlich blass erscheinen. Draußen schien derweil die Sonne, ein herrlicher Sommertag, und noch immer wurde er verhört. Torsten schäumte über vor Zorn. Sebastian und die beiden Frauen hatte man, wieso auch immer, laufen lassen, nachdem ihre Personalien überprüft worden waren. Torstens funkelnde braune Augen sahen Nowicki drohend an. Am liebsten hätte er ihn kräftig geschüttelt, diesen dicken arroganten Typen. So starrköpfig und uneinsichtig konnte ein Mensch doch gar nicht sein.

»Sie sind stur, Lackmann. Sie würden uns die Sache leichter machen, wenn Sie endlich gestehen würden.« Nowicki konnte seinem Blick nicht standhalten. Er wusste, dass Lackmanns Festnahme auf wackeligen Beinen stand. Auf sehr wackeligen Beinen sogar.

»Ich kann nicht etwas gestehen, was ich nicht getan habe. Ich habe Matthias nicht ermordet. Ich hatte überhaupt keinen Grund dafür. Außerdem schlief ich, während er umgebracht wurde, in meinem Wagen vor ihrem Haus in diesem jämmerlichen Tal. Matthias selbst hat uns dorthin gefahren und sich dann von seinem Kumpel zurück zum Forsthaus bringen lassen. Das hat Ihnen Nic doch schon alles erzählt. Wie soll ich bitte schön zum Forsthaus gekommen sein? In meinem alkoholisiertem Zustand.« Nervös fuhr sich Torsten durch sein dichtes Haar. Seine Wut auf Nowicki steigerte sich, zumal er als Jurist wusste, dass das, was der Bulle hier abzog, nicht korrekt war.

»Aber es gab Streit zwischen dem Förster und Ihnen. Das haben Sie doch selbst erzählt.« Nowicki war mit seinem Latein am Ende.

»Hören Sie, ich will nicht die Nacht hier verbringen. Ich habe mir nichts zuschulden kommen lassen. Wieso sollte ich den ehemaligen Freund, den ich besucht habe, umbringen wollen? Sie vergeuden Ihre Zeit, wenn Sie mich festhalten.«

Nowicki kaute auf seiner wulstigen Unterlippe und sah den Mann an. Er hatte recht, wusste er. Doch konnte er es zugeben, ohne sein Gesicht zu verlieren? Außerdem wäre es praktisch, wenn er schon so kurz nach der Tat den Mörder liefern könnte. Das wären mal wieder Pluspunkte für ihn.

»Ein Dorfbewohner hat in der Nacht einen Radfahrer vom Forsthaus in Richtung Obersorpe davonradeln sehen.«

»Wo soll das Rad hergekommen sein? Etwa aus Ihrer Garage? Wo befindet es sich jetzt? Ich hatte mindestens zwei Promille Alkohol im Blut und den totalen Blackout.«

»Eben«, meinte Nowicki. Er wusste, dass es sehr schwach war, was er vorbrachte.

»Nic kann bezeugen, dass ich die ganze Zeit im Kofferraum geschlafen habe. Vielleicht sollten Sie Senta fragen, wer es gewesen ist.«

Nach zwei weiteren Stunden, in denen Torsten vor Wut fast geplatzt war, ließ Nowicki ihn gehen. Er bat ihn, sich zwei Tage zur Verfügung zu halten, falls noch Fragen wären.

Nachdem die SpuSi an dem Porsche Cayenne keine verdächtigen Spuren gefunden hatte, übergab er ihm den Schlüssel.

Der Landwirt Micha Ochsenfeld versicherte Helmut Henneke immer wieder, dass sein Freund Matthias noch lebte, als er ihn verlassen hatte.

Nachdem Henneke mit einem Streifenpolizisten in Rehsiepen von Haus zu Haus gelaufen war, um zu fragen, ob vielleicht jemand in der Tatnacht etwas Verdächtiges bemerkt oder gesehen hatte, suchte er sämtliche Wanderparkplätze in der Nähe auf, um nach Fahrzeugen Ausschau zu halten, die nicht in sein Bild vom lokalen Straßenverkehr passten. Er wusste, wie stur die Sauerländer waren und man sich nicht darauf verlassen konnte, dass sie zur Polizei kommen und eine Aussage machen würden. Deshalb befragte er sie persönlich.

Schreiner Hansen hatte ihm den entscheidenden Hinweis gegeben, dass der Landwirt Micha Ochsenfeld aus Selkentrop in der Nacht zum Forsthaus gefahren sei. Schließlich würde er seinen Wagen genau kennen, was Henneke eigenartig fand, mitten in der Nacht zufällig am Fenster jemanden erkannt zu haben, der im Auto vorbeifuhr.

Gegen Abend hatte er sich auf den Weg nach Selkentrop gemacht, um Ochsenfeld, den er seit der Schulzeit kannte, zu befragen. Dieser reagierte geschockt, als er die Todesnachricht seines Freundes erhielt. Er wollte ihn noch am Nachmittag anrufen, um nachzuhören, ob alles okay sei, hatte es jedoch wieder vergessen, erzählte er dem Kommissar.

Henneke fand die Idee hirnrissig, die unliebsamen Gäste in deren eigenen Wagen, drei Orte weiter in einem einsamen Tal, ausgerechnet vor dem Haus des Hauptkommissars zurückzulassen und mit dem Schlüssel davonzufahren.

Er sah seinen alten Schulfreund mit scharfem Blick an. War er der Mörder von dem Förster? Hatte es anschließend Streit gegeben?

Nachdem Micha ihm berichtete, wie unmöglich Matthias' Gäste sich benommen hätten, nickte er nur, allerdings wenig überzeugt, dass allein diese Sache die Aktion gerechtfertigt hatte.

Bei Bier und Schweinebraten tauschten sich Nowicki und Henneke spätabends am Stammtisch der Gaststätte Wulbeck in Niedersorpe aus, diskutierten, verwarfen Mordtheorien und stellten neue auf. Auf den zarten Henneke wartete zu Hause niemand und Nowicki hatte keine Lust auf seine neugierige Elli, deren Verhöre schlimmer waren als die eines pfiffigen Kommissars. Nowickis Favorit war Torsten, der von Henneke Micha. In einem waren die beiden Kollegen sich jedoch einig: Die vier versnobten Typen aus Berlin passten nicht hierher und brachten nur Unruhe ins Tal. Interessant fanden sie allerdings, dass Torstens Frau Katja einmal mit dem Förster liiert gewesen sein sollte.

Schreiner Hansen saß derweil grinsend am Wohnzimmerfenster und blickte den Weg hinauf zum Forsthaus, das fast im Dunkeln lag. Die nostalgische Laterne davor schickte nur wenig Licht in die Abenddämmerung. Bei seiner letzten Runde, vor einer guten Stunde, die ihn wieder am Forsthaus vorbeigeführt hatte, war er erstaunt gewesen, dass alle Spuren des nächtlichen Massakers beseitigt waren, so, als wäre nie etwas passiert. Auch der Polizeigroßeinsatz hatte keine Spuren hinterlassen. Er hatte am Fenster gesessen, während sie nach und nach davongefahren waren.

Wer in Zukunft die Tiere des Försters versorgte, interessierte ihn einen feuchten Kehricht. Senta war von Matthias' Vater abgeholt worden. Auch das hatte er von seinem Beobachtungsposten am Wohnzimmerfenster seines Puppenstubenhäuschens beobachtet.

Das Einzige, was ihn interessierte, war der Fakt, dass der Förster nun nicht mehr seiner Leidenschaft frönen konnte. Kein abendliches Glas Wein mehr auf der Terrasse seines Idylls. Manchmal hatte er sich sogar eine ganze Flasche des Rebensafts hineingezogen, wusste Hansen. Er wusste auch, wohin das schlussendlich geführt hätte. Ja, er hatte es am eigenen Körper erlebt, diesen Alkoholmissbrauch, der ihn fast zugrunde gerichtet hatte. Diese scheußlichen Entzüge hatte er dem Förster erspart. Er ruhte nun in Frieden.

Hansen fühlte über die großporige Haut seiner Stirn und zwang sich, die Mückenstiche, die er sich in der letzten

Nacht am Forsthaus geholt hatte, nicht blutig zu kratzen. Er schlurfte in die Küche, goss sich vom warmen Kräutertee ein und setzte sich wieder ans Fenster seines rustikalen Wohnzimmers, mit Blick in die herrlich dunkle Landschaft um das Forsthaus. Es freute ihn, dass der Teufel Alkohol dieses Fleckchen Erde nun wieder verlassen hatte.

99 Forsthaus Rehsiepen: Das Alte Forsthaus ist ein ehemaliges Forsthaus in Rehsiepen im Sorpetal und liegt auf 600 Meter in zauberhafter Einzellage. Es wurde 1885 erbaut und vereint wohn- und landwirtschaftliche Nutzräume unter einem Dach. In diesem ursprünglichen Bauzustand wurde es von den jetzigen Eigentümern, der Familie Michels, erhalten und als Baudenkmal 2009 in die Stiftung »Altes Forsthaus Rehsiepen« eingebracht.

100 Ohlenbach: Der Ferienort liegt fünf Kilometer südwestlich vom Kahlen Asten, zwischen Winterberg und Schmallenberg. Wandern, Nordic Walking, Fitness- und Mountainbiking, Langlauf und Alpin-Skilauf in reizvoller Landschaft.

101 Rehsiepen: Das Dorf ist das höchstgelegene im Sorpetal und mit seinen 125 Einwohnern der zweitgrößte Ort im Tal. Viele der an den zwei parallel verlaufenden Straßen – die Sommer- und Winterseite genannt werden – angesiedelten Häuser sind im für das Sauerland typischen Fachwerkhausstil erbaut. Es gibt einige Wochenendhäuser, Pensionsbetriebe und Betriebe mit Ferienwohnungen.

102 Hallenberg: Die kleine Landstadt lädt mit einer Vielzahl an Baudenkmälern, attraktiven Kirchen und herrlichen Natursehenswürdigkeiten zu Erkundungstouren ein. Hallenberg ist die kleinste westfälische Gemeinde und gehört zum Hochsauerlandkreis.

103 Sorpequelle im Lennekessel: Im Lennekessel, einer fächerförmigen Quellmuldenlandschaft bei Rehsiepen, entspringt die Sorpe und fließt der Lenne auf zehn Kilometern entgegen, die sie bei Winkhausen erreicht.

104 Hotel Astenkrone: 4-Sterne-Superior-Hotel im Bergdorf Altastenberg am Fuße des Kahlen Asten, 4,5 Kilometer von Winterberg entfernt.

105 Fernsehsender auf der Hunau: Der Hunau-Turm, Fernmeldeturm Bödefeld, befindet sich etwa 1,4 Kilometer südwestlich des Gipfels der Hunau auf 793,3 Metern Höhe und ist 173 Meter hoch. Nach 20-monatiger Bauzeit ging er am 18. Mai 1968 in Betrieb. Viele Wanderungen, z. B. vom Kahlen Asten nach Holthausen, führen am Hunau-Turm vorbei.

106 Selkentrop: Ein landwirtschaftlich geprägter Ort. 1284 wird der Ort erstmalig urkundlich erwähnt. Schon damals zur Pfarrei Wormbach gehörend, zählte er um 1563 bereits sieben Höfe. Heute ist der Schmallenberger Ortsteil die Heimat von rund 150 Einwohnern. Einige landwirtschaftliche Betriebe und ein Ferienhof prägen das dörfliche Bild rund um die Kapelle, die dem Heiligen St. Blasius geweiht ist. Ein Jakobspilgerweg führt direkt durch Selkentrop.

107 Rellmecke: Der Weiler ist ein Ortsteil von Schmallenberg und liegt mit seinen zehn Einwohnern in einer äußerst reizvollen Lage zwei Kilometer östlich von Holthausen. Niedersorpe und Mittelsorpe

sind angrenzende Orte. Oberhalb der Rellmecke öffnet sich der Wald und gibt den Blick auf das gesamte Tal bis Obersorpe frei. Hinter der Rellmecke umwandert man eine kleine Bergwiese, von wo aus man sich für einen der zahlreichen Wanderwege entscheiden kann. Ein urwüchsiger Hohlweg führt durch einen dichten Fichtenbestand nach Mittelsorpe, vorbei an einem Ferienbauernhof. Es können zahlreiche Tiere des voll bewirtschafteten Hofes erlebt werden.

108 Oberrarbach: 500 Meter hoch gelegen, ein Ort mit 60 Einwohnern, ohne Durchgangsstraße in idyllischer Tallage, Ortsteil der Stadt Schmallenberg. Neben drei herrlichen Rundwanderwegen verfügt der Ort über ein Gasthaus und mehrere Ferienwohnungen. Das Original Oberrarbacher Bockfest findet alle vier Jahre oberhalb der Kapelle statt. Der Name rührt daher, weil immer ein Schafsbock ausgekegelt wurde. Die kleine Labradorzucht »vom Friggenhof« der Familie Müller hat sich weit übers Sauerland hinaus einen Namen gemacht.

11. MORD IN DER STRUMPFFABRIK

Schmallenberg, Mittelsorpe und Wilzenberg

»Muttertag, so ein Blödsinn. So eine tolle Mutter bist du nun auch wieder nicht. Was machst du denn groß für Linda? Den ganzen Tag hängst du in der Fabrik ab und abends bist du meistens unterwegs. Unsere Tochter interessiert dich einen Dreck. Ja, meine Mutter, was die alles für Linda tut. Sie hätte ein größeres Geschenk verdient als diese läppischen Blumen.« Lutz schüttelte mit Blick auf den Fliederstrauß, der mitten auf dem Tisch stand, verächtlich den Kopf und schaute seine dunkelhaarige Ehefrau missbilligend an. »Außerdem versorgt meine Mutter noch die Gäste in den Ferienwohnungen. Da hast du nichts mit am Hut, woll?«

Annett hatte sich vorgenommen, auf seine Provokation überhaupt nicht zu reagieren. Sie hätte dagegenhalten können, dass sie sich in der Falke Strumpffabrik 109 in Schmallenberg 110 nicht aus lauter Langeweile aufhielt, sondern ein ordentliches Gehalt am Monatsende mit nach Hause brachte. Dagegen war sein Verdienst ein Hungerlohn und das behagte ihrem altbackenen Ehemann mit der sonnengegerbten Gesichtshaut anscheinend nicht. Sie hatte nicht studiert, um jeden Morgen die Hühnereier aus dem Stall zu holen und die Kühe sowie Ziegen zu melken. Trotz allem war sie Linda eine gute Mutter.

Annett war der idyllische Nebenerwerbsbauernhof aus

dem 16. Jahrhundert zum Albtraum geworden. Die einfachen Gästezimmer waren zu komfortablen Ferienwohnungen umgebaut worden. Und obwohl es sich nur um einen Resthof mit ein paar Kühen, Hühnern und Ziegen handelte, kamen die Leute gern hierher. Die Lage im wunderschönen Sorpetal, mit einer riesigen Obstbaumwiese hinter dem Hof, durch die sich der Bach schlängelte, war wie ein Magnet und zog die Großstädter an.

Da sich keine Klingel an der nostalgischen Haustür befand, stapfte die rothaarige Melanie, Schwester von Lutz, Bäuerin und Hausfrau, gleich durch die unverschlossene Tür in die große Diele. Hier war die Zeit stehen geblieben. Dunkle holzverkleidete Wände, schwere Eichenbalken an der Decke, eine alte Kommode, auf der ein Korb mit Eiern stand, gegenüber ein handbemalter Bauernschrank. Eine museumsreife Standuhr aus Eiche schlug gerade drei Mal. Es roch nach Milch und Heu. Die Küchentür öffnete sich und Melanie samt ihrer kompletten Bagage betrat die Küche.

Die Familie aus Fleckenberg 111 wurde bereits erwartet. Heinz-Josef Vogt, Lutz' Vater, ein Bär von einem Mann, saß auf einem Stuhl am Kopf des großen Esstisches und rührte mit stumpfsinnigem Blick in einer Kaffeetasse herum. Seine Frau Gisela stand einfach nur da, in ihrem mauvefarbenen Kuhstallkittel mit einem Tuch auf dem Kopf, mitten im Raum, die schmalen Arme in die Hüften gestemmt. Ihr Gesicht wirkte leblos. Sie konnte die Freude über das Erscheinen der Tochter samt Familie nicht zeigen.

Nachdem Gisela allen Kaffee eingeschenkt und mit zittrigen Händen den selbstgebackenen Käsekuchen verteilt hatte, setzte sie sich ebenfalls zögerlich an den Tisch.

Annett zog gelangweilt mit der Kuchengabel die hässlichen Rosen auf der Wachstuchtischdecke nach. Sie musste an sich halten, ihrem Ehemann nicht mit der Gabel ins Gesicht zu stechen. Was war aus dem tollen Lutz geworden? Ein Wrack von 40 Jahren, eine spießige Lusche, die sich gehen ließ. Sie hätte sich in den Hintern treten können, hier auf den Hof gezogen zu sein, zu dieser Bauernfamilie. Wie hatte Lutz ausgesehen, als sie ihn vor 15 Jahren kennengelernt hatte. Hinten auf dem Sozius seines Motorrads hatte sie mit ihm das Sauerland erkundet. Als ihr nach dem Betriebswirtschaftsstudium von Falke ein toller Posten angeboten wurde, störte es sie wenig, dass er dort nur einfacher Arbeiter war. Das machte er durch seine humorvolle Art locker wett. Doch heute war nichts mehr witzig an ihm. Er hing immer noch im großen Stricksaal der Fabrik ab, verrichtete Schichtdienst an der Strickmaschine, die rund um die Uhr Endlos-Strümpfe ausspuckte, die er zu trennen hatte. Etliche Kollegen, die nach ihm gekommen waren, hatten ihn überholt, waren ehrgeizig gewesen. Lutz war es egal, dass er seit über 20 Jahren die gleiche Arbeit verrichtete. Selbst als man Annett immer mehr Verantwortung übertrug und sie bald das Doppelte verdiente wie er, schien es ihn zu Anfang nicht zu stören.

Eines Tages schließlich – sie saßen draußen vor dem Hotel Störmann 112 und aßen gemeinsam – hatte er sie gebeten, die hübsche Neubauwohnung in Schmallenberg aufzugeben und zu seinen Eltern auf den Hof nach Mittelsorpe 113 zu ziehen. Das sei doch viel billiger und praktischer, da die Mutter auf das Kind achten könnte. Die Schwangerschaft war nicht geplant und der Hauptgrund, wieso Annett zustimmte, die Kleinstadt zu verlassen und aufs Land zu ziehen.

Nachdem Linda geboren worden war, hielt Annett es nie lange aus auf diesem Hof, wo Schwermut und Lethargie heimisch waren. Schon 14 Tage später schmiss sie sich in ihr graues Business-Kostüm, das schon wieder tadellos passte, setzte sich in ihr Cabrio und fuhr zur geliebten Falke-Fabrik.

Der Schwiegermutter war es recht, so hatte sie die kleine Linda ganz für sich. Mit der Landwirtschaft stand es schlecht zu der Zeit, die Milchpreise fielen rapide; dem Schwiegervater schien es ebenfalls zu gefallen, erhoffte er sich doch, dass Annett von ihrem Gehalt ordentlich was zum Haushalt zuschießen würde. Ihrem Göttergatten, der zu dem Zeitpunkt schon ganz schön Federn gelassen hatte und in seiner Freizeit nur noch mit seinen Kumpels in der Dorfkneipe abhing, schien es auch nichts auszumachen.

Während Annett an der Kaffeetafel saß und ihr Blick immer wieder Lutz streifte, der in einem lumpigen Kuhstallhemd laut den Kaffee in sich hineinschlürfte und den Monologen seiner geistig minderbemittelten Schwester lauschte, hätte sie laut schreien können. Schreien und wegrennen. Sie hielt es nur aus, indem sie ihre Gedanken auf Peter Schütte lenkte, ihren neuen Assistenten. Dieser Blondschopf mit den stechend blauen Augen und der knackigen Figur hatte sie regelrecht verzaubert. Er war zehn Jahre jünger als sie, doch in ihrem Freundinnenkreis war es gerade angesagt, sich mit jüngeren Männern zu schmücken. Ihre Freundin Tatjana, 35 Jahre alt, erfreute sich gerade an Kevin, der soeben sein Abitur am Städtischen Gymnasium in Schmallenberg hinter sich gebracht hatte. Tatjanas Nachbarn in dem kleinen Örtchen Grafschaft 114 zeigten schon mit Fingern auf sie, was sie noch mehr antörnte.

Und wie frisch Peter roch. Kein Vergleich zu Lutz, der sich soeben mit seinen schmutzigen Fingern in der Nase bohrte, was niemanden der Familie zu stören schien. So würde Peter sich nie gehen lassen.

Heute Nacht hatte Annett wieder diesen Traum: Sie stand am offenen Grab auf dem kleinen Friedhof in Niedersorpe und vier stämmige Männer aus dem Schützenverein ließen den Sarg, in dem ihr Lutz lag, an Seilen in die Tiefe hinab. Sie vergoss ein paar Tränen, nahm anschließend Beileidsbekundungen entgegen, strich imaginäre Fusseln von ihrem Designer-Kostümchen, das sie eigens für die Beerdigung angeschafft hatte, und fuhr wenig später in ihrem neuen Auto direkt zu Peter, der schon sehnsüchtig auf sie wartete, um sie ausgehungert nach Sex in die Arme zu schließen. Meistens wachte sie an der Stelle schweißgebadet auf und registrierte Sekunden später, dass sie sich in ihrem alten Bauernschlafzimmer befand, welches noch von Lutz' Oma Luzi stammte, den ungeliebten Göttergatten schnarchend neben sich. Nur ein Traum, wie schade, dachte sie jedes Mal.

In der Realität sah es leider anders aus. Peter wohnte noch im Kinderzimmer bei seiner Mutter, ganz in der Nähe der St. Alexander Kirche 115. Somit schied diese Bude als Liebesnest aus. So saßen sie oft während der Mittagspause auf einer schattigen Bank im Schmallenberger Kurpark 116, hielten Händchen und überlegten, welcher Ort für gemeinsamen Sex infrage käme. Sich in irgendeinem Hotel ein Zimmer zu mieten, schied von vornherein aus, da hier in der Gegend jeder jeden kannte.

Annett musste schmunzeln, während sie dem zahnlosen Schwiegervater dabei zusah, wie er den Kuchen mit Mühe hinunterwürgte. In der letzten Woche, als sie wegen einer

Gastritis das Bett hüten musste, kam Peter mittags vorbei, um ihr wichtige Unterlagen zu bringen, die sie abzuzeichnen hatte. Der Schwiegervater war in die Stadt zum Urologen gefahren, die liebe Schwiegermutter hielt unten auf dem Küchensofa ihr Mittagschläfchen und Linda war bei ihrer Freundin. So eine Gelegenheit bot sich nicht alle Tage. Sie zog den verblüfften, total verängstigten Peter mit hinauf in ihr Schlafzimmer, um ihn nach Strich und Faden zu verführen. Seine Einwände wischte sie beiseite.

Peter hatte sich nur schwer auf das konzentrieren können, was Annett von ihm erwartete. Es roch nicht gerade frisch gelüftet in dem altbacken eingerichteten Raum. So alte Eichenmöbel für ein junges Ehepaar, dachte er kopfschüttelnd. Der Bettüberwurf, der aussah wie eine Pferdedecke, klebte ihm am Hintern. Auf der linken Wand stand ein dunkler Kleiderschrank von anno Tobak. Dahinter eine Vitrine mit einigen Stofftieren, die schon ins Steiff-Museum gehörten, sowie Kinderbüchern. Vor dem winzigen Fenster ein alter Nierentisch und ein zartbeiniger Cocktailsessel. An der rechten Wand ein Regal mit filzköpfigen Barbiepuppen. Überbleibsel aus fröhlichen Kindertagen. Daneben eine alte Wandgarderobe und ein schmaler Spiegel. Nirgendwo ein Radio oder ein Fernseher. Peter hatte es nicht fassen können. Die tolle Businessfrau Annett hauste mit ihrem Ehemann wie im Mittelalter. Der undefinierbare Geruch, der ihn an Einsamkeit und Resignation denken ließ, machte ihn depressiv. Das Kruzifix an der gegenüberliegenden Wand brannte in seinen Augen. Der Gesichtsausdruck des Gottessohnes war duldsam und leidend. Wahrlich kein erfreulicher Anblick. Unten gab es ein Geräusch. Er sprang unverrichteter Dinge aus dem Sargbett, schnappte sich seine Sachen und zog sich in Windeseile an. Gerade noch rechtzeitig. Wenig später hörte er den alten Heinz-Josef durchs Treppenhaus rufen. Weitere fünf Minuten später fuhr Peter schweißgebadet vom Hof. An einer Ampel in Schmallenberg schaute er auf seinen linken Fuß und stellte fest, dass er in der Hektik vergessen hatte, seinen linken Socken anzuziehen. Peter hoffte, dass seine Kollegen es nicht bemerken würden. Auf dem Firmenparkplatz zog er sich, um blöde Bemerkungen zu umgehen, auch noch den rechten Socken aus. In Sneakern sollte er nicht in Erklärungsnot kommen. Die Palette mit den 20 Eiern, die Heinz-Josef ihm während seiner Flucht noch aufgedrängt hatte, stellte er in den Kofferraum.

Annett starrte den gegenübersitzenden Peter unentwegt an. Sie würde jetzt gerne mit ihm in sein enges Büro verschwinden, die Türe verschließen und es auf seinem Schreibtisch treiben, während einer der beiden Chefs, dessen Geburtstag heute hier in der Kantine gefeiert wurde, sich in Dankesreden ergoss. Im Hintergrund dudelten deutsche Schlager und Roy Black sang sein: »Ganz in Weiß.« Ja, so blöd war ich auch mal! Heiraten? Nie wieder, dachte Annett. Immerhin saß sie am Tisch der Geschäftsleitung, während ihr Göttergatte sie aus der äußersten Ecke mit seinen Blicken verfolgte. An seinem Tisch sammelten sich all die Typen, die für die Firma zwar unersetzlich waren, doch von den meisten Kollegen gar nicht wahrgenommen wurden. Alle sechs Männer hielten sich krampfhaft an ihrem Bierglas fest, als hätten sie Angst, der Vorrat an Gerstensaft wäre gleich erschöpft. Gleichzeitig leckten sie sich die Lippen und starrten gierig auf das am Eingang der hübsch geschmückten Kantine platzierte Büfett. Natürlich kamen nur die teuersten Schmankerl infrage, damit sie die fünf

Euro, die sie für das Geschenk herausgerückt hatten, auch ja wieder reinholen würden.

Annetts Blick blieb an Lutz' beflecktem Pulli hängen. Er hatte es nicht mal für nötig gehalten, sich für die Feier umzuziehen, dabei hätte er genug Zeit gehabt, nach der Frühschicht nach Hause zu fahren und sich umzuziehen. Seine Haare waren fettig, jedoch gekämmt. Gebadet wurde bei Lutz am Samstag und heute war erst Freitag. Lutz war ihr ein wenig peinlich.

Sie konnte sich kaum auf die von rechts einprasselnden Monologe ihres Kollegen Thomas Simon konzentrieren, der wieder einmal alles ätzend, schwülstig und unnötig fand.

Dabei gab er sich nur so cool, in Wirklichkeit hoffte er, dass der Chef endlich die Worte ins Mikro hauchen würde, auf die er schon so lange wartete. Er war felsenfest davon überzeugt, demnächst befördert und zum Leiter des Rechnungswesens berufen zu werden. Dann würde er Annett zuarbeiten und noch mehr Zeit mit ihr verbringen können. Annett wusste zu dem Zeitpunkt allerdings schon, dass Peter das Rennen gemacht hatte. Am Montag wollte einer der beiden Chefs die Neuigkeit bekanntgeben. Annett war drauf und dran, Thomas mitzuteilen, dass er umsonst gehofft hatte und leider leer ausgehen würde, so genervt war sie von seinem Gebrabbel. Ihr rechtes Ohr fühlte sich regelrecht übersteuert an. Sein Geschwafel klang verzerrt, als käme es aus einem defekten Lautsprecher.

Lutz hingegen versuchte, dem aufkommenden Juckreiz auf seinem Kopf Herr zu werden, indem er mit den Fingern unaufhörlich auf seiner Kopfhaut herumkratzte. Immer wieder blickte er zu seiner Frau herüber, die an dem Tisch mit den Sesselfurzern saß, wie die Mitarbeiter der Geschäftsleitung bei manchen Arbeitern hießen. Sie betrog ihn mit diesem eitlen Fatzke Peter Schütte, da war er sich sicher. Dieses Weichei wohnte noch bei seiner Mutter. Sonst könnte er sich diesen teuren Sportwagen wahrscheinlich gar nicht leisten. Lutz fragte sich, wieso Annett sich so verändert und wann genau es angefangen hatte. Schon lange führten sei keine Ehe mehr. Immer wenn er sich ihr nähern, sie an sich drücken oder ihr einen Kuss geben wollte, spürte er ihre Abwehr, spürte den Ekel, den sie vor ihm hatte. So ging es nicht weiter, dachte er. Entweder sie stieg von ihrem hohen Ross herunter und würde wieder normal, oder er trennte sich von ihr. Jawohl, er wollte sie vom Hof schmeißen. Sie passte von Anfang an nicht in die Familie. Sie waren ihr nie gut genug. Ihre feinen Klamotten würde er nach Bethel schicken, nahm er sich vor.

Oder wäre es besser, ihren gelackten Liebhaber verschwinden zu lassen und sie anschließend zu schwängern? Während Lutz am Büfett stand und ungeduldig darauf wartete, endlich an der Reihe zu sein, überlegte er, wie er seinen Nebenbuhler umbringen konnte. Gestern hatte er sich mit seiner Schwester Melanie im Ziegenstall zur Lagebesprechung getroffen. Sie hatte ihm angeboten, dabei zu helfen, als er ihr den Socken zeigte, den er unter seinem Bett gefunden hatte. Er hatte in der Nacht nach seinen Pantoffeln gegriffen, da er zur Toilette wollte, als er plötzlich den schwarzen Falke Socken Shadow, Größe 43-44, in der Hand hielt. Eindeutig nicht sein Strumpf, da trotz Mitarbeiterrabatt seiner Meinung nach viel zu teuer.

Die Tatsache, dass seine Frau ihn in seinem ihm heiligen Ehebett, in dem schon seine Oma Luzi ihre Unschuld ließ, mit diesem Mann betrogen hatte, machte ihn fertig. Er konnte an nichts anderes mehr denken und fragte sich, ob er sie darauf ansprechen, mit der Faust auf den Tisch hauen, sie würgen oder sie gleich erschlagen sollte. Er entschied sich, erst einmal abzuwarten und rief seine Schwester Melanie zu einer Krisensitzung herbei. Auch Melanie – treue Hausfrau und gute Mutter, die keine Ambitionen zeigte, in ihren erlernten Beruf als Lebensmittelverkäuferin zurückkehren zu wollen, stattdessen mit Hingabe ihren Mann verwöhnte – meinte, dass es das Beste wäre, den Liebhaber beiseite zu schaffen.

Ähnliche Gedanken stürmten auch Thomas' Hirn, als er noch am selben Abend in der Kantine hinter vorgehaltener Hand erfuhr, dass er sich die Beförderung abschminken konnte und der schöne Peter das Rennen gemacht hätte. Alle Kollegen wussten es bereits, er erfuhr es zuletzt. *Ich stopfe ihn in die Färbemaschine*, war sein letzter klarer Gedanke, bevor der Alkohol seine Sinne vernebelte. Auch er wollte mal die Sonnenseite des Lebens kennenlernen, mehr verdienen, reisen, tolle Weiber an seiner Seite haben, statt Abend für Abend auf dem elterlichen Hof zu helfen und sich vom Vater bevormunden zu lassen. Immerhin war er fast 30 Jahre alt. Sein mittelprächtiges Aussehen begeisterte ihn jeden Morgen, wenn er in den Spiegel blickte: klein, zart, blonde Spaghetti-Locken. Vor einiger Zeit hatte er einer Internetbekanntschaft geschrieben, er würde wie George Clooney in jung aussehen.

Als Annett am darauffolgenden Montag ihren Wagen auf dem Parkplatz abstellte und auf das imposante Hauptgebäude der Falke-Fabrik zusteuerte, wunderte sie sich über die beiden Polizeiwagen und den schwarzen BMW, die fast den ganzen Eingangsbereich versperrten. Ein heilloses Durcheinander herrschte in den Fluren der Fabrik. Die Teppichetage, in der ihr Büro lag, war zu einem Tatort mutiert und weiträumig mit rot-weißem Flatterband abgesperrt worden. Ihr wurde heiß und kalt, als ihr Kollege Thomas auf sie zugelaufen kam.

»Hast du schon gehört, Annett? Peter ist erdrosselt worden, in seinem Büro, mit einem schwarzen Shadow-Socken.« Voller Sensationslust sprang er um sie herum, als ergötze er sich regelrecht an dem grausigen Tod.

»Aber wieso …?«, stammelte Annett und musste sich an der Wand abstützen. Wer sollte Peter umgebracht haben?

Kommissar Nowicki kam auf Annett zu und begrüßte sie väterlich freundlich. Die beiden kannten sich, wie man sich eben kennt, wenn man in unmittelbarer Nachbarschaft wohnte. Von Schützenfesten in Obersorpe [117], von Gasthausbesuchen und von gelegentlichen Beerdigungen, wenn jemand aus der Gegend verstorben war.

»Sie hatten ein besonders enges Verhältnis zum Toten, wurde mir von Herrn Simon berichtet.« Mit durchdringendem Blick aus wachsamen Augen schaute er Annett an.

»Herr Schütte war mein Arbeitskollege und meine rechte Hand. Mehr nicht.« Und an Thomas gewandt, der neben ihr stand: »Sag mal, tickst du noch ganz richtig? Was erzählst du da?«

»Nur das, was längst alle wissen. Dass du ein Verhältnis mit Peter hattest.« Frech grinste er sie an, hielt aber kurz darauf inne. Ihm fiel wohl ein, dass jetzt, wo Peter tot war, neu über die Beförderung nachgedacht werden musste und er bestimmt noch eine Chance bekam.

Der ansonsten geduldige Bernhard Nowicki wurde langsam ungehalten. »Herr Simon behauptet ferner, dass

Sie am Freitagabend, nach dieser Geburtstagsfeier in der Kantine, mit Herrn Schütte in seinem Büro verschwunden sind. Stimmt das?«

»Das ist nicht wahr. Ich bin mit meiner Kollegin Sabine nach Hause gefahren, was etliche Anwesende bezeugen können. Peter Schütte saß da noch an dem Tisch mit einem der Chefs und hat sich unterhalten. Herr Simon will mich wohl aus Wut beschuldigen, weil der Kelch der Beförderung an ihm vorübergezogen ist. Womöglich hat er Herrn Schütte, der das Rennen gemacht hatte, selbst auf dem Gewissen.«

Kommissar Nowicki stellte Annett noch die eine oder andere Frage, die sie wie in Trance beantwortete, bevor man sie in ihr Büro gehen ließ. Bernhard Nowicki erlaubte ihr noch, einen letzten Blick auf Peter zu werfen, bevor er in die Zinkwanne verfrachtet und weggebracht wurde.

Kein schöner Anblick, wie er da mit hängenden Armen, den Kopf im Nacken, in seinem Schreibtischstuhl hing. Die Augen waren weit aufgerissen und die Zunge quoll ihm aus dem Mund. Nicht mehr viel übrig von ihrem tollen Liebhaber. Das Streifenmuster des Falke-Socken Shadow war kaum zu erkennen. Außerdem wunderte sich Annett, dass man den Socken so lang ziehen konnte, um damit jemanden zu erdrosseln.

»Wer hat behauptet, dass es sich um einen Socken der Marke Shadow handelt? Lassen Sie mich raten, es war Thomas Simon. Wer hat den Toten gefunden?« Annett war bewusst, dass sie ihren Kollegen damit schwer belastete.

»Herr Simon hätte ihn heute Morgen um kurz vor sieben Uhr entdeckt. Er wäre immer einer der ersten am Morgen, sagte er. Und er meinte, er wurde mit einem Shadow-Socken erdrosselt.« Kommissar Nowicki war hellhörig geworden.

»Simon kennt sich doch damit überhaupt nicht aus. Es sei denn, er hatte diesen Socken bewusst ausgewählt, um seinen Konkurrenten auszuschalten. Außerdem trug Peter Schütte diese Marke.«

Thomas wurde mit aufs Kommissariat nach Fredeburg genommen, da er, schlussendlich durch Annetts Aussage, als dringend tatverdächtig galt.

An Arbeiten war an dem Vormittag nicht zu denken. Annetts Gedanken kreisten um Peter und natürlich um ihren Mann Lutz. War Lutz der Täter? Hatte er den Socken gefunden, den Peter seit der kläglichen Nummer in ihrem ehelichen Schlafzimmer vermisst hatte? Doch da gab es immer noch den zweiten Socken, den er sich in die Jackentasche gesteckt hatte, wie er ihr später erzählte. Gut möglich, dass Thomas diesen an sich genommen hatte. Oder er hatte sich einen solchen Socken aus der Produktion besorgt, was ein Leichtes war.

Sie versuchte sich krampfhaft zu erinnern, wann Lutz in der Nacht von Freitag auf Samstag nach Hause gekommen war. Irgendwann, als sie mitten in der Nacht einmal kurz wach wurde, lag er neben ihr. Am folgenden Morgen hatte er ihr erzählt, dass er mit dem Taxi nach Hause gekommen sei und seinen Wagen auf dem Firmenparkplatz stehen gelassen habe. Annett wunderte sich noch, dass der Geizkragen Geld für ein Taxi übrig hatte. Am Samstagnachmittag fuhr sie ihn dann nach Schmallenberg zur Mittagschicht. Sie hatte noch kurz an dem Gebäude zu Peters Büro hochgeblickt, ohne auch nur zu ahnen, dass er da vielleicht schon tot in seinem Stuhl hing. Gegen 22 Uhr war Lutz am Samstag mit seinem Wagen nach Hause gekommen. Sie hatte Peter gestern noch eine SMS geschickt, sich aber nicht weiter gewundert, dass er nicht antwortete. Der

Sonntag gehörte seiner Mutter, von deren Brust er sich noch nicht hatte lösen können.

Lutz war zwar unberechenbar und oft sehr gemein zu ihr, doch einen Mord traute Annett ihm nicht zu. Dafür erschien er ihr einfach viel zu dumm.

Als Annett gegen Mittag ziemlich niedergeschlagen nach Hause fuhr, kam ihr in Winkhausen spontan der Gedanke, ein wenig spazieren zu gehen, um den Kopf frei zu bekommen. Es wäre zwar wichtig gewesen, mit Lutz zu reden, zumal Annett gespannt war, was der Kommissar ihn bei der Vernehmung gefragt hatte. Trotzdem bog sie auf der B 236 rechts ab und parkte ihren Wagen auf dem Wanderparkplatz, um anschließend zum Wilzenberg 118 hochzulaufen. Immerhin konnte sie sich dazu aufraffen, Lutz eine SMS zu schicken. Nur wenige Wanderer waren um diese Zeit unterwegs und sie hatte den Aussichtsturm 119 sowie die Kapelle 120 in einer halben Stunde erreicht. Oben angekommen atmete sie ein paar Mal tief durch. Nach einem Blick in die Kapelle zog es sie in den Wald. Sie beruhigte sich langsam, trotzdem kamen ihr Tränen, wenn sie an Peter dachte. Vielleicht hätte aus ihnen etwas werden können, vielleicht hätte er sie aus ihrem Elend befreit. Nun war es zu spät. Sollte sie trotzdem weiter dort ausharren? Sie wusste keine Antwort darauf und lief weiter.

Ein Schuss brachte ihr Gedankenkarussell zum Stillstand und ihren Puls auf 180. Trachtete Peters Mörder jetzt auch ihr nach dem Leben? Ein Irrer, der es auf die Angestellten der Falke-Fabrik abgesehen hatte? Sie musste weg hier. Ein weiterer ohrenbetäubender Knall folgte. Auf dem breiten Wanderweg war sie eine leichte Zielscheibe. Ab ins Unterholz, rief ihr eine innere Stimme zu. Die Bäume würden ihr Deckung geben. Annett wollte noch nicht sterben, sie war doch noch so jung. Sie dachte an Linda, an ihr liebes, stilles Mädchen, das sie in der letzten Zeit vernachlässigt hatte. Linda brauchte sie! Annett hechtete los, warf sich nach links ins Unterholz. Zweige schlugen ihr ins Gesicht. Sie duckte sich unter eine große Tanne und atmete erst einmal durch. Beruhige dich, vielleicht war es nur der Revierförster auf der Jagd nach irgendeinem Getier. Dabei hatte sie das Gefühl, als wäre die zweite Kugel direkt an ihrem Kopf vorbeigeflogen.

Sie hörte plötzlich Schritte und nahm in einiger Entfernung eine Gestalt in einem hellen Regenmantel war. Eine Frau mit roten langen Haaren. Sie blieb stehen, drehte sich suchend um, ging dann weiter in Annetts Richtung. Als die verhuschte Gestalt näher kam, gefror Annett das Blut in den Adern und sie versuchte, bewegungslos in ihrem Versteck auszuharren. Melanie, ihre Schwägerin Melanie, irrte mit einer Pistole in der Hand durch den Wald und trachtete ihr nach dem Leben.

Am liebsten wäre Annett auf sie zugelaufen, hätte ihr die Pistole aus der Hand geschlagen und sie geohrfeigt. Ihr Verstand sagte ihr jedoch, dass es besser sei, sich nicht zu erkennen zu geben. Melanie war total durchgeknallt und würde sie eiskalt erschießen. Hatte Lutz seine Schwester auf sie gehetzt?

»Ich weiß, dass du hier irgendwo bist, Annett. Komm raus, ich finde dich sowieso«, schrie Melanie in den Wald hinein und blickte sich weiterhin suchend um. »Ich will nur Gerechtigkeit. Du hast Lutz betrogen und gedemütigt. Alle in der Fabrik lachen über ihn. Das kann ich nicht zulassen. Das wirst du verstehen«, rief sie in den Wald und brachte damit Annett zur Weißglut.

»Dein Peter hat das auch nicht eingesehen. Du siehst, wohin das geführt hat. Ich habe mich mit ihm getroffen. Er war so sturköpfig, wollte nicht die Finger von dir lassen.«

Starr vor Entsetzen versuchte Annett, sich nicht zu bewegen. Sie hatte keine Lust, auch noch ein Opfer dieser Psychopatin zu werden.

Eine lustige holländische Wandertruppe aus Ebbinghof 121, die nach einiger Zeit singend des Weges kam, setzte diesem Horrorszenario ein Ende. Melanie verschwand in Richtung Parkplatz und Annett schloss sich den fröhlichen Leuten an, die verwundert schauten, als sie aus dem Dickicht gekrochen kam. Ja, sie hätten die Schüsse auch gehört, erzählten sie ihr, schoben es jedoch auf den Förster und dachten sich nichts weiter dabei, wunderten sich nicht einmal über Annetts desolates Aussehen.

Als sie am späten Nachmittag in zerrissenem Kleid mit zerkratztem Gesicht die Bauernhofküche betrat, schauten sie alle drei verdutzt an, sagten aber kein Wort. Die Schwiegereltern nebst Lutz saßen bei Kaffee und Kuchen und spielten heile Welt. Der geistige Zerfall schlug Annett mit voller Wucht entgegen. Ohne Worte stellte Gisela ihr eine Kaffeetasse hin.

Kaum saß Annett am Tisch, ließ sie ihren Tränen freien Lauf. »Melanie hat im Wald beim Wilzenbergturm auf mich geschossen«, schrie sie an Lutz gewandt. »Wir müssen den Kommissar verständigen, hörst du! Sie hat Peter auf dem Gewissen. Die beiden haben sich getroffen.«

»Geh her, so ein Schmarren. Bist du jetzt total durchgedreht? Halte Melanie da raus, woll?« Lutz' Blicke warfen Giftpfeile.

»Du glaubst mir nicht?« Annett konnte es nicht fassen, dass die drei dasaßen, als wäre nichts geschehen.

»Der Simon war der Mörder. Sie haben ihn schließlich mitgenommen, diesen Tintenpisser.« Seelenruhig aß Lutz seinen Kuchen.

»Vielleicht ist es besser so, dass dieser Schütte tot ist. Hatte eh keine guten Gene. Die Mutter eine Geschiedene. Ach, die ganze Familie, alles Kalberköppe«, meinte der alte Vogt.

»Genau«, bestätigte Gisela.

Weinend verließ Annett die Küche und begab sich ins Schlafzimmer, die einzige Rückzugsmöglichkeit, die sie in diesem Haus hatte.

»Unterstehe dich und ruf den Kommissar an«, rief der alte Vogt ihr noch hinterher.

Bernhard Nowicki strich sich über sein dunkelblondes Haar und sah Annett skeptisch an. Ihre Darstellung von dem, was ihr am Wilzenberg passiert war, klang an den Haaren herbeigezogen und doch glaubte er ihr, kannte er sie doch als eine Person mit wachem Verstand. Er mochte diese aparte Frau und wusste, dass sie es auf dem Vogt-Hof sicherlich nicht einfach hatte.

Auf ihren Wunsch hin hatten sie sich auf der Terrasse der Gaststätte Wulbeck getroffen, kurz nachdem sie regelrecht von zu Hause geflüchtet war und vom Handy aus Nowicki angerufen hatte.

Die Sonne knallte immer noch gnadenlos heiß vom Himmel, obwohl es bereits später Nachmittag war. Annett hielt sich krampfhaft an ihrem Wasserglas fest, so als gäbe es ihr Halt. Ihr Handy fiepte sich heiß, einer SMS folgte die nächste. »Komm nach Hause! Ich warne dich!«, lautete die letzte, die Lutz an sie abgeschickt hatte.

»Ich glaube nicht, dass es Simon war. Ein Wichtigtuer, ein Möchtegerngroß. Laut Aussagen einiger Kollegen war er sturzbetrunken, als die Feier sich am Freitag gegen 22 Uhr dem Ende näherte. Er wurde in ein Taxi gesetzt, das ihn nach Hause transportierte, wo er, laut seiner Mutter, eine halbe Stunde später eintraf. Außerdem waren keine DNA-Spuren von Simon an den Socken zu finden. Okay, er könnte Handschuhe getragen haben. Dafür fand man logischerweise welche von Schütte selbst. Ja, und von Ihrem Ehemann fand man DNA-Spuren. Können Sie sich das erklären?« Nowicki orderte gerade eine Hausmacher Wurstplatte.

Nun blieb Annett keine andere Wahl, als dem Kommissar die Geschichte mit dem Socken und somit zwangsläufig auch von ihrem Verhältnis mit Peter zu berichten.

Daraufhin zog er sein Handy aus der Tasche, schickte seinen Kollegen Henneke nach Fleckenberg zu Melanie sowie zwei Polizeibeamte und die SpuSi zum Wilzenberg.

»Nein, ich glaube nicht, dass es Lutz war, ich denke meine Schwägerin Melanie war es. Sie vergöttert ihren Bruder und würde alles tun, was er von ihr verlangt.«

»Wie soll sie unbemerkt in die Fabrik und in Schüttes Büro gekommen sein? Ich halte sie nicht gerade für sehr intelligent. Nee, nee, das glaube ich nicht. Wir ermitteln da noch in eine andere Richtung.«

Nun musste Annett lachen. »Nein, schlau ist Melanie nicht gerade.« Sollte es tatsächlich einen weiteren Verdächtigen geben?, fragte sich Annett, traute sich jedoch nicht, Nowicki danach zu fragen.

»Und Sie wollen tatsächlich wieder zurück in die Höhle des Löwen? Nicht ungefährlich, wenn Lutz der Mörder war. Ich werden ihn für morgen früh ins Präsidium bestellen und ihm noch mal auf den Zahn fühlen.« Voller Mitgefühl sah Nowicki die zarte Frau mit dem dunklen Pagenkopf an.

»Mir bleibt keine andere Wahl. Meine Tochter ...«

»Ich halte Sie auf dem Laufenden«, sagte Nowicki und reichte ihr zum Abschied die Hand.

Wieso hatte man Lutz nicht gleich festgenommen, als man seine DNA an den Socken fand?, fragte Annett sich, als sie mitten in der Nacht schweißgebadet wach wurde. Morgen früh würde er vernommen werden. Vielleicht gestand er die Tat? Sie wäre ihn für ein paar Jahre los. Hoffnung keimte in ihr auf, dass dieser Stiesel bald von der Bildfläche verschwinden würde.

Oder war es tatsächlich Melanie? Woher hatte sie überhaupt eine Pistole? Wie hätte sie am späten Abend in die Falke-Fabrik kommen sollen? Jemand müsste sie doch gesehen haben? Oder war es eine gemeinschaftliche Tat der beiden Geschwister?

Zu viele Fragen stürmten ihr überreiztes Gehirn, während Lutz erbarmungslos ganze Wälder absägte. Total betrunken war er gewesen, als er gestern Abend nach Hause kam, kroch sofort die Treppen hoch ins Schlafzimmer und ließ sich ins Bett fallen.

Als sie den Schirm der Nachttischlampe so drehte, dass der Schein sein Gesicht anleuchtete, wurde er plötzlich wach. Speichel rann ihm aus den Mundwinkeln.

»Hey, mach das Licht aus. Was fällt dir ein«, nuschelte er im Halbschlaf.

Doch sie dachte gar nicht daran, beobachte ihn weiter und fragte sich, wie sie diesen Mann einmal attraktiv finden konnte. Sie nahm den schweren Bergkristall, der auf ihrem Nachtisch lag und für guten Schlaf sorgen sollte, in ihre rechte Hand und wog ihn hin und her. ›Schlag ihm hier und jetzt den Schädel ein‹, rief eine innere Stimme.

Lutz wurde hellwach und setzte sich im Bett auf. Seine Augen waren weit aufgerissen.

»Was hast du vor? Willst du mich erschlagen? Mach ruhig, dann gehst du in den Kahn.«

Sie legte den Stein zurück. »Ich werde mir an dir die Hände nicht schmutzig machen. Das wüsste ich.«

»Hast mir den Kommissar auf den Hals gehetzt. Morgen werde ich vernommen.«

»Ja, endlich. Ich hoffe, man behält dich gleich da. Vielleicht hat man deine durchgeknallte Schwester ja auch schon abgeholt. Hast du sie auf mich gehetzt? Sollte sie mir eine Kugel in den Kopf jagen?«

»Du bist ja krank. Ich weiß nicht, von was du sprichst.« Lutz quälte sich schwerfällig aus dem Bett und stolperte zum Fenster, schaute nach draußen, wo gerade die Sonne im Begriff war, den neuen Tag einzuläuten.

Annett konnte es nicht länger ertragen, mit Lutz in einem Raum zu sein, und verließ ebenfalls ihr Bett und ging zum Kleiderschrank.

Kaum die Schranktür geöffnet, spürte sie die groben Hände an ihrem Hals.

»Umbringen sollte ich dich. Dann wärst du eher bei deinem Liebhaber, als dir lieb wäre. Büßen sollst du für das, was du mir angetan hast.«

Sie spürte, wie seine Finger sich um ihren schlanken Hals schlossen. Sein Atem, der streng nach Aceton roch, streifte ihren Nacken.

»Drück schon zu! Auf einen Mord mehr oder weniger kommt es nun auch nicht mehr an. Wer war es denn nun? Wer hat Peter auf dem Gewissen? Deine Schwester oder du?«

Ruckartig drehte sie sich um und schaute in sein wutverzerrtes Gesicht. So leicht würde sie es ihm nicht machen. Kein leiser Abgang würde es werden. Sollten die hirnvernebelten Alten ruhig hören, was ihr Sohn hier veranstaltete. Sie griff nach dem Bergkristall und donnerte ihn gegen den alten Kleiderschrank.

Lutz zuckte zusammen. »Sag mal, hast du sie noch alle? Du weckst meine Eltern auf!«

»Wäre doch toll, wenn sie endlich mal wach werden würden.«

Er holte aus und knallte ihr seine rechte Pranke mitten ins Gesicht. Doch auch damit schüchterte er sie nicht ein.

»Nun sag schon, wer war es? Deine Schwester oder du? Melanie würde wahrscheinlich alles tun, was du sagst, so krank wie sie ist.«

»Kein Wort gegen meine Schwester. Das ist wenigstens eine vernünftige Bauersfrau. Die gehorcht ihrem Mann. Die geht nicht fremd.« Eine weitere Backpfeife folgte. Blut tropfte aus Annetts Nase auf den Boden.

»Mit wem auch? Wer will so eine geistig minderbemittelte Versagerin, die nichts gelernt hat, als Bananen im Konsum abzuwiegen?«

»Halt deinen Mund, du Flittchen!« Lutz stieß sie gegen den Schlafzimmerschrank.

»Flittchen? Das war ja wohl nichts. Ich habe mir nur das geholt, wozu du nicht in der Lage bist!«

Ihr Blick blieb an seiner gestreiften Schlafhose hängen. Urinflecken! Jede Menge Urinflecken zierten den offenstehenden Eingriff. Ein Wunder, dass er sich überhaupt noch umgezogen hatte. Sie griff neben den Kleiderschrank, in der Gewissheit, dass dort ihr Tennisschläger stand. Das waren noch Zeiten, als sie regelmäßig Tennis spielte. Samstags mit Tatjana in der Tennishalle Cobbenrode [122], sonntags mit Biggi beim TC Bad Fredeburg [123] und gelegentlich mit Sandra in Nesselbach beim Berggasthof Sonnenhof [124].

Sie ließ ihn einige Male an seinem Kopf vorbeischwingen. Die sausenden Geräusche ängstigten ihn und er machte einen Schritt zurück. Der Zeitpunkt für Annett zuzuschlagen. Einmal und noch einmal schlug sie ihm den Schläger mit voller Wucht auf die Ohren. Mal links, mal rechts. Er hielt sich seine Lauscher und stöhnte auf.

»Na, jetzt kannst du bestimmt viel besser hören, nicht wahr?«

Und noch einmal schlug sie zu. Er ging stöhnend zu Boden. Zuerst auf die Knie, dann klappte sein Oberkörper nach vorn.

Nun drosch sie mit dem Schläger auf seinen Rücken ein. Wieder und wieder holte sie aus, als müsse sie sich von der grenzenlosen Wut, die sich bei ihr aufgestaut hatte, befreien.

Als er anfing bitterlich zu weinen, begann sie damit, ihm in die Rippen zu treten.

»Wer war es? Melanie oder du? Oder ihr beide?«

Wie ein Kind, Beine und Arme angezogen, begann er hemmungslos laut zu schluchzen. »Ich wollte es nicht. Ich hab es nicht gewollt. Er sollte dich in Ruhe lassen, doch er hat nur gelacht und sich über mich lustig gemacht. Da spürte ich den Socken in meiner Hosentasche. Den Socken, den er hier unter meinem Bett vergessen hatte. Ich war so wütend. Er war betrunken … Es ging alles so schnell.«

»Du elende Heulsuse! Erschlagen sollte ich dich.

Erschlagen und oben im Wald am Blutstein 125 vergraben.«

Vor Schmerzen stöhnend setzte er sich auf und schaute zu ihr hoch. Hoffnung keimte in ihm auf.

»Lass uns neu anfangen, Annett. Wir schieben alles Simon in die Schuhe.« Er kroch zu ihren Füßen und umklammerte ihre schlanken Fesseln. »Bitte, Annett!«

»Du meinst auch, die Polizei wäre blöd, woll?«

Sie versetzte ihm einen Tritt ins Gesicht und verließ mit Jeans und T-Shirt über dem Arm das Schlafzimmer, wählte in der Diele die Nummer von Nowicki, zog sich an und ging zu ihrem Wagen.

Sie wollte seine Verhaftung nicht mehr abwarten. Später würde sie wiederkommen, Linda und ihrer beider Sachen holen und den verhassten Hof für immer verlassen.

Von einer Last befreit fuhr sie zu ihrer Freundin Tatjana in Richtung Grafschaft.

109 Falke Strumpffabrik: Mitten im Hochsauerland, in Schmallenberg, stellt die Firma Falke überwiegend Strumpfwaren her. Daneben werden Sportbekleidung, Herrenmode und Accessoires produziert. Das Schmallenberger Unternehmen bietet Betriebsbesichtigungen sowie Werksverkauf an. Einen Termin sollte man auf jeden Fall im Voraus vereinbaren, z. B. bei der Gästeinformation Schmallenberger Sauerland. Für Gruppenführungen wendet man sich direkt an die Firma Falke.

110 Schmallenberg: Staatlich anerkannter Luftkurort und eine der flächengrößten Städte Deutschlands. Der Produktionsschwerpunkt Strumpfwaren macht sie zum Zentrum der Sauerländer Textilindustrie. Aufgrund der wald- und bergreichen Lage dominiert auch Holz- und Tourismuswirtschaft. Eine Stadtbesichtigung auf einem Segway – ein elektrisch angetriebenes Einpersonen-Transportmittel – reißt jeden mit. Das ist ein ganz besonderes Fahrgefühl. Oder sich von einem zertifizierten Guide zu allen wichtigen Sehenswürdigkeiten führen lassen. Berühmte Gemälde und Skulpturen sowie alte Ausgrabungsstücke und zeitgeschichtliche Ausstellungen gibt es in den Museen zu entdecken. Besonders interessant ist der historische Stadtkern von Schmallenberg. Lohnenswert ist auch ein Abstecher ins Kunsthaus »Alte Mühle«. Weitere Tipps unter: www.schmallenberg.de.

111 Das Golddorf Fleckenberg liegt am Fuß des Rothaargebirges, im Südwesten des Hochsauerlandkreises, drei Kilometer südwestlich von Schmallenberg. Sehenswert ist das historische Besteckmuseum Hesse in Fleckenberg. Hier kann man live den Werdegang vom Blech zum Kaffeelöffel erleben. Die reizvolle Landschaft Fleckenbergs am Rothaarsteig bietet als Ausgangspunkt zu drei Tälern gut ausgebaute Spazier- und Rundwanderwege unter anderem entlang der Lenne und des Latropbaches.

112 Hotel Störmann: Das historische Hotel, alte Posthalterei aus dem Jahre 1739, liegt im Zentrum der historischen Altstadt von Schmallenberg. Die Zimmer liegen zum Park oder zur Seite mit Blick auf das Rothaargebirge. Seit mehr als 240 Jahren haben es sieben Generationen verstanden, diesem Haus eine familiäre Atmosphäre zu geben. Die Küche ist weit über die Grenzen des Sauerlandes bekannt, besonders hervorzuheben ist das 5-Sterne Kosmetikinstitut »World of Beauty«.

113 Mittelsorpe: Ist vom Fremdenverkehr und der Landwirtschaft geprägt, verfügt über 38 Einwohner, liegt 5 Kilometer östlich von Bad Fredeburg und 1 Kilometer südlich der Hunau auf 500 Metern. Hier finden Sie verschiedene malerische Wanderrouten sowie Zugang zum »Sorpetalrundweg« und zum »Sauerland Höhenflug«. Besondere Impressionen bietet der »Waldskulpturenweg«. Hier sind elf Skulpturen von renommierten Künstlern entlang der 23 Kilometer langen Strecke aufgestellt. Auch Mountainbiking oder Skifahren möglich.

114 Grafschaft: Der Heilklimatische Kurort mit seinen 1.054 Einwohnern ist ein Ortsteil der Stadt Schmallenberg. Die Grafschaft liegt 410 Meter hoch. Durch den Ort fließt der gleichnamige Fluss. Der Wandergast findet ein vielfältiges Tourenprogramm. Vom gemütlichen Spazierweg um das den Ort prägende Kloster Grafschaft bis zu einer anspruchsvollen Tour auf den Wilzenberg mit Aussichtsturm. Von der Ferienwohnung bis zum modernen Hotel findet jeder Gast seine Unterkunft.

115 St. Alexander Kirche: Die neuromanische Pfarrkirche wurde Mitte des 13. Jahrhunderts als Hallenkirche südwestfälischen Typs errichtet, 1905/06 durch einen Neubau mit halbrunder Apsis und zwei Chorflankentürmen im Stil der Frühgotik erweitert. Im Inneren des Gebäudes sehenswerte Reste der ursprünglichen Barockausstattung und fünf hölzerne Skulpturen. Der neue Kirchturm wurde im September 2004 eingeweiht.

116 Schmallenberger Kurpark: Befindet sich im Lennetal zwischen der Grafschaft und der Lenne. Auf den Namen »Das blaue Wunder« ist eine Skulptur getauft, die den Ententeich ziert. Zu sehen ist ein goldener Hase, der auf einem roten Sockel einen blauen Fisch angelt. Die Plastik stammt von dem Künstler Heinrich Brummack.

117 Schützenfest Obersorpe: 1925 wurde die Schützenbruderschaft St. Joseph Obersorpe gegründet. Jährlich feiert man ein mehrtägiges Schützenfest. Auch

Urlaubsgäste sind herzlich willkommen. Für Großstädter eine schöne Abwechslung, so ein Schützenfest auf dem Dorf. Es beginnt am Freitag mit der Schützenmesse in der St. Josephskirche in Obersorpe um 19.30 Uhr. Nach der Messe wird zum Tanz in der Schützenhalle gebeten. Das Vogelschießen folgt am Samstag ab 10 Uhr. Die Schützen treffen sich zum Abmarsch zur Vogelstange, wo die amtierenden Majestäten abgelöst werden. Anschließend wird die Proklamation der Majestäten an der Vogelstange zelebriert. Um 20 Uhr beginnt der Einmarsch der neuen Majestäten mit ihrem Hofstaat in der Schützenhalle. Im Anschluss daran kann beim großen Schützenball gefeiert werden. Der Sonntag beginnt mit einem Frühschoppen ab 10 Uhr. Um 14.45 Uhr treten die Schützen zum großen Festzug an. Gemeinsam werden die neuen Majestäten abgeholt und die Kranzniederlegung am Ehrenmal durchgeführt. Danach beginnt der Tanz bei freiem Eintritt für alle Sonntagsgäste bis 22.30 Uhr. Wer dabei sein möchte, Info unter: www.st-joseph-schützenbruderschaft-obersorpe.de

118 Wilzenberg: Ein 657,8 Meter hoher Berg des Rothaargebirges. Er erhebt sich zwischen den Schmallenberger Stadtteilen Gleidorf, Winkhausen und Grafschaft sowie der Schmallenberger Kernstadt. Schon von Weitem sieht man den sagenumwobenen Wilzenberg, der auch der Wallfahrtsberg des Sauerlandes genannt wird. Auf dem Wilzenberg befand sich eine Wall- und Fliehburg, die heute noch teilweise auszumachen ist. Auf der Höhe ist ein Brunnen gelegen, auch Püttken genannt. Den Kindern erzählte

man, dass der Klapperstorch aus ihm die Babys entnahm. Regelmäßig finden spirituelle Wanderungen zum Wilzenberg ab Schmallenberg statt. Auskunft beim Verkehrsverein.

119 Aussichtsturm: Der denkmalgeschützte Turm auf dem Wilzenberg ist 17 Meter hoch und in Stahlfachwerkbauweise errichtet. Er gehört mit seinen zwei Plattformen zu den ältesten eisernen Aussichtstürmen und fällt durch seine sechseckige Bauweise auf.

120 Kapelle: Sie stand schon vor 1500 auf dem Wilzenberg. Der Einsiedler »Bruder auf dem Wilzenberg« bewohnte eine Klause in der Nähe der Kapelle und führte nach Aufzeichnungen ein gottgefälliges Leben, lebte von Almosen der Pilger, denen er Unterkunft gewährte. Sechs Jahre später wurde eine neue Kapelle erbaut, die im Jahr 1755 die heutige Form erhielt.

121 Ebbinghof: Ein kleiner Urlaubsort in der Nähe von Schmallenberg inmitten gepflegter Wiesen, Felder und Wälder abseits vom Durchgangsverkehr. Das Dorf besteht aus fünf Höfen und ist direkt an ein umfangreiches Radwegenetz und die Hochsauerland Höhenstraße angebunden.

122 Tennishalle Cobbenrode: Das Tennis-Center des Hotel Hennemann verfügt über insgesamt drei Hallenplätze mit Granulatboden und zwei Außenplätzen. Tennisausrüstung sowie zertifizierte Tennistrainer können gebucht werden. Auf Wunsch werden eigene Tennisturniere organisiert.

123 Tennisverein TC Bad Fredeburg: Der Tennisverein TC Bad Fredeburg bietet in der Sommersaison allen Interessierten (Kindern ab acht Jahren, Jugendlichen und Erwachsenen) die Möglichkeit, in einem Tenniskurs über zehn Einheiten auf der Platzanlage in Fredeburg ihr Talent zu entdecken und weiterzuentwickeln. Bei Interesse bitte bei Claudia Schüttler (Tel. 02974/900072) oder Ute Simon (02974/7030) melden. Der TC würde sich freuen, viele neue Gesichter auf der Anlage begrüßen zu dürfen.
Info unter: tc-bad-fredeburg.de

124 Berggasthof Sonnenhof in Nesselbach: Tennisfreiplatz direkt am Gasthof, der durch seine einzigartige Lage besticht. Von der Nordseite grenzt der Wald an das große Gelände, zur Südseite genießt man einen herrlichen Panoramablick ins Nesselbachtal und auf die umliegenden Berge.

125 Blutstein: Ein beliebtes Wanderziel. Man erreicht diesen Ort entweder über den Sauerland-Höhenflug oder über verschiedene Rundwanderwege von Bödefeld oder Obersorpe aus. Er liegt oberhalb des Skihanges Hunau auf rund 818 Höhenmetern. Der Bödefelder Priester Johann Heinrich Montanus hat hier 1738 ein Holzkreuz aufgerichtet. Neben dem Holzkreuz findet man den sogenannten Blutstein. Für einen vom Blutgericht zum Tode Verurteilten konnte das Erreichen eines solchen Steines Rettung bedeuten. Tatsächlich wurden in Oberkirchen besonders bei Hexenprozessen auch Todesurteile ausgesprochen.

DANKSAGUNG

Ich danke meiner Familie für die unermüdliche Hilfe wie unter anderem das Lesen des Manuskripts und die darauf folgenden guten Tipps.

Danke an meinem geduldigen Lektor Rene Stein, der mich immer wieder ausbremste, wenn meine Fantasie überzuschwappen drohte, an das gesamte Gmeiner-Team für die hervorragende Zusammenarbeit, an Simone Kühlewind, die jeden auch noch so versteckten Fehler findet, an Dr. Ellen Norten fürs Lesen und kommentieren.

Ein ganz besonderer Dank geht an die lieben Sauerländer, die stets ein offenes Ohr für meine Belange und oft supergute Ratschläge parat hatten. Insbesondere danke ich Werner Tillmann für die Führung durch die Falke-Fabrik und Bärbel Michels aus dem verwunschenen Forsthaus für so mach guten Tipp.

MARGIT KRUSE
Zechenbrand

978-3-8392-1328-5 (Paperback)
978-3-8392-3977-3 (pdf)
978-3-8392-3976-6 (epub)

»Tatort Zeche«

Auf einem alten Zechengelände, mitten im Ruhrgebiet, wird hinter den historischen Gebäuden ein toter junger Mann im Schalke 04-Dress gefunden. Margareta Sommerfeld, Damenoberbekleidungsverkäuferin und passionierte Hobbydetektivin, hatte den Jungen noch kurz zuvor gesehen. Ist er zwischen die Fronten einer Investorengruppe und einer Bürgerinitiative geraten, die beide um die alte Zeche »Bergmannsglück« streiten? Ein weiterer Mord macht nicht nur Margareta klar, dass Eile geboten ist …

MARGIT KRUSE
Eisaugen

978-3-8392-1116-8 (Paperback)
978-3-8392-3601-7 (pdf)
978-3-8392-3602-4 (epub)

»Figuren, so alltäglich fies, dass man teils schallend darüber lachen muss.«
Ruhrnachrichten

Eine ehemalige Zechensiedlung, mitten im Ruhrgebiet. An einem kalten Aprilmorgen wird auf dem nahe gelegenen Friedhof eine tote Frau entdeckt.

Ausgerechnet Margareta Sommerfeld, frisch von ihrem untreuen Partner getrennte Verkäuferin bei Hertie in der Süßwarenabteilung und glühende Verehrerin von TATORT-Kommissarin Maria Furtwängler, fühlt sich dazu berufen, bei der Aufklärung des Mordes mitzumischen. Drei Tatverdächtige hat sie bereits im Visier, als eine weitere Leiche auftaucht …

GMEINER SPANNUNG

MIKE STEINHAUSEN
Rachebrüder

978-3-8392-1759-7 (Paperback)
978-3-8392-4781-5 (pdf)
978-3-8392-4780-8 (epub)

»Ein schneller, actionreicher Krimi, der dem Leser keine Atempause gönnt.«

Annabelle Cüppers bittet den Ex-Polizisten Robert Kettner, von allen nur Steiger genannt, um Hilfe. Sie vermisst ihren Vater, der seit einer Woche spurlos verschwunden ist. Zunächst lehnt Steiger den Auftrag ab, doch als Manfred Cüppers tot aufgefunden wird und seine Tochter nicht an einen Suizid glaubt, schaltet sich Steiger ein. Dabei übertreffen die Ausmaße des Verbrechens sogar Steigers Vorstellungskraft.

Das Neueste aus der Gmeiner-Bibliothek

Unsere Lesermagazine

Bestellen Sie das kostenlose KrimiJournal in Ihrer Buchhandlung oder unter www.gmeiner-verlag.de

Informieren Sie sich ...

www ... auf unserer Homepage:
www.gmeiner-verlag.de

@ ... über unseren Newsletter:
Melden Sie sich für unseren Newsletter an unter www.gmeiner-verlag.de/newsletter

f ... werden Sie Fan auf Facebook:
www.facebook.com/gmeiner.verlag

Mitmachen und gewinnen!

Schicken Sie uns Ihre Meinung zu unseren Büchern per Mail an gewinnspiel@gmeiner-verlag.de und nehmen Sie automatisch an unserem Jahresgewinnspiel mit »mörderisch guten« Preisen teil!